Stb

JAMES H. BRENNANS Arbeiten wurden in mehr als fünfzig Ländern veröffentlicht. Seit seiner Kindheit interessiert er sich für Psychologie und studierte Bücher zu diesem Thema. Sein erstes Buch über außerkörperliche Erfahrungen und Astralreisen war ein Bestseller und wurde ein Klassiker. Heute arbeitet er als Autor mit einem Interesse an der transpersonalen Psychologie, Spiritualität, Religion, Reinkarnation, Esoterik, Quantenphysik.

Dieses Buch bietet umfassendes Arbeitsmaterial für die Praxis der außerkörperlichen Erfahrung. Brennan beschreibt ausführlich die Hintergründe und Unterschiede der Astralprojektion und der Ätherprojektion. Er vermittelt dem Leser zudem ein ausführliches, unterstützendes Übungsprogramm: Formen der Entspannung, Visualisierungen, Übungen zur Lockerung des feinstofflichen Körpers und zur Kontrolle des Traumbewußtseins. Humorvolle Schilderungen von Astralreisen ergänzen diesen wertvollen Ratgeber.

James H. Brennan

Astral-Projektion

Anleitung zu außerkörperlichen Erfahrungen

Stb

Deutsch von Helmut Degner (für Hermann Bauer Verlag)

Titel der Originalausgabe: *The Astral Projection Workbook*

ISBN 978-3-89767-560-5

1. Auflage
Umschlaggestaltung: Murat Karaçay
Satz: Heike Wietelmann
Herstellung: Reyhani Druck und Verlag, Darmstadt

www.schirner.com

Inhalt

Anhang

Vorwort

»Astralprojektion« ist einer jener Begriffe, die in esoterischen Kreisen viel benützt werden, für einige Menschen jedoch eine unterschiedliche Bedeutung haben. Manche verstehen darunter, daß man aus dem physischen Körper heraustreten und sich wie ein Geist überallhin bewegen kann, sogar durch Wände und Türen hindurch, unsichtbar für alle diejenigen, die sich nur in ihrem physischen Körper befinden. Andere meinen damit die Projektion des Bewußtseins in eine völlig andere Welt, die sagenhafte Astralsphäre, in der die normalen physikalischen Gesetze nicht gelten und alle möglichen interessanten und sonderbaren Dinge erlebt werden können. Trotz der gleichen Bezeichnung, und obwohl diese zwei Praktiken in der okkultistischen Literatur allzuoft verwechselt werden, handelt es sich um etwas Verschiedenes. Ich habe beide selbst praktiziert – die zweite weit öfter als die erste –, und ich glaube, daß es tatsächlich unterschiedliche Vorgänge sind. Auf jeden Fall erfordert ihre Durchführung unterschiedliche Methoden.

In diesem Arbeitsbuch werde ich mich mit beiden Arten der Projektion beschäftigen. Um die erwähnte Verwechslung zu vermeiden, habe ich beschlossen, die erste (in der man sich in der vertrauten Umwelt wie ein Geist bewegt) *Ätherprojektion* oder Phantomprojektion zu nennen, die zweite (bei der man eine völlig andersartige Welt betritt) *Astralprojektion.*

Der Leser sollte sich klar darüber sein, daß die Beherrschung einer Art von Projektion keine Garantie dafür bietet, daß auch die andere gelingt. Für manche, die Ätherprojektion betreiben, ist die Astralebene ebenso geheimnisvoll und fremd wie die Rückseite des Mondes. Andere, die Astralprojektion praktizieren, sind völlig unfähig, ihr Phantom abzuspalten. Dies hat jedoch den Vorteil, daß Sie nur die Art auszuüben brauchen, die Sie interessiert. Es besteht kein Zwang, beides zu tun.

Im ersten Teil dieses Buches geht es um die Projektion des Phantoms. Sie werden in das Konzept der feinstofflichen Körper eingeführt, erfahren, wie diese Körper sich beim Tod (und teilweise während des Schlafes) voneinander trennen, und Sie lernen, daß und auch wie fast jeder Mensch sie bewußt trennen kann, ohne deshalb sterben zu müssen.

Im zweiten Teil wird die Astralprojektion behandelt. Nach einer Darstellung der Astralsphäre, ihrer Lage und Beschaffenheit, werden verschiedene Methoden dargestellt, mit denen man sich in sie versetzen kann, darunter die eigens zu diesem Zweck entwickelten Astraltore, die das Thema des ersten Buches waren, das ich veröffentlicht habe (*Astral Doorways*).

Nachdem ich mich bemüht habe, ein wenig dazu beizutragen, die Verwirrung, die bezüglich der zwei Arten von Projektion besteht, zu beseitigen, kann ich nun nicht umhin, sie wieder zu vergrößern, indem ich darauf hinweise, daß man bei einer Ätherprojektion manchmal versehentlich in die Astralsphäre geraten kann. Wenn Sie mit diesem Buch fertig sind, werden Sie, wie ich hoffe, den Grund kennen.

Erster Teil

Die Ätherprojektion

Lebendige Geister

Im Jahr 1845 verlor eine lettische Sprachlehrerin namens Emilie Sagée wieder einmal ihre Anstellung. Niemand zog ihre beruflichen Fähigkeiten oder ihre pädagogische Qualifikation in Zweifel. Der Grund ihrer Entlassung war einfach, daß sie ihre Schülerinnen verwirrte und erschreckte, denn diese konnten ihre Lehrerin oft doppelt sehen. Es kam vor, daß ein zweites Fräulein Sagée neben der physischen Gestalt an der Tafel stand oder beim Essen neben ihr saß. Manchmal saß die zweite Gestalt ruhig in einer Ecke und beobachtete die erste bei der Arbeit. Manchmal ließ sie sie den Unterricht fortsetzen und ging währenddessen im Garten der Schule spazieren. Die Direktoren der Schule für Höhere Töchter in der Nähe von Riga waren verwirrt und ratlos. Als sich auch noch einige Eltern beschwerten, legte die Schulleitung Fräulein Sagée nahe, ihre Koffer zu packen – wie das vorher schon achtzehn andere Schulleiter getan hatten.

Fräulein Sagée hätte vielleicht lieber in Afrika unterrichten sollen, wo unter anderen der Azande-Stamm glaubt, daß der Mensch zwei Seelen hat, von denen die eine – Mbisimo genannt – den Körper während des Schlafs verläßt; oder in Burma, wo man der Meinung ist, daß die zweite Seele einem Schmetterling ähnelt; oder bei den Bacairis in Südamerika, die (wie die Azande) glauben, daß sich ein Schatten vom Körper löst, wenn ein Mensch einschläft. Angesichts der Forschungsergebnisse auf diesem Gebiet scheint es eher erstaunlich, daß Fräulein Sagées Gabe der körperlichen Verdopplung eine derartige Bestürzung hervorrief. Eine Untersuchung hat gezeigt, daß nicht weniger als siebenundfünfzig Kulturen fest an die Existenz eines zweiten Körpers glauben. Und diese Liste ist höchstwahrscheinlich nicht vollständig.

Eine der ersten Kurzgeschichten, die ich veröffentlicht habe, hatte den Titel *House Hunting* (Spukhaus) und handelte von einem jungen Paar, welches »das Haus seiner Träume« entdeckt und feststellt, daß es zu einem verdächtig niedrigen Preis angeboten wird. Als die beiden den Immobilienmakler nach dem Grund fragen, gibt dieser zögernd zu, daß es in dem Haus spukt, fügt aber hinzu: »Keine Angst, Madam – der Geist sind Sie.«

Die Geschichte beruhte auf einer wahren Begebenheit, die ich sehr aufschlußreich finde. Die Frau war von dem Wunsch nach ihrem Traumhaus seit vielen Jahren wie besessen; sie erschuf es immer wieder in ihrer Phantasie und stellte sich vor, wie sie durch seine Korridore und Zimmer ging. Als sie mit ihrem Mann entdeckte, daß das erträumte Haus tatsächlich existierte, war sie imstande, dem Immobilienmakler das Innere zu schildern, *bevor sie es betrat*. Ihre Beschreibung stimmte genau, allerdings bis auf ein Detail: Sie sprach von einer grünen Tür, die es in Wirklichkeit nicht gab. Der Makler bestätigte jedoch, daß es eine solche Tür gegeben hatte, die vor einigen Jahren zugemauert worden war.

Ich nahm damals einige absonderliche Details in meine Geschichte nicht auf, weil ich der Meinung war, sie würden sie unglaubwürdig machen. Mir war zu dieser Zeit noch nicht bekannt, wie weitverbreitet derartige Phänomene sind.

Im Jahr 1886 veröffentlichten drei Gründungsmitglieder der Society für Psychical Research ein umfangreiches Buch mit dem Titel *Phantasms of the Living* (Phantome von Lebenden), in dem dreihundertfünfzig Fälle detailliert geschildert sind. In ihrem 1951 erschienenen Buch *The Projection of the Astral Body* (Die Aussendung des Astralkörpers, deutsch im Verlag Hermann Bauer, Freiburg) stellten Sylvan Muldoon und Hereward Carrington weitere hundert Fälle dar. Drei Jahre später untersuchte Hornell Hart zweihundertachtundachtzig Fälle im *Journal of the American Society for Psychical Research*. Ein anderer Parapsychologe, Robert Crockall, veröffentlichte zwischen 1961 und 1978 nicht weniger als neun Bücher mit Fallstudien. Auf einen Aufruf hin, in dem die Wissenschaftlerin Celia Green Ende der sechziger Jahre um die Zusendung von Informationen über das Thema bat, erhielt sie dreihundertsechzig Antworten mit persönlichen Erfahrungsberichten. Einhundertzweiundzwanzig weitere sammelte John Poynton im Jahr 1978. Und nachdem dieses Buch erschienen ist, wird sicherlich noch mehr Material zur Verfügung stehen.

Typisch für die untersuchten Fälle ist ein Erlebnis, das ein amerikanischer Fabrikant namens *Wilmot* 1863 an Bord der *City of Limerick* hatte, als das Schiff im Atlantik in einen Sturm geriet. Er träumte in dieser Nacht, daß ihn seine Frau, nur bekleidet mit einem Nachthemd, besuchte und ihn küßte. Obwohl er niemandem von dem Traum erzählte, machte der Passagier, mit dem er die Kabine teilte, am nächsten

Morgen wegen des mitternächtlichen Damenbesuchs einige Bemerkungen. Bei seiner Ankunft in Bridgeport, Connecticut, fragte ihn seine Frau sofort, ob er ihren Besuch in jener Nacht bemerkt hatte. Sie habe, erzählte sie, beunruhigt durch Berichte über Schiffskatastrophen, beschlossen, sich zu überzeugen, daß ihr Mann in Sicherheit sei. Als sie sich vorstellte, über das Meer zu fliegen, habe sie das gesuchte Schiff gefunden und sei in die richtige Kabine gegangen. Ein Mann in der oberen Koje habe sie angestarrt, doch sie sei weitergegangen und habe ihren Mann geküßt. (Steve Richards vermutet in seinem *Traveller's Guide to the Astral Plane* [Reiseführer für die Astralsphäre], daß sie vorhatte, mehr zu tun, als ihn zu küssen, durch die Anwesenheit des Mitpassagiers aber davon abgehalten wurde.) Als sie näher befragt wurde, war sie in der Lage, das Schiff, die Kabine und den Mann, der sie mit Mr. Wilmot teilte, genau zu beschreiben.

Eine so beweiskräftige Geschichte wird natürlich in einschlägigen Lehrbüchern gern erwähnt, doch ich zweifle nicht daran, daß sehr viele Menschen außerkörperliche Erfahrungen weniger spektakulärer Art haben, Erlebnisse, die sie persönlich stark beeindruckten, an denen jedoch nichts ist, was einen Unwissenden und Uninteressierten überzeugen würde.

So lag ich zum Beispiel vor ein paar Jahren im Bett und war dem Einschlafen nahe, als ich plötzlich an einer Straßenkreuzung stand, die etwa eine halbe Meile von meiner Wohnung entfernt liegt. Ich blickte verwirrt um mich und kehrte dann mit einem heftigen Zusammenzucken in meinen physischen Körper zurück. Ich bin überzeugt, daß es sich weder um einen Traum noch um eine Halluzination handelte; doch Vorgänge dieser Art haben natürlich keinerlei objektive Beweiskraft.

Zumindest hatte ich bei diesem Erlebnis, so unbedeutend es an sich gewesen sein mag, den Vorteil, theoretisch einiges über Ätherprojektion zu wissen. Nicht jeder kann das von sich sagen. Einmal besuchte mich ein achtzehnjähriges Mädchen und bat mich verzweifelt um Rat bezüglich der Behandlung ihrer angeblichen Epilepsie. Ihre »Symptome« bestanden in spontanen Ätherprojektionen. Die Diagnose Epilepsie hatte ein Arzt gestellt, als sie acht Jahre alt war; und sie war seither die ganze Zeit mit Medikamenten behandelt worden.

Was geht in diesen Fällen vor sich? Wie können gedankliche Vorstellungen bewirken, daß das Ebenbild einer Frau in der Kabine eines Schiffes auf See oder in dem Haus, an das sie denkt, erscheint? Wie konnte Fräulein Sagée an zwei Stellen zugleich in Erscheinung treten? Was ist der Mbisimo der Azande, der burmesische Schmetterling, der Andadura-Schatten der südamerikanischen Bacairi? Ist das Ganze ein pathologischer Vorgang, eine Folge epileptisch gestörter Gehirnwellen, wie der Arzt meiner Besucherin glaubte? Um die Antwort zu finden, müssen wir einen Vorstoß in die Bereiche der okkulten Anatomie unternehmen.

Ungeachtet der bereits erwähnten kulturellen Statistiken geht die westliche Denkweise davon aus, daß der Mensch nur einen Körper besitzt, im Falle des Lesers dieser Zeilen den Körper, der dieses Buch hält. Selbst religiöse Begriffe wie Seele und Geist verbindet man weit mehr mit formlosen Abstraktionen als mit konkreten Vorstellungen.

Im alten Ägypten jedoch herrschte allgemein die Vorstellung, daß der Mensch drei Seelen besitzt, die Ba, Ka und Ib hießen. Ba war die Vogel-Seele, Ib das Herz. Unter Ka stellte man sich interessanterweise einen Doppelgänger vor. Die Ägypter hielten Ka für ein Spiegelbild des physischen Körpers, bestehend aus feinerer Materie. Eingeweihte Yogis in Indien, Tibet und China würden Ka sofort wiedererkennen, wenngleich es dort natürlich eine Vielzahl anderer Namen dafür gibt. Verschiedene feinstoffliche Körper, von denen einer im anderen steckt wie russische Puppen, sind tatsächlich Glaubensbestandteile zahlreicher Yoga-Systeme. Diese Ideen, von Madame Blavatsky und den Theosophen nach Europa und Amerika gebracht, haben in den esoterischen Lehren des Westens feste Wurzeln geschlagen. Wieviele Körper ein Mensch zu haben glaubt, hängt in gewissem Sinn von der Lehre ab, deren Anhänger er ist. Meistens ist die Rede von einem ätherischen (manchmal auch Astral- oder Wunschkörper genannt), einem mentalen und einem spirituellen Körper. Jeder hat seine eigenen Charakteristika, seine Funktionen und seine Wirkungssphäre. Jeder besteht aus zunehmend feiner werdender Materie.

In diesem Teil werden wir uns nur mit dem Ätherkörper befassen, jedoch im zweiten Teil des Buches, in dem wir uns mit der Astralsphäre beschäftigen, kurz zu den anderen zurückkehren.

Zwar erkennt die Wissenschaft im allgemeinen den Ätherkörper nicht an, doch einige Wissenschaftler tun dies sehr wohl. Und ein paar aufgeschlossenere (oder vielleicht auch nur exzentrische) haben sich bemüht, mehr darüber herauszufinden.

So hat zum Beispiel Dr. Duncan McDougall in Haverhill, Massachusetts, eine Reihe makabrer Experimente durchgeführt, bei denen er das Gewicht einiger seiner Patienten, die an Tuberkulose starben, kontrollierte. Dazu stellte er sie mitsamt ihrem Bett auf eine fein ausjustierte Waage – und wartete. Bei Eintritt des Todes stellte er in vier von sechs Fällen einen Gewichtsverlust zwischen 60 und 75 Gramm fest. Er zog daraus den Schluß, daß *etwas* den Körper verläßt, wenn der Mensch stirbt, und daß dieses Etwas zwar unsichtbar und immateriell, doch immerhin so kompakt war, daß man sein Gewicht messen konnte.

Dr. McDougalls Methode war von beeindruckender Einfachheit. Mir ist aber nicht bekannt, daß andere Wissenschaftler seine Experimente wiederholt haben – vielleicht infolge der Schwierigkeit, eine genügende Anzahl geeigneter todgeweihter Patienten zu finden. Nur ein holländisches Arztehepaar, Dr. Malta und Zaalberg van Zelst, gelangte – wenngleich auf einem anderen Weg – zu ähnlichen Schlüssen.

Die van Zelsts entwickelten – ebenfalls in den zwanziger Jahren – ein sehr merkwürdiges Instrument, das sie Dynamistograph nannten. Dieses Gerät, das eine mit Buchstaben versehene Skala mit einem Zeiger besaß, war nach Meinung seiner Erfinder imstande, direkte Kontakte mit der geistigen Welt aufzunehmen. Ließ man es (beobachtet durch ein kleines Fenster) allein in einem Raum stehen, so wurde es durch Geister manipuliert, die darauf lange Botschaften übermittelten. Mir ist nicht ganz klar, auf welche Weise die van Zelsts mit diesem Gerät den Ätherkörper maßen, doch sie behaupteten, entdeckt zu haben, daß es imstande war, sich um ein Vierzigmillionstel seines Volumens auszudehnen und um rund ein Sechseinviertelmillionstel zusammenzuziehen. Es bestand aus »äußerst kleinen und weit voneinander entfernten« Atomen; seine Dichte war 176,5mal geringer als Luft, und es wog 69,5 Gramm.

Der Dynamistograph ähnelt so sehr einem jener »futuristischen« Funkgeräte, die man in alten Sience Fiction-Filmen sieht, daß es schwerfällt, ihn ernstzunehmen. Und Dr.

McDougalls Arbeit war zwar interessant und vielleicht sogar wichtig, seine Methodik jedoch äußerst kurios. Etwa ein Jahrzehnt später führte aber ein anderer amerikanischer Wissenschaftler, Dr. Harold Saxton Burr, ein Anatomieprofessor in Yale, eine Reihe von Experimenten durch, die wesentlich überzeugender scheinen.

Burr interessierte das elektrische Potential lebendiger Organismen, ein Forschungsgebiet, das in den dreißiger Jahren noch unpopulärer war als heute. Die von ihm konstruierten Meßgeräte würde man heutzutage als primitiv betrachten, doch es gelang ihm, damit an Bäumen und anderen Pflanzen, an Tieren und Menschen und sogar an Schleimklumpen elektrische Feldphänomene festzustellen. Solche Felder sind nicht statisch. Ein an einem Baum befestigter Voltmesser zeigt beispielsweise Schwankungen als Reaktion auf Licht, Feuchtigkeit, Stürme, Sonnenflecken und Mondphasen an. Im Lauf mehrerer Jahre gelangte Burr zu der Überzeugung, daß es ein Lebensfeld gibt, das, wie Dr. Lyall Watson meint, »einen Organismus ebenso prägt wie eine Form einen Kuchen oder Pudding«.

In seinem Buch *Blueprint for Immortality* (Bauplan für die Unsterblichkeit) schreibt Burr: »Wenn wir einen Freund treffen, den wir sechs Monate lang nicht gesehen haben, dann gibt es in seinem Gesicht nicht ein Molekül, das dagewesen ist, als wir ihn das letzte Mal sahen. Doch dank seinem kontrollierenden Lebensfeld haben sich die neuen Moleküle zu dem alten, vertrauten Muster angeordnet, und wir können sein Gesicht erkennen.« Die Theorien Dr. Burrs wurden während seines ganzen Lebens von der etablierten Wissenschaft größtenteils ignoriert, obwohl sie eins der hartnäckigsten Geheimnisse der Zellbiologie weitgehend lösten. Einfach ausgedrückt besteht das Geheimnis darin, welches »Wissen« bestimmte Zellen unseres Körpers befähigt, so zu wachsen, daß sie eine Niere bilden, während andere ein Gehirn bilden. Verpflanzt man Gewebe der Bauchspeicheldrüse auf die Nase, so wird niemals im Gesicht eine neue Bauchspeicheldrüse wachsen. Das Gewebe eines Schwammes, das durch ein seidenes Sieb gepreßt wird, um die Zellen, aus denen es besteht, voneinander zu trennen, nimmt wieder die alte Form an. Und noch erstaunlicher: Preßt man die Zellen *zweier verschiedener* Schwämme durch ein Sieb und vermischt sie, so wird der Prozeß dadurch nicht beeinflußt; es bilden sich zwei neue Schwämme.

Es ist schon seit langem klar, daß in lebendiger Materie eine Art organisierendes Prinzip wirksam ist; und Wissenschaftler haben viel Zeit und Mühe für vergebliche Versuche aufgewendet, chemische oder andere Auslöser dieses Prozesses nachzuweisen. Da man noch nichts Besseres gefunden hat, scheint Dr. Burrs Lebensfeld die einleuchtendste Erklärung zu sein. Obwohl die Wissenschaft bisher so wenig Begeisterung dafür gezeigt hat, gibt es noch einen anderen empirischen Beweis für die Existenz einer Matrize, welche die Form eines Organismus bestimmt.

Einigen Eidechsenarten können abgebrochene Schwänze wieder nachwachsen, anderen – zum Beispiel den kleinen Salamandern – ganze Gliedmaßen. (Bei einem widerlichen Experiment brachte man einen jungen Salamander dazu, in einem Zeitraum von sechs Monaten alle seine sechs Beine zu ersetzen.) Im Jahr 1958 versuchte ein orthopädischer Chirurg namens Robert Becker herauszufinden, warum einem Salamander das gelingt, einem Frosch, einer ähnlichen Amphibienart, jedoch nicht. Durch sorgfältige Messungen stellte er fest, daß die Enden der Gliedmaßen beider Tiere mit einem negativen Strom von 0,000002 Ampere geladen waren – einer fast nicht meßbaren Stromstärke. Daraufhin amputierte Becker bei dem Frosch und dem Salamander das rechte Vorderbein. Nach der Operation entdeckte er in den Stümpfen immer noch einen ganz schwachen Strom, doch die Polarität hatte sich umgekehrt.

Während die Wunde des Frosches heilte und sich Narbengewebe bildete, verwandelte sich die positive Polarität allmählich wieder in die ursprüngliche negative. Bei dem Salamander zeigte sich ein völlig anderes Muster. Die elektrische Spannung sank zuerst und stieg dann auf das Dreifache der normalen Stärke an, wobei sie negativ wurde. Diese hohe negative Ladung blieb bestehen, bis sich innerhalb einiger Wochen ein neues Bein gebildet hatte.

Als Chirurg ging es Becker weniger um reine Forschung, als um praktische Anwendungen. Er hatte die Experimente durchgeführt, weil er herauszufinden hoffte, warum gebrochene Knochen manchmal nicht wieder zusammenwachsen. Deshalb baute er eine winzige Batterie, die den gleichen Strom produzierte wie der Salamander. Als er sie in den Stumpf eines Froschbeins einpflanzte, regenerierte sich das Bein genauso wie bei dem Salamander. 1972 konnte zum ersten Mal mit einem ähnlichen Gerät bei einem Säugetier (einer Laborratte) ein Bein regeneriert werden. Seit damals hat Becker in zahlreichen Fällen bewiesen, daß die Anwendung der richtigen Art Strom Löcher im Herz schließen, Nervengewebe regenerieren und Infektionen verhindern kann. Tausende von Patienten in der ganzen Welt haben von der Einpflanzung von Batterien zur Knochenheilung bei komplizierten Brüchen profitiert. Tausende andere, darunter meine

Frau, konnten durch Elektrostimulation chronische Schmerzen lindern oder beseitigen.

Während die orthodoxe Wissenschaft immer noch zögert, über diese Theorie zu diskutieren, haben praktische Erfahrungen längst klar bewiesen, daß der menschliche Körper elektrische Felder besitzt. Die Technologie ist seit der Zeit, als Dr. Burr zum ersten Mal ein Lebensfeld zu messen versuchte, so weit fortgeschritten, daß man für weniger als hundert Dollar ein Gerät kaufen kann, dessen Empfindlichkeit ausreicht, um Schwankungen des elektrischen Potentials der Haut festzustellen. Ich besitze so ein Gerät, das nicht größer ist als ein Kugelschreiber.

Für Okkultisten ist die Arbeit von Burr und Becker besonders interessant, weil die Idee eines Lebensfeldes, das die Form eines Organismus prägt, einigen uralten Vorstellungen von einem zweiten Körper sehr nahekommt. Die Bezeichung Doppel für das Phantom ist irreführend, denn sie erweckt den Eindruck, daß es sich um etwas handelt, das dem physischen Körper nachgebildet ist. Viele Okkultisten – vor allem Kabbalisten – glauben jedoch seit langem das Gegenteil. Sie betrachten das Phantom als das Fundament des physischen Körpers, als die vorher vorhandene Matrize, in die dieser hineinwächst. Der esoterische Standpunkt ist hier ganz klar, denn ihm zufolge bleibt zum Beispiel im Fall einer Amputation der Ätherkörper unversehrt, weshalb manche Amputierte in den fehlenden Gliedmaßen Schmerzen oder Jucken spüren.

Ich finde, daß zwischen Burrs Lebensfeld und der okkulten Vorstellung von einem Ätherkörper sehr wenig Unterschied besteht, außer vielleicht in einem wichtigen Aspekt. Dr. Burr ist der Meinung, daß das Feld integrierter Teil eines lebendigen Wesens ist, ein Phänomen lebendiger Materie, vielleicht sogar der Faktor, der den Unterschied zwischen etwas Belebtem und etwas Unbelebtem ausmacht. Okkultisten hingegen glauben, daß das Lebensfeld – zumindest beim Menschen – zeitweise vom physischen Körper getrennt werden kann, ohne daß dem einen oder anderen ein Schaden zugefügt wird, und daß bei diesem Prozeß das Lebensfeld zum Träger des Bewußtseins und der Wahrnehmung werden kann.

Diese Ansicht vertreten zumindest die meisten Okkultisten. Dr. Douglas Baker ist der Ansicht, daß sich der Ätherkörper während des Lebens nie vom physischen Körper trennen kann. Nach seiner Theorie ist ein Körper aus noch feinerer Materie, der echte Astralkörper, an dem beteiligt, was ich Ätherprojektion nenne.

Was geschieht, wenn Sie Ihren Körper verlassen?

Die Mitglieder des Hermetic Order of the Golden Dawn (eines 1887 gegründeten magischen Ordens) wurden in einer Methode der Ätherprojektion unterwiesen, mußten aber geloben, die Technik geheimzuhalten. Deshalb gelang es dem Parapsychologen Dr. Hereward Carrington Mitte der zwanziger Jahre nicht, irgendwelche Informationen über dieses Thema zu finden, abgesehen von einigen in Frankreich durchgeführten Experimenten. Der französische Experimentator war ein

M. Charles Lancelin, der sich für die Wirkungen des »animalischen Magnetismus« interessierte, eine äußerst verworrene Sache, von der sich inzwischen nicht nur die Wissenschaft fast völlig abgewandt hat, sondern auch die Okkultisten.

Die Geschichte des animalischen Magnetismus geht auf den berühmten Dr. Franz Anton Mesmer zurück, der ein feinstoffliches Fluidum entdeckt zu haben glaubte, das sowohl metallischen Magneten als auch dem menschlichen Körper entströmte und mit dem Krankheiten geheilt werden konnten. Er entwickelte eine Methode, Patienten zu »magnetisieren«, so daß sie in eine konvulsive Trance fielen, aus der sie oft geheilt erwachten. Mesmer war als Heiler bemerkenswert erfolgreich und eine Zeitlang sehr in Mode. Doch als die französische Akademie der Wissenschaften veranlaßt wurde, seine Behauptungen zu überprüfen, fand das Komitee nichts, »was nicht als Wirkung der Phantasie erklärt werden konnte«.

In Wirklichkeit waren es jedoch nicht die eifrigen Bemühungen der etablierten Wissenschaft, die dem animalischen Magnetismus ein Ende bereiteten, sondern die durchaus wohlgemeinten Aktivitäten eines Bewunderers von Mesmer, der dessen Beispiel zu folgen versuchte.

Der Marquis de Puysegur wollte einen Hirtenjungen magnetisieren und mußte feststellen, daß dieser in die Art passiver Trance fiel, die wir heute hypnotisch nennen. Dies verwirrte die Wissenschaftshistoriker derart, daß Mesmer noch heute allgemein als »Vater der Hypnose« bezeichnet wird, obwohl er mit seinen Methoden eine völlig andere Art von Trance herbeiführte.

Lancelin ließ sich, wie es scheint, nicht verwirren und »magnetisierte« seine Versuchspersonen auf genau die gleiche Art wie Mesmer. In magnetisiertem Zustand konnte er den Ätherkörper sozusagen aus dem physischen Körper herausziehen; und er entwickelte eine Reihe sinnreicher Tests, die anzeigten, wann dies geschehen war. Er glaubte, daß eine bestimmte Art von Temperament für den Erfolg nötig sei, doch seine Erörterungen über sanguinische, lymphatische, nervöse und gallige Personen scheint heute überholt, ja etwas absonderlich, ebenso wie der »Magnetismus« selbst.

Dr. Carrington berichtete über Lancelins Arbeit in seinen Büchern *Modern Psychical Phenomena* (Moderne psychische Phänomene) und *Higher Psychical Development* (Höhere psychische Entwicklung). Er räumte ein, daß er die Informationen in beiden Büchern »höchst unzulänglich« fand, doch es sei alles, was er ans Tageslicht habe bringen können.

Im November 1929 erhielt Dr. Carrington einen Brief von einem gewissen Sylvan Muldoon, der behauptete, wesentlich mehr über Ätherprojektion zu wissen als Lancelin. Er verbreitete sich über einige Ausführungen Lancelins und widersprach anderen. Alles, was er sage, schrieb er, wisse er aus eigener Erfahrung. Muldoon war 1927 fünfundzwanzig Jahre alt. Seine erste außerkörperliche Erfahrung hatte er mit zwölf Jahren gehabt.

Carrington war beeindruckt. Er besuchte Muldoon, und obwohl dieser schwerkrank war und die Ärzte seinen Zustand als lebensbedrohlich bezeichneten, führte er mit ihm einige Experimente durch, um seine Behauptungen zu überprüfen, und ermutigte ihn dann, ein Buch über seine Erfahrungen zu schreiben, was Muldoon auf dem Krankenbett auch tat. *The Projection of the Astral Body* (Die Aussendung des Astralkörpers), in dem Carrington als Mitautor genannt wird, wurde zu einem Klassiker, der in bisher fünfzig Auflagen erschienen ist und bereits einer dritten Generation von Astralprojektoren als Lehrbuch dient. Obwohl im Titel der Begriff Astral aufscheint, macht Dr. Carrington in seiner Einführung klar, daß Muldoon sich mit dem beschäftigt, was ich Ätherprojektion nenne.

> »Ich möchte die Aufmerksamkeit des Lesers besonders auf die Tatsache lenken, daß nirgends in diesem Buch wilde oder törichte Behauptungen aufgestellt werden hinsichtlich dessen, was bei diesen Astralwanderungen erreicht worden ist. Mr. Muldoon behauptet nicht, entfernte Planeten besucht zu haben und zurückgekehrt zu sein, um uns mit allen Einzelheiten davon zu erzählen; er behauptet auch nicht, ausgedehnte und schöne ›Geisterwelten‹ erforscht zu haben; er gibt nicht vor, in die Vergangenheit oder Zukunft eingedrungen zu sein, auch nicht, irgendwelche der früheren Verkörperungen neu erlebt, irgendwelche ›astralen Aufzeichnungen‹ gelesen zu haben, den Fluß der Zeit rückwärts befahren zu haben oder die Geschichte der Menschheit an sich vorüberziehen gesehen oder die geologische Entwicklung der Erde beobachtet zu haben. Er erklärt lediglich, daß er imstande gewesen ist, seinen physischen Körper zu verlassen, und zwar in der Gegenwart, in seiner unmittelbaren Umgebung und bei vollem Bewußtsein.«

Muldoon selbst bemerkte in einem Brief: »Ich habe niemals eine bewußte Astralwanderung erlebt, ohne dabei hier auf der irdischen Ebene geblieben zu sein, genauso, wie ich jetzt im Augenblick hier bin. Ich wüßte nicht, wo ich die höheren Ebenen suchen sollte!« Sie werden später in diesem Buch erfahren, wo die höheren Ebenen zu finden sind, falls Sie eine Ätherprojektion in eine Astralprojektion verwandeln wollen.

Sylvan Muldoon war nicht der einzige, der behauptete, eingehende Erfahrungen in der Ätherprojektion zu besitzen. 1920 waren in der *Occult Review* zwei Artikel über dieses Thema von einem Ingenieur namens Oliver Fox erschienen, betitelt *The Pineal Doorway* (Die Zirbeldrüse als Tor) und *Beyond the Pineal Door* (Hinter dem Tor der Zirbeldrüse). Die Zirbeldrüse ist ein kleines Organ innerhalb des Gehirns hinter dem Punkt an der Stirn, an dem die Hindus das Kastenzeichen anbringen. Okkultisten glauben, daß sie das Überbleibsel des sagenhaften Dritten Auges und der Sitz parapsychologischer Fähigkeiten ist. Die Wissenschaftler sind sich hinsichtlich der parapsychologischen Fähigkeiten nicht so sicher, obgleich es Beweise dafür gibt, daß die Drüse lichtempfindlich ist und es sich vielleicht um ein Überbleibsel aus früheren Stadien der menschlichen Evolution handelt. Sie sondert eine Serotonin genannte Substanz ab, die mit Wachstum und möglicherweise hellseherischen Erfahrungen in Zusammenhang steht. Für Mr. Fox war es die Stelle, wo sein zweiter Körper aus dem physischen austrat.

Um 1902, als Fox noch Student war, erlebte er spontan, wie er seinen physischen Körper verließ. Ähnlich wie ich bei meiner ersten Projektion stellte er fest, daß er außerhalb seiner Wohnung stand. Es war ein klares, reales Erlebnis, doch bestimmte kleine Veränderungen in der Umgebung erweckten in ihm den Eindruck, daß er träume, was ihn jedoch nicht aufwachen ließ. Im Gegenteil: Der »Traum« wurde noch klarer, und ein wohliges Gefühl erfüllte ihn. Er war so begeistert, daß er zu versuchen beschloß, diese Art von Träumen durch Experimente unter bewußte Kontrolle zu bringen. Bei seinen ersten Versuchen bekam er Schmerzen in der Gegend der Zirbeldrüse.

Nach einiger Zeit stellten sich die gewünschten Resultate ein, und schließlich gelang es ihm, den Körper nach Belieben zu verlassen. Die Experimente, die er danach anstellte, scheinen eine Mischung aus Äther- und Astralprojektion gewesen zu sein.

Bevor Carrington dazu kam, Muldoons Manuskript zu bearbeiten, entdeckte er noch eine andere Informationsquelle. Es war ein in Frankreich erschienenes Buch mit dem Titel *Le Fantôme des Vivants* (frei übersetzt: Das lebende Phantom) von Hector Durville. Wie Lancelin interessierte sich Durville für Projektionen, die durch »magnetische« Trance hervorgerufen wurden, und er schilderte in seinem Buch eine Reihe faszinierender Experimente, darunter auch Versuche, den Ätherkörper zu fotografieren. Was ging mit diesen Leuten und den vielen anderen, denen es schon in früheren Zeiten angeblich gelungen war, sich mehr oder weniger willentlich von ihrem physischen Körper zu trennen, vor sich? Die Berichte aus erster Hand weisen beträchtliche Unterschiede auf, was zu ziemlicher Verwirrung führen kann, wenn man sich zum ersten Mal mit dieser Literatur beschäftigt.

Schauen Sie sich folgende zwei Schilderungen an:

»Ich schlief gegen halb elf ein – und schlief einige Stunden lang. Schließlich wurde mir bewußt, daß ich langsam aufwachte, doch schien ich nicht wieder in Schlaf zu fallen, eher noch weiter zu erwachen. Langsam wurde ich mir der Tatsache bewußt, daß ich irgendwo lag – und bald schien ich zu wissen, daß ich in einem Bett lag. Ich versuchte, mich zu bewegen, mußte aber erkennen, daß ich dazu außerstande war; ich hatte das Gefühl, als ob ich an meinem

Ruhelager festgeklebt wäre. Wenn man zu Beginn einer Astralwanderung bei Bewußtsein ist, hat man das Gefühl, als klebe man fest, als befinde man sich in einem Zustand völliger Bewegungslosigkeit.

Schließlich ließ das Gefühl des Festgeklebtseins nach, wurde aber durch ein anderes, ebenfalls unangenehmes Gefühl ersetzt – durch das des Schwebens. Gleichzeitig begann mein ganzer erstarrter Körper – ich dachte zuerst, es sei mein physischer Körper, es war aber mein Astralkörper – mit großer Intensität in Schwingung zu geraten, und zwar bewegte er sich auf und ab. Ich fühlte dabei einen starken Druck im Nacken in der Gegend des verlängerten Marks. Dieser Druck war sehr stark, wiederholte sich in regelmäßigen Abständen und schien meinen ganzen Körper zum Schwingen zu bringen.

Kaum konnte ich wieder hören, vermochte ich auch wieder zu sehen. Ich war mehr als erstaunt. Mit Worten kann ich meinen Zustand nicht beschreiben. *Ich schwebte! Ich schwebte in der Luft,* in steifer waagerechter Lage, rund einen Meter über dem Bett. Langsam schwebte ich aufwärts, der Zimmerdecke entgegen, wobei ich hin und her schwankte, während der ganzen Zeit in waagerechter Lage blieb und unfähig war, mich zu rühren.

Plötzlich wurde ich etwa zwei Meter über dem Bett – als ob meine Bewegung von einer unsichtbaren Kraft gelenkt würde – aus der waagerechten in die senkrechte Lage aufgerichtet und auf den Boden des Zimmers gestellt. Da stand ich nun, wie mir schien, etwa zwei Minuten lang, immer noch außerstande, mich aus eigener Kraft zu bewegen, und starrte vor mich hin.

Dann ließ die lenkende Kraft nach. Ich fühlte mich frei, wobei ich nur noch den Druck im Nacken spürte. Ich machte einen Schritt. Der Druck verstärkte sich jedoch für einen Augenblick und warf meinen Körper im spitzen Winkel seitwärts. Es gelang mir, mich umzudrehen. In diesem Moment stellte ich fest, daß ich zweimal vorhanden war. Ich fing an, mich zu fragen, ob ich vielleicht geisteskrank geworden sei. Da war ein zweites Ich, das ruhig auf dem Bett lag. Es war für mich schwierig, mich davon zu überzeugen, daß meine Wahrnehmungen der Wirklichkeit entsprachen; aber mein klares Bewußtsein ließ es nicht zu, daß ich das, was ich sah, bezweifeln konnte.«

Diese Schilderung betrifft Sylvan Muldoons erste Ätherprojektion im Alter von zwölf Jahren. Er erlebte sie in einem Zimmer des Lagers der »Mississippi Valley Spiritualists' Association« in Clinton, Iowa, wohin seine Mutter mit ihm gefahren war, um festzustellen, ob die Behauptungen der Spiritualisten auf Wahrheit beruhten. So kurios die Schilderung zunächst auch war, ist sie doch klar und einfach. Vergleichen Sie sie mit dem folgenden Bericht, in dem Oliver Fox über eine außerkörperliche Erfahrung schreibt:

»Ich mußte mein körperliches Ich durch den Torweg der Zirbeldrüse zwängen. Das war dadurch möglich, weil ich, bevor ich in tiefe Bewußtlosigkeit fiel, mich auf die Zirbeldrüse konzentriert und mir fest vorgenommen hatte, durch sie den Körper zu verlassen.

Die Empfindung dabei war die folgende: Mein körperliches Ich stürzte zu einem Punkt in der Zirbeldrüse und warf sich gegen eine scheinbar vorhandene Falltür, während das goldene Licht an Leuchtkraft immer stärker wur-

de, so daß ich den Eindruck hatte, als stünde der ganze Raum in Flammen. War der Ansturm meines körperlichen Ichs nicht stark genug, so war die Empfindung eine entgegengesetzte; mein körperliches Ich fiel in sich zusammen und verschmolz wieder eng mit meinem physischen Körper, während das Astrallicht immer schwächer wurde, bis es wieder die normale Stärke hatte.
Oft waren zwei oder drei Versuche erforderlich, bis ich genügend Willenskraft erzeugen konnte, um mein anderes Ich durch die Tür zu drängen. Ich hatte das Gefühl, als ob ich wahnsinnig werden oder sterben müsse. Sobald aber das Türchen hinter mir zugeschlagen war, erfreute ich mich einer geistigen Klarheit, die die geistige Sicht des irdischen Lebens weit übertraf; und ich empfand keine Furcht mehr. Den Körper zu verlassen, war jetzt ebenso leicht wie aus dem Bett aufzustehen.«

Hatte Fox den Körper verlassen, so überzeugten ihn seine Erlebnisse jedoch, daß er träumte:

»Hundertmal vielleicht bemerkte ich die offensichtlichen Widersprüche der Geschehensabläufe nicht, bis schließlich irgend etwas Unlogisches oder Unnatürliches mir sagte, daß ich träumte. Und diese Erkenntnis bewirkte immer die Veränderung, die ich beschrieben habe (*eine Verstärkung des Lebensgefühls* und ein *starkes Wohlbefinden* – J. H. B.). Ich fand, daß ich dann imstande war, nach Belieben kleine Tricks auszuführen, daß ich in die Höhe schweben, durch feste Wände gehen, Materie in neue Formen verwandeln konnte und ähnliches.«

Diese Berichte haben so wenig miteinander gemein, daß der Eindruck, sie schilderten zwei völlig verschiedene Erfahrungen, verständlich wäre. Doch das ist nicht der Fall. Muldoon schildert in seinem Bericht eine klassische Ätherprojektion ohne Visionen von Geisterwelten und dergleichen. Darauf hat ja Carrington eigens hingewiesen.

In Fox' Bericht jedoch gibt es einen interessanten Hinweis, nämlich die Stelle, wo er schreibt, er habe »Materie in andere Formen verwandeln können«. Dies ist, wie Sie im zweiten Teil dieses Buches entdecken werden, charakteristisch für eine Astralprojektion. Fox scheint einer jener Menschen gewesen zu sein, deren Ätherprojektionen in Astralprojektionen übergehen – zur Verwirrung seiner Anhänger und vermutlich auch zu seiner eigenen. Das kommt durchaus nicht selten vor. Auch Robert Monroe, der amerikanische Geschäftsmann, der entdeckte, daß er die Gabe besaß, aus seinem Körper herauszuschlüpfen, begann bald, zwischen verschiedenen Welten hin und her zu wechseln. Mehrere Personen, mit denen ich experimentierte und bei denen ich Hypnose als Projektionsauslöser benützte, neigten ebenfalls dazu. Dies führt zu beträchtlichen Schwierigkeiten, das Phänomen richtig zu verstehen und zuverlässige Methoden zu entwickeln. Bevor Sie eigene Äther- oder auch Astralprojektionen durchführen, sollte Ihnen klar sein, wie solche Verwechslungen entstehen. Mir ist es, glaube ich, klar.

Die Ansicht, daß man einen zweiten (ätherischen, astralen oder sonstigen) Körper projiziere, ist mit ziemlicher Sicherheit ein Irrtum. Wenn eine Projektion geschieht, verläßt nicht ein einzelner feinstofflicher Körper den physischen Körper, sondern mehrere. Denken Sie an den Vergleich mit der russischen Puppe. Wenn Sie die erste Puppe aus der äußeren Hülle herausnehmen, dann nehmen Sie mit ihr zusammen auch alle weiteren noch in ihr steckenden Puppen mit heraus.

Wie Sie im zweiten Teil dieses Buches sehen werden, geht es auch bei der Astralprojektion um einen feinstofflichen Körper; nach meiner Meinung nicht um den ätherischen, sondern um etwas Feineres als ein Energiefeld, um einen Körper, der nach Ansicht der Okkultisten aus »geistiger Materie« besteht: den echten Astralkörper. Wenn alle Ihre verschiedenen Körper miteinander verbunden sind – was tagsüber während des Wachzustandes die meiste Zeit der Fall ist –, dann haften sie fest zusammen, und spontane Projektionen kommen selten vor. Sobald Sie jedoch die feinstofflichen Körper vom physischen Körper trennen, löst sich der Zusammenhalt auf; das heißt: Wenn Sie den Ätherkörper (mit den mit ihm zusammenhängenden astralen, mentalen und spirituellen Körpern) projizieren, dann besteht die Möglichkeit und vielleicht sogar die Tendenz, daß die inneren Körper – der astrale/mentale/spirituelle Komplex – spontan projizieren. Auf diese Weise können Sie aus einer einfachen Ätherprojektion, wie sie Sylvan Muldoon ausnahmslos erlebte, in die Astralwelt überwechseln, was bei Fox, Monroe und anderen geschehen ist.

Es kann jedoch sein, daß der Vorgang noch komplizierter ist. Einiges spricht für die Möglichkeit, daß Ihr astraler, mentaler und spiritueller Körper bereits getrennt und innerhalb ihrer eigenen inneren Welten aktiv sind. Nach dieser Theorie ist es in Wirklichkeit gar kein Körper, was projiziert wird, sondern Ihr konzentriertes Bewußtsein. Nach den Experimenten, die ich selbst durchgeführt habe, stehe ich dieser Idee mit ziemlicher Sympathie gegenüber. Sollte es Ihnen schwerfallen, mir jetzt zu folgen, lassen Sie sich nicht den Schlaf rauben.

Es wird Ihnen vieles klarer werden, wenn Sie den zweiten Teil des Buchs durchgearbeitet haben.

Im Moment ist die Frage nicht so wichtig, welche Theorie die richtige ist, denn für die praktische Durchführung der Projektion ist das ohne Bedeutung. Bevor Sie damit beginnen, sollten Sie jedoch wissen, was mit Ihnen geschieht, wenn Sie Ihren Körper verlassen.

Die Silberschnur

In Ihrem Ätherkörper fühlen Sie sich fast genauso wie in dem Ihnen vertrauten physischen Körper, den Sie ständig mit sich herumtragen. »Ich dachte, es sei mein physischer Körper; es war aber mein Astralkörper«, schreibt Sylvan Muldoon in seinem bereits zitierten Bericht. Und später: »Ich glaubte natürlich, dies sei mein physischer Körper, wie ich ihn immer gekannt hatte, nur daß er jetzt auf geheimnisvolle Weise begonnen habe, die Gesetze der Schwerkraft zu überwinden. Der Vorgang war für mich zu unnatürlich, um ihn zu verstehen, andererseits aber zu wirklich, um ihn zu leugnen.«

Wie leicht man den physischen und den ätherischen Körper verwechseln kann, habe ich bei einem meiner ersten Experimente selbst erlebt. Ich wachte nachts auf und hatte den Drang zu urinieren. Ich stieg aus dem Bett, ging durchs Zimmer und stellte fest, daß die Schlafzimmertür nicht nur geschlossen, sondern versperrt war. Ich begriff das nicht, doch es gelang mir nicht, sie zu öffnen. Erst nach ein paar Augenblicken bemerkte ich, daß meine Hand in den Türgriff *eingesunken* war.

Als ich zum Bett zurückging, sah ich, daß mein (physischer) Körper neben meiner Frau lag. Ich stieg ins Bett, legte mich hin und sank in meinen physischen Körper zurück. Dann ging ich wieder zur Badezimmertür. Wieder erreichte ich die Tür, und wieder stellte ich fest, daß ich meinen physischen Körper zurückgelassen hatte. Ich ging wieder zu Bett; und tatsächlich mußte ich noch mehrmals ins Bett zurückgehen, bis ich schließlich meinen physischen Körper dazu bewegen konnte, mitzukommen und die Tür zu öffnen.

Dies war ein unbedeutender, doch äußerst lehrreicher Vorfall. Als erstes fällt mir auf, wenn ich daran zurückdenke, daß ich das Bett verließ, durchs Schlafzimmer ging und ein paar Augenblicke an der Tür stand, *bevor mir klar wurde, daß ich mich nicht in meinem physischen Körper befand.* Das ist ein wichtiger Punkt. Wenn es sich um ein elektrisches Energiefeld handelt (oder bestenfalls um einen Klumpen Materie, der siebzig Gramm wiegt), dann würde man mit Recht annehmen, daß er sich anders anfühlt. Doch das ist nicht der Fall, sondern man merkt kaum einen Unterschied. Ich hatte das Gefühl, mein normales Gewicht zu haben. Ich schien der Schwerkraft unterworfen. Ich spürte die kühle Luft und den Druck in meiner Blase.

Meine Umgebung – die Schlafzimmerwände, die Möbel, die Tür – hatte ein völlig kompaktes und normales Aussehen, doch dann bemerkte ich bei dem Türgriff (und später, als ich durch eine geschlossene Tür hindurchging), daß ich nichts auf normale Weise berühren oder *spüren* konnte. Es war, als ob ich durch ein lebensgroßes Hologramm hindurchging, wobei es jedoch eine Ausnahme gab: Ich konnte den Teppich unter meinen Füßen spüren. Der Grund dafür ist vielleicht die Funktionsweise des menschlichen Geistes. Es ist anzunehmen, daß man, wenn man sich ein Leben lang in einem physischen Körper bewegt, dabei tiefverwurzelte Gewohnheiten entwickelt, darunter gewohnheitsmäßige Wahrnehmungen.

Die meisten Psychologen sind der Meinung, daß das, was man sieht, durch das bedingt ist, was man zu sehen erwartet. Zum Beispiel beweist ein interessantes Experiment, daß die Fähigkeit, die Länge einer Linie zu beurteilen, von sozialen Faktoren abhängt. Wenn genügend andere Menschen darauf bestehen, daß die kürzere Linie die längere sei, dann werden Sie sich deren Meinung anschließen.

Wenn der Mensch geht, so ist dies mit einer Vielzahl subtiler Sinneswahrnehmungen verbunden, wie der Empfindung des Gleichgewichts, dem Spüren des Bodens unter den Füßen, der Länge der einzelnen Schritte und so weiter. Dies alles verbindet sich zu einem ständigen *Feedback*, das Sie befähigt, achtlos dahinzuschlendern, während Sie über das Wetter reden. Der größte Teil des Feedbacks ist völlig unbewußt. Tatsächlich bemerken Sie gar nicht, daß Sie gehen, bis Sie vielleicht Schmerzsignale empfangen, die Sie auf ermüdete Muskeln oder auf einen Stein im Schuh aufmerksam machen. Wäre ich über unebenes, nicht vertrautes Gelände gegangen, hätte ich aufpassen müssen. Da ich jedoch über den Wohnzimmerboden ging, auf dem ich mich seit Jahren bewegte, lief alles automatisch ab. Ich erwartete, den Teppich unter meinen Füßen zu spüren – auch in meinem Ätherkörper –, und genau das spürte ich. Mit anderen Worten: Daß ich den Teppich spürte, war – im Rahmen des geschilderten Vorfalls – eine *Halluzination*.

Sollte das unglaubwürdig erscheinen, so denken Sie bitte daran, daß C.G. Jung, ein praktizierender Psychiater und Mitbegründer der modernen Psychologie, feststellte, daß Halluzinationen viel verbreiteter sind, als man denkt. Das Problem ist, daß wir dazu neigen, unsere Wahrnehmungen nur dann anzuzweifeln, wenn sie uns absonderlich erscheinen. So würden, wenn Sie in ein Zimmer träten und darin einen kleinen grünen Mann in einer Fliegenden Untertasse entdeckten, sicherlich Zweifel an der Realität Ihrer Wahrnehmung in Ihnen aufsteigen. Der Aschenbecher auf dem Tisch daneben könnte jedoch genausogut eine Halluzination sein – ein Gedanke, auf den Sie aber nie kommen würden.

Wenn es nur eine gewohnheitsmäßige Reaktion war, daß ich den Teppich unter meinen Füßen spürte, so hatte es jedoch mit dem erwähnten Drang zu urinieren etwas ganz anderes auf sich. Dieser Drang, den ich die ganze Zeit spürte, während ich mich im Ätherkörper befand, ist die Reaktion auf einen rein *physischen* Auslösungsmechanismus: Druck auf die Blase. Da, wie bereits erwähnt, der Ätherkörper eher eine Matrize des physischen Körpers als eine Reflexion davon ist, dürfen wir annehmen, daß sich eine Ausdehnung der physischen Blase auf ihn nicht auswirkt. Und da der Drang zu urinieren ein nur zeitweise auftretendes Phänomen ist, dürfen wir ebenfalls annehmen, daß er nicht die gleiche konditionierte Reaktion auslöst wie das Gehen über einen vertrauten Teppich. Also stehen wir vor einem Rätsel. Wie konnte ich (wie übrigens auch andere Ätherreisende) in einem Körper, in dem es keine volle Blase gibt, den Druck einer vollen Blase spüren?

Die einleuchtendste Antwort wäre natürlich, daß ich weiterhin den von meinem *physischen* Körper empfundenen Druck spürte, was ein Verbindungsglied zwischen den beiden Körpern voraussetzen würde. Ich persönlich habe bei keiner Ätherprojektion ein derartiges Verbindungsglied bemerkt, im Gegensatz zu Mr. Muldoon, der es als eine Art Schnur oder Kabel sah:

> »Meine beiden gleichartigen Körper waren durch ein dehnbares Kabel verbunden, dessen eines Ende in der Gegend des verlängerten Marks am Astralkörper befestigt war, während das andere zwischen den Augen des physischen Körpers begann. Dieses Kabel erstreckte sich über eine Entfernung von etwa zwei Metern zwischen den beiden Körpern.«

Muldoons »Kabel« ist einer der interessantesten Aspekte der Ätherprojektion. Es wird auch in den Aufzeichnungen vieler anderer, die sich eingehend mit Äther- und Astralprojektion befassen, erwähnt, doch manche – darunter ich – haben es beim Verlassen des Körpers nie bemerkt. Und wo es erscheint, bricht es eine Menge Regeln. Dieses »Kabel« scheint das gleiche zu sein wie die schon in der Bibel erwähnte »Silberschnur«, die beim Tod zerreißt. Vom Tod abgesehen scheint es jedoch kaum etwas zu geben, was sie zu verletzen oder zu zerreißen vermag. Wenn man Arthur Gibsons Berichten glauben kann, ist es möglich, daß diese Silberschnur sich von Irland bis zum indischen Subkontinent erstreckt. Und selbst damit scheint ihre Elastizität noch nicht erschöpft, denn manche berichten, daß die Schnur, als sie unseren Planeten verließen, nur etwas dünner wurde, aber nicht zerriß. Und sie verheddert sich auch nicht. Dies scheint nicht besonders erstaunlich, denn die Schnur kann, wie der übrige Astralkörper, physische Objekte durchdringen. Doch selbst wenn zwei oder mehr Personen gleichzeitig Astralprojektion betreiben, scheint es mit diesen Schnüren, die sie hinter sich herziehen, nie irgendwelche Probleme zu geben.

Ich glaube, daß die Vorstellung eines endlos dehnbaren Bandes, so nützlich sie in mancher Hinsicht sein mag, nicht ganz den Tatsachen entspricht. Was als Schnur wahrgenommen wird, scheint nicht mehr zu sein als der subjektive Eindruck, daß ein Verbindungsglied existiert – ein Eindruck, den, wie schon erwähnt, nicht alle Projektoren haben. Wenn das stimmt, dann ist das Verbindungsglied das Wesentliche – nicht, ob es eine wirkliche Schnur ist. Die Existenz eines solchen Verbindungsgliedes scheint so gut wie außer Zweifel, und das bedeutet, daß bestimmte körperliche Empfindungen (wie der Druck auf meine Blase) auf den Ätherkörper übertragen werden können, der sie – mehr oder weniger – als seine eigenen wahrnimmt.

Dieses Verbindungsglied ist der Grund, warum Okkultisten immer davor gewarnt haben, den physischen Körper eines Menschen, der sich im Zustand der Projektion befindet, auf irgendeine Weise zu stören. Selbst eine leichte Berührung genügt, um das Phantom zu erschrecken und es zu veranlassen, sich ruckartig in seine körperliche Hülle zurückzuziehen, ganz gleich, wie weit es sich von ihm entfernt hat. Ich habe dieses Phänomen – das manchmal von einem klirrenden Geräusch, als ob Metall auf Metall schlägt, begleitet ist – selbst erlebt und kann nur bestätigen, daß es vermieden werden sollte. Ich habe dabei nie irgendeinen besonderen Schaden erlitten; doch die esoterische Literatur ist voller Warnungen davor, daß es ernstliche gesundheitliche Schädigungen – bis hin zu Schlaganfällen und Herzattacken – auslösen könne. Auf jeden Fall ist es äußerst unangenehm.

Die Kommunikation zwischen dem physischen Körper und dem Phantom ist ein wechselseitiger Prozeß. Das heißt, ein dem Ätherkörper zugefügtes Trauma kann sich auf das *physische Doppel übertragen*. Vor einigen Jahren erschien ein amüsanter Fantasy-Comic, in dem die Hauptfigur Dr. Strange (»Meister der mystischen Künste«) während einer Ätherprojektion vom Phantom eines rivalisierenden Zauberers angegriffen wird. Der Autor muß sich eingehend mit dieser Materie beschäftigt haben, denn Dr. Stranges Phantom ist mit seinem physischen Körper durch ein Kabel verbunden; wie es Muldoon beschreibt. Sein Rivale versucht, es mit einem astralen Messer zu durchschneiden. So etwas ist sicher sehr lustig, doch es stimmt mit der Realität nur wenig überein. Immerhin stimmt das hinter dem Angriff auf Dr. Strange liegende Prinzip: Um den physischen Körper zu verletzen, muß man den Ätherkörper verletzen. Wenn die Umstände nicht äußerst ungünstig sind, wären Kopfschmerzen das Schlimmste, was Sie davon bekommen können; doch es ist auch möglich, daß Sie ein paar blaue Flecken davontragen, deren Herkunft nicht klar ist.

Das Vorhandensein eines Verbindungsgliedes ermöglicht es dem Phantom, den physischen Körper in gewissem Maß aus der Ferne zu kontrollieren. Während einer Reihe von Versuchen schwebte ich nicht mehr als etwa dreißig Zentimeter über meinem physischen Körper, den ich (mit einiger Mühe) bewegen und mit dem ich sprechen konnte. Es war ein sehr merkwürdiges Gefühl, fast so, als würde eine Marionette durch Fäden bewegt.

Die Verbindungs-»Schnur« übt während der ganzen Dauer der ganzen Ätherprojektion auf das Phantom einen leichten Zug aus, der, wie Sylvan Muldoon bemerkte, zunimmt, wenn dieses sich dem physischen Körper nähert. Wird ein kritischer Punkt überschritten, der von Person zu Person variiert, aber im allgemeinen nicht mehr als wenige Meter beträgt, dann zieht die Schnur das Phantom plötzlich in den physischen Körper zurück. Dadurch ist es sehr schwierig, während einer Projektion den physischen Körper aus geringem Abstand zu untersuchen.

Auf unerfahrene Reisende, deren häufigste Frage lautet: »Was ist, wenn ich nicht in meinen (physischen) Körper zurück kann?«, sollte die beschriebene Entdeckung dieses Phänomens beruhigend wirken. Fast alle Berichte stimmen darin überein, daß das Problem nicht darin besteht, nicht wieder zurück zu können, sondern vielmehr willentlich draußen zu bleiben – vor allem dann, wenn man sich dem physischen Körper zu sehr genähert hat.

Auch auf die Frage »Was geschieht, wenn ich mich in meinem Ätherkörper so weit entferne, daß ich mich verirre und nicht zurückfinde?« gibt es ebenfalls eine beruhigende Antwort. Wenn Sie die Schnur sehen, können Sie sich daran zurückholen, wie ein Angler einen Fisch; oder Sie können ihr folgen wie Theseus dem Ariadnefaden im Labyrinth des Minotaurus. Es besteht auch sonst keinerlei Grund zu irgendwelchen Besorgnissen, denn Reisen im Ätherkörper sind aus folgendem Grund begrenzt: Sowie Ihr physischer Körper sich unbehaglich zu fühlen beginnt oder Hunger bekommt, was ja unweigerlich einmal der Fall sein wird, dann wird das Gefühl des »Rückziehens« immer stärker und schließlich unwiderstehlich. Für den Fall, daß Sie nicht warten können, gibt Robert Monroe den Rat, einfach an irgendeinen Teil des physischen Körpers zu denken und zu versuchen, ihn zu bewegen, zum Beispiel mit der großen Zehe zu wackeln. Das reicht, wie er sagt, aus, um Sie sofort in den physischen Körper zurückzubringen.

Wenn Sie längere Zeit außerhalb des physischen Körpers bleiben, werden Sie interessante Unterschiede zwischen diesem Zustand und Ihrer normalen physischen Funktionsweise bemerken. Am eindrucksvollsten ist natürlich die Fähigkeit, feste Objekte zu durchdringen. Robert Monroe, der amerikanische Geschäftsmann, der später sehr erfahren im Astralreisen war, berichtet, daß ihn diese Fähigkeit schon bald davon überzeugte, daß das, was ihm widerfuhr, nicht irgendeine Art von Krankheit war.

Monroe hatte vor seiner ersten Projektion sehr unangenehme Zustände. Lange bevor sie stattfand bekam er schmerzhafte Krämpfe und Verspannungen im Unterleib. Es folgten über mehrere Wochen hinweg zeitweilige Lähmungsanfälle, bei denen sein ganzer Körper heftig zu zittern schien, als habe er Malaria. (Es war eine subjektive Empfindung; tatsächlich zitterte sein physischer Körper nicht.)

»Während der folgenden sechs Monate«, schreibt Monroe in seinem Buch *Der Mann mit den zwei Leben*, »trat der gleiche merkwürdige Zustand neunmal auf. Er ereignete sich zu verschiedenen Zeiten und an verschiedenen Orten; der einzige gemeinsame Faktor war der, daß es begann, kurz nachdem ich mich zur Ruhe oder zum Schlaf hingelegt hatte. Sobald es stattfand, zwang ich mich in eine sitzende Stellung, und das Zittern verging.«

Wie der bereits erwähnte Arzt meiner jungen, Hilfe suchenden Besucherin hatte Monroe in Erwägung gezogen, daß es sich bei ihm um Epilepsie handle, diesen Gedanken aber wieder verworfen, weil Epileptiker sich an ihre Anfälle nicht erinnern. Seine Erinnerung an die Vorgänge war aber klar und deutlich. Er vermutete zunächst, daß es eine Störung im Gehirn war, möglicherweise ein Tumor; und er zog einen Arzt zu Rate. Dieser meinte, er sei wohl einfach überarbeitet, und er solle außerdem ein wenig abnehmen.

Monroes »Symptome« tauchten immer wieder auf, und, wie oft in solchen Fällen, legte sich schließlich seine Angst. Schließlich fand er das Ganze fast langweilig. Wenn ihn die »Vibration«, wie er es nannte, befiel, wartete er einfach geduldig, bis sie wieder verschwand. Einmal hing dabei ein Arm über die Seite des Bettes herab, und seine Finger berührten leicht den Teppich.

> »Ich versuchte, die Finger zu bewegen und stellte fest, daß ich über den Teppich kratzen konnte. Ohne darüber nachzudenken oder auch nur wahrzunehmen, daß ich die Finger während der Vibration bewegen konnte, drückte ich die Fingerspitzen gegen den Teppich. Nach kurzem Widerstand schien es, als ob meine Finger durch den Teppich durchgriffen und den Fußboden darunter berührten. Mit leichter Neugier drückte ich die Hand weiter abwärts. Meine Finger gingen durch den Fußboden hindurch und berührten die rauhe Oberseite der Decke des Zimmers darunter. Ich war bestimmt hellwach, doch die Tastwahrnehmung war noch immer da. Wie konnte ich in jeder Hinsicht wach sein und dennoch ›träumen‹, daß mein Arm durch den Fußboden hindurchgedrungen sei?«

Daß Arme Fußböden durchdringen oder, wie in meinem Fall, Hände in Türgriffe einsinken, sind jedoch nicht die einzigen Merkwürdigkeiten des Projektionszustandes. So hat zum

Beispiel Licht eine leicht veränderte Qualität – es scheint seltsam gedämpft. Oliver Fox spricht von einem goldenen Lichtschein, doch scheint dies ein Einfluß von der Astralebene gewesen zu sein – ein Phänomen, das ich bei all meinen Ätherprojektionen nicht wahrgenommen habe. Viele Projektoren erwähnen überhaupt keine Absonderlichkeiten bezüglich des Lichts, was nicht überrascht, denn der Unterschied ist nicht so stark, daß er besonders auffällt.

Sehr leicht wahrnehmbar ist hingegen die Art des Ätherkörpers, sich zu bewegen. Muldoon spricht von drei »Geschwindigkeiten der Bewegung«, was mit meinen eigenen Erfahrungen übereinstimmt. Die erste ist die vertraute Gehgeschwindigkeit. Als ich mich von meinem Bett zur Tür bewegte, tat ich dies genauso wie in meinem physischen Körper. Später bewegte ich mich ebenso langsam durch andere Räume und ging die Treppe hinunter.

Die zweite Geschwindigkeit, die Muldoon die »mittlere« nennt, ist wesentlich schneller und mit einem Phänomen verbunden, zu dem es im physischen Körper keine Entsprechung gibt, zumindest nicht bei sogenannten normalen Menschen. Sie ist ungefähr der Geschwindigkeit beim Reiten auf einem schnellen Pferd oder beim Fahren mit einem Auto vergleichbar. Das damit verbundene Phänomen ist Levitation.

Levitation wurde bereits, wenngleich nicht namentlich, in einem der zitierten Berichte Muldoons erwähnt. Vielleicht entsinnen Sie sich, daß er während seiner ersten Projektion in einem erstarrten Zustand über seinem physischen Körper schwebte, bevor er durch irgendeinen Impuls aufgerichtet wurde. Ich hatte bei kleineren Projektionserfahrungen das gleiche Gefühl, nämlich einen viertel bis einen halben Meter über meinem physischen Körper zu schweben. Später bemerkte ich aber, daß, wenn ich während eines außerkörperlichen Erlebnisses eine Treppe hinauf- oder hinunterging, meine Füße sich einige Zentimeter über den Stufen befanden. Dies dürfte wohl der von Muldoon beschriebenen mittleren Geschwindigkeit des Ätherkörpers entsprechen. Und so lassen meine eigenen Erfahrungen darauf schließen, daß diese Bewegungsart mit Levitation verbunden ist. Man eilt mit ziemlicher Schnelligkeit dahin, *die Füße ein Stück über dem Boden*. Andere, ziemlich phantastisch anmutende Berichte von Projektoren, die in den Weltraum gereist sind, deuten darauf hin, daß Levitationen im Ätherkörper ins Extreme gesteigert werden können.

Die dritte von Muldoon geschilderte Art der Fortbewegung hat eigentlich mit unserem Begriff von Geschwindigkeit nichts mehr zu tun. Nur in Sience-Fiction-Romanen liest man ab und zu darüber. Sie ist leicht zu beschreiben. Man versetzt sich gedanklich an sein Ziel und ist, wenn man den Kniff heraus hat, im gleichen Moment dort.

Dabei hat man nicht das Gefühl, sich zu bewegen. Muldoon meint, daß das menschliche Bewußtsein die damit verbundene Geschwindigkeit nicht erfassen kann und einen Moment abschaltet. Doch ich bezweifle dies. Ich bin der Ansicht, daß hier weder Geschwindigkeit noch Bewegung im Spiel sind, sondern daß es sich um ein anderes Prinzip der Fortbewegung handelt, das es gestattet, sich innerhalb eines Augenblicks von einem Ort an einen anderen zu versetzen. Jedenfalls hat man nicht das Gefühl, daß dabei Zeit verstreicht; und Entfernung scheint überhaupt keine Rolle zu spielen.

Sofern Sie zu vermeiden wissen, in eine Astralprojektion überzuwechseln, sollten es Ihnen die bisherigen von mir erhaltenen Informationen bereits ermöglichen, sich mit einiger Sicherheit außerhalb des Körpers zu bewegen. Doch nachdem wir uns in diesem Buch mit Merkwürdigkeiten wie *Durch-Wände-Gehen, Levitation* und *blitzschnellen Gedankenreisen* beschäftigt haben, steigen in Ihnen wahrscheinlich zwei Fragen auf: »Gibt es das alles wirklich?« und »Wie gefährlich beziehungsweise ungefährlich sind diese Praktiken?«

Sie haben Anspruch darauf, ehrliche Antworten auf diese Fragen zu erhalten, bevor wir uns mit den Methoden beschäftigen, die es Ihnen gestatten werden, die gleichen Erfahrungen zu machen wie Fox, Muldoon, Monroe und andere.

Gefahren

Robert Allen Monroe studierte Handelswissenschaft, Maschinenbau, Zeitungs- und Theaterwissenschaft an der Ohio State University. Im Jahr 1937 ging er als Autor und Regisseur zum Rundfunk. Er zog nach New York, wo er sich seinen Lebensunterhalt mit dem Schreiben von Fernsehspielen verdiente, bis er beim Rundfunk mit einer lange laufenden Dokumentarserie den Durchbruch schaffte. Nach dem Ende des Zweiten Weltkriegs gründete er eine eigene Produktionsgesellschaft und begann eine recht erfolgreiche geschäftliche Karriere. 1958 erlebte er seine erste Ätherprojektion.

1986 erschien bei Souvenir Press in England *Far Journeys*, sein zweites Buch über dieses Thema (Der zweite Körper). Es beginnt mit folgenden Worten:

> »Falls vorab etwas Offenkundiges festgestellt werden muß, so kann ich berichten, daß ich körperlich immer noch exi-

stiere, auch wenn ich mich schon fünfundzwanzig Jahre mit außerkörperlichen Erfahrungen beschäftige. Der Zahn der Zeit hat etwas an mir genagt, aber ansonsten bin ich noch mehr oder weniger einsatzfähig.

Es gab allerdings Augenblicke, in denen ich mir da nicht so sicher war. Einige der größten medizinischen Kapazitäten haben mir jedoch versichert, daß die körperlichen Schwierigkeiten, mit denen ich zu kämpfen hatte, ganz einfach eine Folge des Umstandes waren, daß ich im Amerika des zwanzigsten Jahrhunderts lebe. Ein paar vertreten einen anderen Standpunkt: *Daß ich noch lebe, sei das Ergebnis dieser außerkörperlichen Erfahrungen.* Welche Diagnose gefällt Ihnen besser, lieber Leser?

Allem Anschein nach kann man also regelmäßig ›seinen Körper verlassen‹ und dennoch weiterleben. Nachdem ich wiederholt von Fachleuten untersucht worden bin, kann ich außerdem feststellen, daß ich auch geistig im großen und ganzen gesund bin.«

Obgleich leicht dahingesagt, ist dies ein Punkt von großer Bedeutung. Den Geist aufzugeben, wird in vielen Kulturen so eindeutig mit dem Tod gleichgesetzt, daß die Frage, ob zeitweilige Trennungen vom physischen Körper ungefährlich sind, durchaus vernünftig ist. Monroe hat sie beantwortet: Er ist, nachdem er ein Vierteljahrhundert lang Projektionen durchgeführt hat, weder tot noch verrückt. Sicher wäre es gut, wenn weitere einschlägige Experimentatoren diese Antwort bekräftigen würden.

Sylvan Muldoon war schwerkrank, als er sich mit Dr. Carrington in Verbindung setzte. »Ich wollte, ich hätte mich wohler gefühlt, als ich dieses Buch schrieb«, zitiert Carrington aus einem seiner Briefe, »denn dann hätte ich wahrscheinlich bessere Arbeit leisten können. Aber so wie es war, habe ich jedes Wort nur widerwillig geschrieben!« Einiges schrieb er sogar, während er so krank war, daß er das Bett nicht verlassen konnte. In dieser Zeit projizierte Muldoon häufig, ohne sich dadurch trotz seines sehr geschwächten Zustandes umzubringen. Er entwickelte im Gegenteil eine Theorie, wonach seine Krankheit seine Fähigkeit des Projizierens unterstützte. Nach seiner Meinung lockerte sie irgendwie seinen Ätherkörper.

Wenn es also unwahrscheinlich ist, daß Sie bei einer Projektion ums Leben kommen – was für Gefahren gibt es sonst noch? Die Frage, wie Sie in den physischen Körper zurückkommen, wurde bereits behandelt. Dies scheint wenig Schwierigkeiten zu bereiten: Folgen Sie der Schnur oder wakkeln Sie mit dem großen Zeh. Monroe stellte einmal fest, daß er dabei war, in einen falschen Körper zurückzukehren – es ist das einzige Mal, daß ich von so etwas gehört habe –, doch er sagt, daß »Wackeln mit dem großen Zeh« auch in diesem Fall geholfen hat.

Kann jemand anderes oder etwas anderes in *Ihren* Körper gelangen, während Sie ihn verlassen haben? Wenn Monroe irrtümlich versuchte, in einen ihm nicht gehörenden Körper zurückzukehren, dann scheint dies möglich zu sein; doch es ist ziemlich unwahrscheinlich. »Bei unserer Arbeit mit Testpersonen und Kursteilnehmern in den letzten fünfzehn Jahren hat es keinerlei Vorfälle gegeben, die auch nur entfernt als ›Besetzung‹ oder etwas Zerstörerisches oder Unkontrollierbares hätten ausgelegt werden können«, stellt Monroe kategorisch fest.

Ich kann in der einschlägigen Literatur nichts finden, was

darauf hindeutet, daß eine außerkörperliche Erfahrung gefährlicher sei als das Überqueren einer Straße. Ich halte sie sogar für wesentlich ungefährlicher. Weder meine beträchtlichen Erfahrungen mit anderen Ätherprojektoren noch meine weniger großen eigenen Erfahrungen in dieser Beziehung haben mich von etwas anderem überzeugt. Offenbar sind das Schlimmste, was passieren kann, Kopfschmerzen, leichte andere Schmerzen und Steifheit. Monroe meint, daß diese nichts weiter sind als die Folgen unbewußter Ängste und daß sie sich nicht mehr einstellen, sobald man seine natürlichen Ängste überwunden hat.

Manche Ätherreisenden glauben, daß jeder Mensch fähig sei, mit ein wenig Übung und Mühe den Körper zu verlassen. Muldoon und ein oder zwei andere gehen noch weiter und meinen, daß Projektion eine natürliche Funktion sei, die bei jedem stattfindet, bewußt oder unbewußt. Nach dieser Theorie schlüpft der Ätherkörper während des Schlafs aus dem physischen Körper, damit eine Aufladung mit Lebensenergie erfolgen kann.

Obwohl Projektion also ungefährlich zu sein scheint, ist sie nicht immer angenehm. Manchmal kann sie sogar sehr unangenehm sein. Das *Ausschlüpfen*, das, wie Muldoon meint, während des Schlafs geschieht, kann Desorientiertheit, Schwindel und Übelkeit hervorrufen, wenn es im Wachzustand passiert. (Diese Symptome können auch verschiedene krankhafte Ursachen haben, doch wenn Sie Anlaß zu der Vermutung haben, daß ein Ausschlüpfen des Ätherkörpers der Grund ist, können Sie sie meist leicht beseitigen, wenn Sie in der Mitte einer vorgestellten Linie, die beide Ohren verbindet, fest auf die höchste Stelle des Kopfes drücken.)

Ein anderes bekanntes Beispiel einer spontanen Teilprojektion ist das *Zusammenzucken* vieler Menschen beim Einschlafen, vor allem, wenn man übermüdet ist. Meistens kommt es vor, wenn man sich nach einem anstrengenden Tag hinlegt, aber nicht einschlafen kann, weil einem die Ereignisse des Tages immer wieder durch den Kopf gehen. Wenn man dann in Halbschlaf sinkt, zuckt man häufig heftig zusammen, so daß man wieder hellwach ist. Dr. Douglas Baker meint, dies sei die Folge davon, daß das Doppel aus dem physischen Körper schlüpft und sich dann ruckartig wieder in ihn zurückzieht. Bei Umfragen unter den Teilnehmern der Vorträge, die er über dieses Thema hielt, stellte er fest, daß etwa sechzig Prozent der Zuhörer diese Empfindung kannten. Ich habe es selbst oft erlebt und kann bezeugen, daß es ziemlich unangenehm ist.

Das erste Anzeichen für eine volle Projektion ist oft eine *Lähmung* des ganzen Körpers – ein Zustand, den Muldoon Erstarrung oder »Festkleben« nennt. Ein Schriftstellerkollege von mir, der in den erstarrten Zustand verfiel, als er eine Projektion versuchte, sagte mir später, es sei eins der unangenehmsten und furchterregendsten Erlebnisse gewesen, die er je hatte. Die meisten Menschen reagieren darauf mit Widerwillen, Unruhe, Angst oder gar Panik – vor allem, wenn sie nicht vor dieser Möglichkeit gewarnt wurden.

Auch das von Robert Monroe erwähnte »Zittern« oder »Vibrieren« ist nichts Ungewöhnliches, und es wird ebenfalls im allgemeinen als unangenehm empfunden. Ein Teil des Problems besteht darin, daß man keine Kontrolle über diese Zustände hat. Wenn die Erstarrung oder das Zittern einsetzt, bedarf es einer konzentrierten Anstrengung, sich davon zu befreien. In manchen Fällen ist man unfähig, sich davon zu befreien und kann nur warten, bis der Zustand vorübergeht.

Wesentlich ist auch der Umstand, daß diese Zustände Krankheitssymptomen gleichen, und zwar ernsthaften. Selbst wenn man vor der Möglichkeit ihres Auftretens gewarnt worden ist, kann es sein, daß man daliegt und sich fragt, ob dies *wirklich* der Beginn einer Projektion ist oder vielleicht eine Herzattacke oder ein Schlaganfall.

Es wäre jedoch falsch, diese negativen Faktoren überzubewerten. Bei meinen eigenen Projektionen hatte ich keine Schwierigkeiten; und eine der besten Projektorinnen, die ich kenne, behauptet, das Ganze sei nur eine Sache des »Loslassens«, das sie so gut beherrscht, daß sie den Körper nach Belieben verlassen und wieder in ihn zurückkehren könne, und zwar ohne Erstarrung, Vibration oder irgendwelche andere Symptome. Fest steht jedoch, daß manche Projektoren Probleme haben. Wenn ein warnendes Wort bezüglich der Symptome diese auch nicht angenehmer macht, so wirkt es vielleicht doch ein wenig beruhigend, bis Sie sich an sie gewöhnt oder gelernt haben, sie völlig zu vermeiden.

Die Frage der Ungefährlichkeit läßt sich also relativ einfach beantworten; schwieriger ist es mit der Frage, »ob es so etwas wirklich gibt?« Sicher ist, daß da etwas Merkwürdiges vor sich geht. Wenn ich das Phänomen nicht selbst erlebt hätte, würde ich mich mit der Antwort zufriedengeben, daß Projektoren eine ungewöhnliche Erfahrung durchmachen, was schon dadurch bestätigt wird, daß sich die Gehirnwellenmuster während einer Projektion dramatisch verändern. Bei einer Reihe von Experimenten konnte ich die Gehirnwellen einer Person beobachten, die mit Hilfe einer induzierten hypnotischen Trance projizierte. Das Diagramm zeigte anfangs den für Hypnose typischen Alpha-Rhythmus und dann im Moment der Projektion ein starkes Ansteigen der Intensität.

Danach war es tatsächlich möglich zu verfolgen, wie sich der Ätherkörper durch den Raum bewegte, denn die Intensität der Gehirnwellen veränderte sich in Relation zu der wahrgenommenen (außerkörperlichen) Position der Person.

Dr. Charles T. Tart hat über wesentlich raffiniertere Tests berichtet, die ab September 1965 bis August 1966 mit Robert Monroe vorgenommen wurden, wobei man die Einrichtungen des Elektroenzephalographischen Labors der Medizinischen Fakultät der University of Virginia benützte. Bei diesen Experimenten wurden die Gehirnwellen, der Puls und die Augenbewegungen Monroes während der Projektion aufgezeichnet. Bei den Tests zeigten sich die für den Traumschlaf typischen Gehirnwellenmuster, meistens begleitet von raschen Augenbewegungen, die ebenfalls für Traumphasen charakteristisch sind. Seine Herzfrequenz blieb mit 65 bis 70 Schlägen pro Minute im normalen Bereich, doch bei einigen Sitzungen fiel der Blutdruck plötzlich ab, blieb dann niedrig (offenbar während der Zeit der Projektion) und stieg dann plötzlich wieder auf Normal an.

Etwa zehn Jahre später stellten die Ärzte Dr. Stuart Twemlow und Dr. Fowler Jones vom Medical Centre der University of Kansas mit Monroe weitere Tests an, bei denen die Gehirnströme am rechten und linken Hinterkopf gemessen und Untersuchungen mit einem Beckman-Polygraph vorgenommen wurden. (Bei diesem Gerät handelt es sich um den sogenannten Lügendetektor. Es wird damit jedoch eine Vielzahl körperlicher Funktionen gemessen, darunter die galvanische Hautreaktion, Temperaturveränderungen und Schwankungen des Blutdrucks.)

Die EEG-Tests bestätigen im großen und ganzen Tarts Feststellungen, daß Monroe in einem Zustand projizierte, der leichtem Traumschlaf stark ähnelte, wenn nicht gar mit ihm identisch war. Es zeigte sich jedoch eine »dramatische Reduktion der neuronalen Energie im Alpha- und Theta-Band«, genau das Gegenteil meiner Feststellungen an einer hypnotisierten Person. Außerdem berichteten Twemlow und Jones über »einige *nicht* für REM-(Rapid Eye Movement oder Traum-)Schlaf oder andere normale Schlafstadien charakteristische Muster.«

Noch interessantere Ergebnisse lieferte der Polygraph. Die galvanische Hautreaktion zeigte einen Erregungsanstieg von etwa hundertfünfzig Mikrovolt zu Beginn der Sitzungen, doch während Monroes Versuchen traten keinerlei Reaktionen auf.

Noch verworrener wurde das Ganze, als Tart berichtete, eine namentlich nicht genannte junge Dame, bei der häufige spontane Ätherprojektionen stattfanden, zeige ein anderes Gehirnwellenmuster als Monroe. Er ging jedoch nicht näher darauf ein, um was für ein Muster es sich handelte.

Auf jeden Fall zeigen die Aufzeichnungen physiologische Reaktionen, deren Simulierung in Übereinstimmung mit den subjektiven Erfahrungen schwierig, wenn nicht unmöglich erscheint. Aus diesen Reaktionen ergibt sich jedoch kein zusammenhängendes Bild, sondern sie variieren von Person zu Person. Es hat den Anschein, als ob Projektionen eindeutige physische Reaktionen auslösen, doch diese Reaktionen sind unterschiedlich und hängen offenbar von dem Zustand ab, in dem sich die Versuchsperson befindet.

Experimente dieser Art sind sehr zu begrüßen und innerhalb ihres eigenen Bezugssystems zweifellos von Bedeutung. Doch was für Gehirnwellenmuster und Hautwiderstandsreaktionen auch auftreten – sie zeigen lediglich, daß Menschen, die zu projizieren behaupten, nicht einfach irgendwelche Lügengeschichten erzählen. Sie beweisen nicht, daß Projektionen Vorgänge sind, die objektive Gültigkeit haben. So kann man zum Beispiel den Umstand, daß Monroe sich bei den mit ihm angestellten Experimenten im REM-Schlaf-Stadium 1 befand, dahingehend auslegen, daß er nur träumte.

Bestimmt war nicht jeder Wissenschaftler, der mit Monroe experimentierte, bereit zu akzeptieren, daß es Projektionen tatsächlich gibt. Eine von Dr. Twemlow und Dr. Glen O. Gabbard veröffentlichte Abhandlung beginnt mit einer ziemlich unfreundlichen Analyse von Monroes Persönlichkeitsstruktur, in der von potentiellen Konflikten im Bereich der Sexualität, der Aggression und Depression die Rede ist. Seine außerkörperlichen Exkursionen werden mit »großartigen Phantasien« in Verbindung gebracht, die man »die Dädalus-Erfahrung« nennt. Dieser Begriff entstammt der griechischen Sage, in der Ikarus, der Sohn des Dädalus, der Sonne zu nahe kam, als beide über das Meer flogen. Die Psychologen verstehen unter diesem Begriff eine in der Kindheit auftretende Phantasievorstellung, die sich später nicht immer verliert. »Daß Monroe so sehr von ›Reisen‹ außerhalb des Körpers fasziniert ist, leitet sich wahrscheinlich von dieser Dädalusphantasie her«, schreiben Twemlow und Gabbard und ziehen später den Schluß: »Die außerkörperliche Erfahrung hat bei Monroe also auch die Funktion, Konflikten auszuweichen. Dadurch, daß er das Gefängnis seines Körpers hinter sich läßt, kann er sich potentiellen Konfliktbereichen wie der Sexualität, Depression und Aggression fernhalten.« Kurz: Monroes Projektionen werden als hysterische Reaktion auf eine neurotische Störung hingestellt.

Sollte Monroe über diesen Unsinn verärgert sein, könnte

er sich damit trösten, daß zu den Menschen, die unter der Dädalus-Phantasie litten, auch Tolstoi und Winston Churchill gehören. Außerdem: Wenn Dädalus die hinter Projektionen steckende Dynamik wäre, dann ist diese Phantasie ungemein weit verbreitet. Bei einer 1954 durchgeführten Umfrage unter Studenten gaben 27,1 Prozent der Befragten an, eine außerkörperliche Erfahrung gehabt zu haben, die Mehrzahl öfter als einmal. Celia Greens Befragung von Oxford-Studenten im Jahr 1968 ergab eine noch höhere Zahl (34 Prozent). Beide Untersuchungen wurden auf einer kleinen, selektiven Basis durchgeführt, doch 1975 fand eine wesentlich umfassendere Erhebung bei Studenten und Kleinstädtern statt. 25 Prozent der Studenten und 14 Prozent der Kleinstädter erklärten, schon einmal eine außerkörperliche Erfahrung gehabt zu haben. Selbst bei diesen Zahlen handelt es sich möglicherweise nur um die sprichwörtliche Spitze eines Eisberges. Als 1975 eine nordamerikanische Zeitschrift mit sehr hoher Auflage um Zuschriften über dieses Thema bat, gingen eintausendfünfhundert Briefe ein, und siebenhundert Verfasser gaben an, außerkörperliche Erfahrungen gehabt zu haben – erstaunliche 46,6 Prozent.

Bedeutet das etwa, daß viele von uns übergeschnappt sind – oder läßt sich daraus die Möglichkeit ableiten, daß die subjektive Erfahrung, den Körper zu verlassen, die reine Wahrheit darstellt? Etwa 94 Prozent der Befragten gaben an, daß die Erfahrung »realer als ein Traum« war. Welche Beweise gibt es dafür, daß sie recht haben?

Lassen Sie mich auf Arthur Gibson zurückkommen, der, wie Sie sich vielleicht erinnern, seine Astralschnur bis nach Indien ausdehnte. Seine Schilderung von Bombay ist klar und voller Details, aber von keiner großen Beweiskraft, denn er hatte viele Jahre lang in dieser Stadt gelebt und gearbeitet. Unter all den vertrauten Dingen, die er sah, gab es aber zwei, die er nicht kennen konnte. In der Altstadt sah er eine neuerrichtete Mauer an einer Stelle, wo es früher keine gegeben hatte; und sein Lieblingsrestaurant war renoviert worden. Gibson erkundigte sich bei einem Freund, der noch in Bombay lebte, und beide Wahrnehmungen stellten sich als richtig heraus.

In einem besser kontrollierbaren Experiment hypnotisierte ich Gibson und ließ ihn zu dem Haus nebenan projizieren, das er nie betreten hatte. Er war imstande, den Grundriß, die Räume und die Einrichtungsgegenstände genau zu beschreiben, überaus detailliert und offensichtlich ohne große Schwierigkeiten.

Ein ähnliches Experiment führte ich mit einer jungen Verkäuferin namens Denise Alexander durch, die ich, ebenfalls in Hypnose, veranlaßte, von einem Anwesen in der Nähe von Kill in der irischen Grafschaft Kildare zu einem Haus in Lisburn in Nordirland zu projizieren. Im Wohnzimmer des Hauses in Lisburn wartete auf sie auf dem Kaminsims ein Zettel mit einer kurzen Notiz, deren Inhalt nur zwei Kollegen bekannt war, die ihn hingelegt hatten, aber ansonsten an dem Experiment nicht teilnahmen, sondern, als es stattfand, auf Urlaub im Ausland waren. Denise konnte die Notiz nicht lesen. Wie sie sagte, war es in dem Raum zu dunkel. Doch sie berichtete (zutreffend), daß sie in Großbuchstaben auf unliniertes blaues Papier geschrieben war und aus fünf Worten bestand.

Beide Experimente habe ich schon 1971 in meinem Buch *Astral Doorways* geschildert. Seit damals hatte ich keine Schwierigkeiten, zahlreiche Personen zu veranlassen, mir genaue Berichte über Szenen, Leute und Dinge zu schicken, die sie gesehen hatten, während sie sich außerhalb ihres physischen Körpers befanden. Es gibt für diese Genauigkeit nur wenige Erklärungen, wenn man zu akzeptieren bereit ist, daß bei diesen Experimenten nicht geschwindelt wurde. Einmal wird die *Telepathie*, ein anderes Mal das *Hellsehen* – die direkte Wahrnehmung ferner Ereignisse – als Erklärung herangezogen. Daß es sich um eine *tatsächliche außerkörperliche Erfahrung* gehandelt hat, ist die dritte Erklärung.

Es ist schwer vorstellbar, daß Telepathie bei Arthur Gibsons Projektion nach Bombay eine Rolle spielte, denn kein anderer Anwesender war je in dieser Stadt gewesen oder interessierte sich besonders für sie. Das Experiment mit Denise Alexander wurde eigens auf eine Weise durchgeführt, welche die Möglichkeit von Telepathie ausschloß, denn die einzigen Personen, die den Inhalt der Notiz kannten, befanden sich zu dieser Zeit an einem unbekannten Ort. Hellsehen wäre eine noch abwegigere Erklärung. Ich bin (aus Gründen, die hier nicht wichtig sind) sehr froh darüber, daß es einigen Leuten möglich ist, sich von fernliegenden Orten Informationen zu verschaffen, ohne den Körper zu verlassen. (Und ein Teil der Übungen im zweiten Teil dieses Buchs kann diese Fähigkeit fördern.) Aber die *subjektive Erfahrung* dabei ist eine völlig andere als bei der Aussendung des Ätherkörpers. Wenn man Hellsehen als Erklärung akzeptiert, dann muß man davon ausgehen, daß es sich um Hellsehen handelt, das zufällig von einer gleichzeitigen klaren Halluzination begleitet war – etwas, das ich mir, offen gesagt, schwer vorstellen kann.

Ein amerikanisches Sprichwort lautet: »Wenn es watschelt wie eine Ente und quakt wie eine Ente, dann ist es wahrscheinlich eine Ente.« Ich neige zu der Annahme, daß die

Experimente, die ich auf diesem Gebiet durchgeführt habe, darauf hindeuten, daß die betreffenden Personen tatsächlich projiziert haben. Doch meine Methode hatte eine (vielleicht bedeutungsvolle) Schwachstelle. Die von mir herbeigeführten Projektionen fanden in *Hypnose* statt. Da Hypnose leicht klare, lebendige Halluzinationen erzeugen kann, könnte man einwenden, daß es sich nicht um Projektion, sondern um ein *Trancephänomen* handelte. Zum Glück deuten nicht nur meine bescheidenen Bemühungen auf echte Projektion hin.

Tart forderte eine seiner Versuchspersonen (die gleiche junge Dame, bei der andere Gehirnwellenmuster als bei Monroe festgestellt wurden) auf, eine Zahl zu lesen, die sich in einem anderen Raum als dem, in den sie projizierte, befand. Es gelang ihr. Monroe, dem es nicht gelang, die Zahl zu lesen, berichtet, daß er im Zielraum eine Laborassistentin und ihren Mann aufspürte.

Hereward Carrington war noch erfolgreicher. Offenbar ermutigt durch die Leistungen von Sylvan Muldoon erbot sich Carrington, zu einer »gewissen jungen Dame« zu projizieren, die als Medium bekannt war. Die meisten von uns Männern wären gern imstande, so etwas zu tun, doch Carringtons Versuche führten nicht zu einer *bewußten Projektion*, wie sie Muldoon beherrschte, und wurden deshalb als Fehlschlag betrachtet; bis die junge Dame beim Erwachen berichtete, sie habe ihn zu der Zeit, als er seine Projektionen versuchte, in ihrem Zimmer stehen oder auf ihrem Bett sitzen sehen. Nach einer Weile habe er sich aufgelöst.

Ein solcher Fall ist zwar interessant, doch er löst, statt etwas zu beantworten, nur noch mehr Fragen aus, vor allem die, wie Carrington so erfolgreich habe projizieren können, ohne sich dessen bewußt zu sein. Doch *unbewußte Projektionen* kommen möglicherweise weit häufiger vor, als manche Wissenschaftler glauben. In einigen Fällen konnten andere Leute die geisterhaften Körper von Ätherprojektoren sogar sehen. Im Januar 1957 führte eine Amerikanerin namens Martha Johnson in Plains, Illinois, in den frühen Morgenstunden eine Projektion durch und besuchte ihre Mutter im fast tausend Meilen entfernten nördlichen Minnesota. Das Experiment gelang, und sie traf ihre Mutter bei der Arbeit in der Küche an. Mrs. Johnson lehnte sich an den Geschirrschrank und beobachtete sie. Schließlich wurde ihre Mutter unruhig, drehte sich um und sah sie an. Mrs. Johnson verspürte verständlicherweise ein Gefühl der Befriedigung und verschwand.

Am nächsten Tag schrieb ihre Mutter ihr einen Brief, in dem unter anderem stand:

> »Es muß nach eurer Zeit etwa zehn nach zwei gewesen sein (Mrs. Johnson projizierte kurz nach 2 Uhr morgens. – J. H. B.). Ich bügelte hier in der Küche ein Bluse. Als ich aufblickte, standst Du am Geschirrschrank und hast mich angelächelt. Ich wollte etwas zu Dir sagen, aber da warst Du plötzlich verschwunden. Ich habe einen Moment vergessen, wo ich bin. Ich glaube, die Hunde haben Dich auch gesehen. Sie waren ganz aufgeregt.«

Wissenschaftler machen sich lustig über diese Art von Beweisen, die sie »anekdotenhaft« nennen, eine Bezeichnung, die es ihnen leichtmacht, sie zu ignorieren. Aber wenn Sie eine Projektion machen würden und sagen könnten, was ich zu der Zeit gerade tue, und ich außerdem Ihren Phantomkörper in meinem Zimmer sehen könnte, dann würde ich zu sagen wagen: Das Ganze »watschelt wie eine Ente«. Die heutige parapsychologische Forschung muß sich ständig mit einem paranoiden Skeptizismus des wissenschaftlichen Establishments herumschlagen, der immer stärkere Beweise und immer schärfere Kontrollen zu erzwingen versucht, weit über das Maß hinaus, das irgendeine andere Disziplin akzeptieren würde.

Diese Einstellung hat auch auf die Parapsychologen selbst abgefärbt, die sich oft die kompliziertesten Theorien ausdenken, um Phänomene zu erklären (oder wegzuerklären), deren Erklärung im Phänomen selbst enthalten ist.

Ich kann aus den Beweisen nur schließen, daß kaum Zweifel daran bestehen, daß die Projektion des Phantoms tatsächlich möglich ist, daß man in ihm in ferne Gegenden reisen, zutreffende Informationen zurückbringen kann und daß man dabei manchmal wirklich gesehen wird. Und jene unter Ihnen, liebe Leser, denen das nicht genügt, sollten über den Fall Stuart Blue Harary nachdenken.

Stuart Blue Harary ist einer der Projektoren, die mit der Wissenschaft zusammengearbeitet haben, um herauszufinden, was um alles in der Welt eigentlich geschieht, wenn sie ihre Fähigkeit anwenden. Die Experimente wurden in diesem Fall an der Duke University in North Carolina durchgeführt, wo Dr. J. B. Rhine bekanntlich seine ersten PSI-Kartentests angestellt hat.

Hararys Experimente waren wesentlich komplizierter. Man überwachte seinen Puls, seinen Blutdruck, seine galvanische Hautreaktion, seine Atemfrequenz, seine Augenbewegungen und seine Gehirnwellen. Ein etwa eine halbe Meile entfernter Zielraum wurde mit Thermistoren, fotografischen Vergrößerungsgeräten und verschiedenen Apparaten zur Messung des elektrischen Leitvermögens und der magnetischen Permeabilität vollgestopft. Als Harary projizierte, wurden sein Puls und seine Atmung schneller, und der Blutdruck sank. Ebenso verringerte sich die galvanische Hautreaktion. Man beobachtete einige schnelle Augenbewegungen; doch er schlief nicht, denn das EEG zeigte einen regelmäßigen Alpha-Rhythmus, verbunden mit entspannter Wachheit.

Die Wissenschaftler, welche die verschiedenen Instrumente im Ziellabor beobachteten, berichteten später, Harary habe keins davon beeinflußt – bis auf eines. Zwischen den Geräten befand sich eine eingesperrte Katze mit dem passenden Namen Spirit. Harary war angewiesen worden, sie durch Streicheln zu beruhigen, falls es ihm gelang, das Labor zu besuchen. Spirit miaute während einer Kontrollzeit siebenunddreißig Mal, doch kein einziges Mal während der zwei Minuten langen Perioden, in denen Harary meldete, daß er sie streichelte, während er sich außerhalb seines Körpers befand.

Dies ist ein faszinierendes Beispiel für die Wahl des richtigen Spürgeräts, denn es herrscht seit undenklichen Zeiten der Glaube, daß Katzen imstande seien, »Geister« zu sehen. Ich habe selbst einige besessen, die das ständig taten.

Was Ihnen hilft, den Körper zu verlassen

Wie bringt man das fertig?

Wenn Sie nicht zu den wenigen gehören, die schon eine spontane Projektion erlebt haben, oder zu den noch wenigeren, die sie schon mehr als einmal erlebt haben – wie müssen Sie es anstellen, aus dem physischen Körper auszusteigen und wie ein Geist umherzuwandeln, durch Wände zu gehen, bekannte und unbekannte Leute in ihren Zimmern zu besuchen und andere mehr oder weniger kuriose Dinge zu tun?

Im Jahr 1977 wurden an etwa siebenhundert Amerikaner zwei mehrstufige Fragebogen mit den Kennworten POBE und PAL verschickt. POBE bedeutete *Profile of the Out-of-Body-Experiences* (Profil der außerkörperlichen Erfahrungen) und PAL *Profile of Adaption to Life* (Profil der Anpassung ans Leben), eine psychologische Gesundheitsskala, die möglicherweise ungewollt Aufschluß darüber gab, wie der die Untersuchung anstellende Wissenschaftler über Personen dachte, die behaupteten, ihren Körper verlassen zu haben. Die Auswertung der 339 eingegangenen Antworten ermöglichte eine interessante Analyse der unmittelbar vor der Projektion bestehenden Umstände.

Die Autoren der Studie, unsere alten Freunde Dr. Twemlow, Dr. Gabbard und Dr. Jones, sahen sich zu folgendem Hinweis veranlaßt: »Natürlich gibt es keine unbedingte Ursache-Wirkung-Beziehung zwischen diesen Bedingungen und der Erfahrung selbst, obwohl einige Autoren dies unterstellen.« Ich fürchte, daß auch ich zu dieser Unterstellung neige, denn nach meinen Erfahrungen haben Menschen, die durch Übungen bestimmte Bedingungen herstellen, weit bessere Aussichten zu projizieren, als solche, die das nicht tun. Aber was für Bedingungen sind das?

Einige sind, wie ich zugeben muß, kaum durch Übungen herbeizuführen. Fünf Prozent der »Aussteiger« projizierten nach einem Herzstillstand. Zehn Prozent waren aus anderen Gründen dem Tode nahe. Drei Prozent hatten hohes Fieber, vier Prozent hatten eben einen Unfall erlitten, und weitere vier Prozent verließen den Körper während einer Entbindung. (Das ist sehr interessant, denn es bezieht sich natürlich nur auf weibliche Teilnehmer, die zweiundfünfzig Prozent der Befragten ausmachten. Es ist unklar, ob es sich um vier Prozent der Frauen oder der gesamten Teilnehmer handelt. Wenn man die Zahl aller Teilnehmer zugrunde legt, dann deutet es auf ein erstaunlich häufiges Vorkommen von Projektionen während Entbindungen – in fast einem von zehn Fällen.) Ebenso können wir die zwei Prozent Projektionen außer acht lassen, die passierten, während die Betroffenen ein Fahrzeug benutzten. Als Monroe gefragt wurde, was man tun solle, wenn man sich in dieser Lage befindet, gab er den klugen Rat: »Kehren Sie so schnell wie möglich um!«

Doch auch wenn man all diese Fälle beiseite ließe, gibt es eine Menge Gebiete, die näherer Betrachtung wert sind. An der Spitze der Liste, in etwa neunundsiebzig Prozent der Fälle, steht der Umstand, daß der Betreffende körperlich entspannt war. Bei sämtlichen Ätherreisen, die ich durch Hypnose herbeigeführt habe, war tiefe Entspannung ein wesentliches Charakteristikum; ebenfalls, ohne Ausnahme, bei meinen eigenen spontanen Projektionen. Jemand, der sehr erfahren in diesen Dingen ist, hat den interessanten Hinweis gegeben, daß es nicht darum gehe, den Ätherkörper aus dem physischen Körper hinauszutreiben, sondern ihn *loszulassen*. Wenn dies stimmt, dann stellt Entspannung, die ja eine Sache des »Loslassens« ist, bei dem Prozeß ein wichtiges Hilfsmittel dar.

Auch manche *Medikamente* und *Drogen* können unterstützend wirken. Ich erlebte einmal eine ganze Reihe von Projektionen, die durch Injektionen eines starken muskelentspannenden Mittels ausgelöst wurden. In sechs Prozent der untersuchten Fälle waren vorher Betäubungsmittel genommen worden, die heute meistens muskelentspannende Substanzen enthalten. Auch Tranquilizer können helfen. Einige meiner ersten Projektionen geschahen, als ich die Vorzüge von Librium genoß. Doch alle diese Medikamente, die nur unter ärztlicher Kontrolle genommen werden dürfen, lösen meist zufällige Projektionen aus und können nicht Teil eines strukturierten Trainingsprogramms sein. Die am leichtesten zugängliche Droge – Alkohol – ist zwar ein Entspannungs- und Beruhigungsmittel, scheint aber nicht besonders geeignet, Projektionen herbeizuführen. Sie wird nur in zwei Prozent der Fälle als Faktor angeführt. Das Problem scheint in der Wirkungsweise von Alkohol auf das Nervensystem zu liegen. Indem er Hemmungen beseitigt, erzeugt er Euphorie. Die Folge ist Entspannung, vor allem starke Muskelentspannung. Doch die Reflexe sind vermindert, das Koordinationsvermögen herabgesetzt; es treten Sprachstörungen auf, und das Denkvermögen wird stark beeinträchtigt. Mit anderen Worten: Wenn Sie genügend entspannt sind, um zu projizieren, sind Sie meist zu betrunken, um sich noch dafür zu interessieren.

Es gibt Hinweise darauf, daß halluzinogene Drogen, darunter auch sehr geringe Dosen von Haschisch, Projektionen auslösen können, doch auf Kosten der Kontrolle. Bei einem Experiment führte die Versuchsperson beispielsweise durch Rauchen von sehr stark konzentriertem Haschisch Projektionen herbei, bei denen sie jedoch zwei Stunden lang ohne Kontrolle abwechselnd aus dem Körper heraus und wieder in ihn hinein schlüpfte. Zum Glück gibt es verschiedene sicherere und nicht gesetzwidrige Möglichkeiten, tiefe Muskelentspannung zu erreichen. Eine bereits erwähnte ist *Hypnose*.

Obwohl ich bei meinen Experimenten Hypnose benutzt habe, um auf direkte Weise Projektionen auszulösen, möchte ich dies hier nicht befürworten. Für viele Menschen ist Hypnose ein ausgezeichnetes Mittel zur Herbeiführung eines völlig entspannten Zustandes. Ist dieser Zustand hergestellt, dann können die verschiedenen anderen Methoden, die zur Projektion verhelfen, angewandt werden.

Doch zuerst brauchen Sie einen Hypnotiseur. Sie können sich natürlich nach Belieben einen suchen. In den meisten größeren Städten gibt es einen oder zwei professionelle Hypnotherapeuten. Sehen Sie im Branchenverzeichnis oder auf den Anzeigenseiten der Lokalzeitungen nach, und wenn Sie einen gefunden haben, der vertrauenerweckend wirkt, machen Sie einen Termin aus. Sagen Sie, daß Sie sich nur schwer entspannen können – was vermutlich stimmt, obwohl Sie sich dessen nicht bewußt sein müssen – und daß Sie dies lernen möchten. Es ist üblich, daß Sie jede Sitzung, die etwa eine Stunde dauert, gleich bezahlen. Manche Hypnotherapeuten halten für die Überwindung weitverbreiteter Probleme wie Rauchen oder Spannungszustände Gruppensitzungen ab, die nicht so teuer sind.

Wenn Sie keinen Hypnotiseur aufsuchen wollen oder in Ihrer Nähe keinen finden, können Sie sich einen in Form einer Tonkassette kaufen. Es gibt zahlreiche Kassetten zur Herbeiführung von Hypnose auf dem Markt, die im allgemeinen nicht viel mehr kosten als ein Paperback-Buch. Es kann eine Kassette sein, die einfach Entspannung verspricht, doch ich würde Ihnen raten, eine zu nehmen, die Sie in *Selbsthypnose* unterweist, einer unschätzbaren Fähigkeit, sobald Sie die Methode beherrschen.

Für Menschen, die vor Hypnose Angst haben – und davon gibt es sehr viele –, ist *Biofeedback-Training* eine Möglichkeit. Biofeedback geht von der Voraussetzung aus, daß, wenn man uns einmal gezeigt hat, wie man etwas mit Erfolg tut, wir es im allgemeinen beim zweiten Mal können.

Sehr viele körperliche Prozesse – zum Beispiel Ihr Herzschlag oder die Säuremenge, die Ihr Magen absondert, wenn Sie ein gegrilltes Kotelett essen – sind nicht bewußt beeinflußbar. Sie können aber durch Übungen unter *bewußte Kontrolle* gebracht werden. Dabei werden Geräte eingesetzt, die diese Prozesse aufzeichnen und sie in akustische oder visuelle Signale umsetzen. Wenn Sie *sehen* oder *hören* können, was Ihr Körper tut, dann ist es Ihnen nach relativ wenigen Sitzungen möglich, den Prozeß bewußt zu steuern.

Die Anspannung der Muskeln ist keine völlig unbewußte Sache – Sie können Ihren Bizeps jederzeit anspannen und entspannen –, doch für sehr viele Menschen hat sie eine unbewußte Komponente. Sicher haben Sie schon oft die Stirn gerunzelt, die Zähne zusammengebissen, die Schultern hochgezogen oder die Bauchmuskeln angespannt, ohne daß Sie sich dessen bewußt waren. Biofeedback macht Ihnen diese unbewußten oder halbbewußten Spannungen bewußt, so daß Sie etwas dagegen tun können. Es gibt viele Möglichkeiten, die Muskelspannung zu messen. Die vielleicht einfachste haben wir bereits kennengelernt: *die galvanische Hautreaktion*. Je mehr Sie sich entspannen, um so mehr vermindert sich der elektrische Widerstand Ihrer Haut. Es gibt hochempfindliche, komplizierte und teure Hautwiderstandsmesser, doch es ist durchaus möglich, diese Reaktion mit einem Gerät zu messen, das nicht viel größer ist als eine Zigarettenschachtel und das in der Hand zu halten ist. Wenn Sie sich zu entspannen beginnen, sinkt die Höhe eines hörbaren Tons ab, und Sie können sich noch mehr entspannen.

Wenn Sie eine Abneigung gegen Geräte haben, können Sie die Muskelentspannung auch durch reines, ausdauerndes Üben erlernen. Sie sollten damit morgen früh beginnen und die Übungen dann jeden Morgen fortsetzen. Reservieren Sie sich zweckmäßig jeden Tag eine kurze Zeit dafür. Sie werden feststellen, daß weniger als zehn Minuten nutzlos sind. Wenn Sie ernsthaft anstreben, Ätherprojektionen durchzuführen, dann schlage ich eine halbe Stunde vor, was Sie sich zur festen Gewohnheit machen sollten, denn Regelmäßigkeit ist sehr wichtig.

Sie sollten bei den Übungen allein sein. Das ist ein Grund, die Übungen morgens durchzuführen. Wenn Sie früh genug aufstehen, wird Sie niemand stören. Suchen Sie sich einen ruhigen Platz. Wenn nötig, sperren Sie die Tür zu. Sollten Sie sehr geräuschempfindlich sein, nehmen Sie Ohrenstöpsel. Machen Sie die Entspannungsübung auf einem Stuhl mit gerader Lehne. Legen Sie sich nicht auf die Couch oder aufs Bett, damit Sie nicht einschlafen. Wenn Sie Selbsthypnose oder Biofeedback anwenden, befolgen Sie die Instruktionen auf Ihrer Kassette. Falls Sie ohne Hilfsmittel üben, können die folgenden Anweisungen, entnommen meinem *Reinkarnations-Übungsbuch*, hilfreich sein:

Beginnen Sie damit, Ihren Atem zu regulieren. Entspannung ist ein körperlicher Vorgang. Ihre Muskeln brauchen Sauerstoff, der dem Blutkreislauf entzogen wird. Ihr Blutkreislauf wiederum entzieht den Sauerstoff der Luft, die sie einatmen. Durch Regulierung des Atems erhöhen Sie den Sauerstoffgehalt des Blutes, und Ihre Muskeln können ihm die optimale Menge entziehen und sich dadurch viel leichter entspannen.

Wenn Sie Yoga gelernt haben, wissen Sie, daß es verschiedene Methoden zur Regulierung des Atems gibt. Die von mir vorgeschlagene ist sehr einfach. Sie heißt Zwei-Vier-Atmung und geht so vor sich:

1. Atmen Sie ein und zählen Sie dabei innerlich bis vier.
2. Halten Sie den Atem an und zählen Sie dabei innerlich bis zwei.
3. Atmen Sie aus und zählen Sie dabei innerlich bis vier.
4. Halten Sie den Atem an und zählen Sie dabei innerlich bis zwei.

Das klingt einfach und ist es auch, doch möchte ich Sie darauf aufmerksam machen, daß es eine Weile dauert, bis man es beherrscht. (Wenn Sie es richtig machen, merken Sie es daran, daß Sie es tun, ohne dabei zu denken.)

Die Schnelligkeit, mit der Sie zählen sollen, ist von Person zu Person unterschiedlich. Beginnen Sie damit, daß Sie das Zählen auf den Herzschlag abstimmen. Wenn das nicht klappt, probieren Sie andere Rhythmen, bis Sie den finden, den Sie als am angenehmsten empfinden.

Gehen Sie zum zweiten Teil der Übung erst über, wenn Sie diesen Rhythmus gefunden haben.

Wenn Sie sich auf einen angenehmen Zwei-Vier-Atemrhythmus eingestellt haben, atmen Sie etwa drei Minuten auf diese Weise und beginnen Sie dann mit der folgenden Entspannungsübung. (Wenn Sie während dieser den Zwei-Vier-Rhythmus beibehalten können, wäre das ausgezeichnet, doch wahrscheinlich wird Ihnen das anfangs nicht gelingen. In diesem Fall beginnen Sie die Sitzung mit drei Minuten Zwei-Vier-Atmung, gehen während der Hauptentspannungsübung zu normalem Atmen über und nehmen, wenn Sie gut entspannt sind, die Zwei-Vier-Atmung wieder auf.) Konzentrieren Sie sich auf die Füße und bewegen Sie sie. Krümmen Sie fest die Zehen, um deren Muskeln anzuspannen, und entspannen Sie sie wieder.

Konzentrieren Sie sich auf die Wadenmuskeln. Spannen und entspannen Sie sie.

Konzentrieren Sie sich auf die Oberschenkelmuskeln. Spannen und entspannen Sie sie.

Konzentrieren Sie sich auf die Gesäßmuskeln. Spannen Sie die Gesäß- und Anusmuskeln und entspannen Sie sie.

Konzentrieren Sie sich auf die Bauchmuskeln, einen meist sehr angespannten Körperteil. Spannen und entspannen Sie sie.

Konzentrieren Sie sich auf die Hände. Ballen Sie sie zu Fäusten und entspannen Sie sie.

Konzentrieren Sie sich auf die Arme. Spannen Sie sie, bis sie steif sind, und entspannen Sie sie.

Konzentrieren Sie sich auf den Rücken. Spannen Sie die Muskeln und entspannen Sie sie.

Konzentrieren Sie sich auf die Brust. Spannen Sie die Muskeln und entspannen Sie sie.

Konzentrieren Sie sich auf die Schultern; ebenfalls häufig

eine Spannungszone. Ziehen Sie die Schultern hoch, um die Muskeln anzuspannen, und entspannen Sie sie.
Konzentrieren Sie sich auf den Hals. Spannen Sie die Muskeln und entspannen Sie sie.
Konzentrieren Sie sich aufs Gesicht. Beißen Sie die Zähne zusammen. Verzerren Sie die Gesichtsmuskeln und entspannen Sie sie wieder.
Konzentrieren Sie sich auf die Kopfhaut. Runzeln Sie die Stirn, um deren Muskeln anzuspannen und entspannen Sie sie.
Spannen Sie jetzt sämtliche Muskeln Ihres Körpers an, so daß der ganze Körper einen Moment lang steif ist, und entspannen Sie sich wieder. Lassen Sie dabei so gut wie möglich alles los. Wiederholen Sie den Übungsteil zweimal, so daß Sie den ganzen Körper insgesamt dreimal anspannen. Atmen Sie, wenn Sie zum dritten Mal die Muskeln anspannen, ganz tief ein und, wenn Sie sich entspannen, mit einem lauten Seufzen tief aus.
Jetzt sollten Sie sich gut entspannt fühlen. Wenn Sie die Zwei-Vier-Atmung zu Beginn der Anspannungsübung aufgegeben haben, gehen Sie jetzt wieder dazu über.
Schließen Sie die Augen und stellen Sie sich vor, daß Ihr ganzer Körper immer schwerer und schwerer wird, schwer wie Blei. Die Entspannung wird sich durch diese Vorstellung noch mehr vertiefen.
Genießen Sie das Gefühl der Entspannung bis zum Ende der Sitzung. Aber bleiben Sie wach! Sollten sich an irgendeiner Stelle des Körpers Spannungen einstellen (und das wird in den ersten Tagen wahrscheinlich der Fall sein), so lassen Sie sich dadurch nicht beunruhigen. Spannen Sie die betreffenden Muskeln noch etwas stärker an und entspan-

nen Sie sie. Führen Sie die Übung regelmäßig durch, bis Sie gelernt haben, sich jederzeit völlig zu entspannen.

Völlige körperliche Entspannung ist nicht das ganze Geheimnis der Ätherprojektion, doch ein großer und wichtiger Teil davon. Ein anderer wesentlicher Teil ist innerliche Ruhe, wie neunundsiebzig Prozent der Befragten angaben.

Vor vielen Jahren war ich Direktor einer Klinik, in der neben anderen Regenerationsmethoden auch Entspannung gelehrt wurde. Ein Schlagwort in dieser Klinik lautete: *In einem völlig entspannten Körper kann es kein negatives Gefühl geben*. Mit anderen Worten: Wenn Ihr Körper völlig entspannt ist, dann müssen Sie, nach dieser Definition, innerlich völlig ruhig sein. So richtig das auch sein mag, ist doch ein Haken dabei. Wenn Sie nämlich innerlich nervös und aufgeregt sind, sind Ihre Aussichten, völlige Entspannung zu erreichen, äußerst gering. Denn völlige Entspannung und innerliche Ruhe gehen immer Hand in Hand. Das eine taucht nicht plötzlich aus dem Nichts auf, wenn das andere erreicht wird.

Um das Beste aus der eben dargestellten Entspannungsübung herauszuholen, müssen Sie in einem möglichst sorgenfreien Zustand an sie herangehen. Da körperliche Entspannung ein positives Feedback auslöst, werden Sie vielleicht feststellen, daß einige Ihrer Sorgen durch fortgesetztes Üben verschwinden. Sie werden aber schnellere Fortschritte machen – und sich viel tiefer entspannen können –, wenn Sie dafür sorgen, daß Sie innerlich ins reine kommen. Eine der besten Methoden dafür ist *Meditation*.

Siebenundzwanzig Prozent der Befragten befanden sich im Meditationszustand, als sich ihr Ätherkörper von ihrem physischen Körper löste. Das ist keineswegs erstaunlich. Im

Osten wird das oft während der Yogameditation erlebt – ja sogar erwartet. Körperliche Entspannung ist im allgemeinen eine Vorbedingung für Meditation, deren Techniken dazu dienen, den Geist zu beruhigen und das Denken auszuschalten. Die Kombination dieser beiden Faktoren reicht oft aus, ohne sonstige Bemühungen eine spontane Projektion zu bewirken, denn sie erleichtern das Loslassen.

Wie Sie wahrscheinlich schnell entdecken werden, ist es mit dem Wort *Meditation* so ähnlich wie mit dem Begriff *Astralprojektion*; es hat für verschiedene Leute ganz verschiedene Bedeutungen. Tatsächlich gibt es eine ganze Reihe von Meditationstechniken, von denen sich manche für unseren Zweck besser eignen als andere. Als ich in Meditation unterwiesen wurde, brachte man mir anfangs bei, bestimmten Gedankenketten zu folgen, mit inneren Bildern umzugehen und das Wandern der Gedanken zu vermeiden. Es war eine für den Geist eines westlichen Menschen gut geeignete Art von Meditation, die zu einem ungewöhnlich hohen Grad von Konzentration führte. Durch starke Konzentration kann man tatsächlich Unruhe und Sorgen ausschalten, zumindest zeitweise. Doch dieser Zustand ist weit entfernt von der Gelassenheit, die man mit anderen Methoden erlangen kann.

Eine der vielleicht erfolgreichsten Methoden ist die Identifizierung mit einem Objekt oder einem Symbol – eine Technik, die von den meisten westlichen religiösen Gemeinschaften *Kontemplation* genannt wird. Die Methode läßt sich leicht beschreiben. Sie beginnen damit, daß Sie Ihr Symbol oder Objekt – zum Beispiel eine Rosenknospe – von so nahe betrachten, daß Sie jedes kleinste Detail genau sehen können. Dann versuchen Sie, sich mit der Gesamtheit der Rose vertraut zu machen: mit ihrer Form, ihrem Geruch, ihrer Farbe, mit der Art, wie sie sich anfühlt. Und schließlich meditieren Sie darüber, in welchem Zusammenhang die Rosenknospe zu anderen Dingen steht, über ihre Beziehung zu anderen Rosenarten, anderen Blumen, anderen Pflanzen, zur Sonne und zur Erde, zum ganzen Universum.

Diese Übung löst alle möglichen Assoziationen aus, weit mehr, als Sie denken würden, bevor Sie es einmal wirklich getan haben. Diese Assoziationen sind jedoch an sich unbedeutend; sie dienen nur dazu, sachliche Wahrnehmungen und Gedankenverbindungen in Ihrem Innern aufzulösen. Wenn Sie diesen Weg weit genug gegangen sind, dann stoßen Sie auf den Kern dieser Meditation. Sie dehnen Ihren Geist aus und versuchen, sich vorzustellen, was für ein Gefühl es wäre, eine Rosenknospe zu sein. Nach einiger Übung werden Sie feststellen, daß die genaue Betrachtung eines Objekts, das heißt die Kontemplation, schnell zur Identifizierung damit führt. Das Zwischenstadium der Kategorisierung hinsichtlich Form, Farbe und so weiter ist überwunden. Im letzten Stadium der Übung geht die Identifizierung in das Einswerden mit dem Objekt der Kontemplation über. Sie werden zur Rosenknospe und erleben, wenn Sie Glück haben, eine Einheit, die dem normalen irdischen Bewußtsein unerreichbar ist.

Wenn Ihnen dieses Unternehmen gelingt, werden Sie ein unvergleichliches Maß an Gelassenheit erlangen, nicht nur während der Übung, sondern auch für lange Zeit danach. Das Problem ist nur, daß eine Kontemplation bis zu dem Grad, den ich geschildert habe, alles andere als einfach ist. Nach den Aussagen religiöser Mystiker im Lauf der Jahrhunderte müssen Sie jahrelang daran arbeiten, um echte Ergebnisse zu erreichen. Da Sie jedoch nur den Geist beruhigen und nicht die höchste Erfahrung mystischer Einheit erlangen wollen, muß es auch einen einfacheren Weg geben. Und es gibt ihn.

All die verschiedenen Meditationsarten haben etwas gemeinsam: das Bestreben, den Geist zur Ruhe zu bringen, das heißt, das Denken völlig auszuschalten, ein Prozeß, der automatisch zu einer ruhigeren inneren Verfassung zu führen scheint. An nichts zu denken ist jedoch wesentlich schwieriger, als es den Anschein hat. Machen Sie folgenden einfachen Test: Zählen Sie von eins aufwärts und *denken Sie dabei an absolut nichts anderes*. Sowie sich ein anderer Gedanke einschleicht (zum Beispiel: »Das geht eigentlich ganz gut«), hören Sie zu zählen auf. Wenn Sie aufmerksam und aufrichtig sind, dann haben Sie Glück, wenn Sie bis zehn kommen. Es sei denn, Sie sind bereits in der Gedankenkontrolle geübt.

Manche Übenden verbringen viele Jahre damit, die Beruhigung des Geistes zu erlernen. Es gibt aber einen Abkürzungsweg: die Technik der *Mantra-Meditation*. Über das Thema Mantras wird eine Menge abergläubischer Unsinn verbreitet. Doch ein Mantra ist einfach ein Wort oder ein Satz. Wenn man dieses Wort oder diesen Satz regelmäßig wiederholt, hat dies eine Wirkung auf den menschlichen Geist. Nach dieser Definition sind viele Werbeslogans, Schlagworte und politische Parolen Mantras. Dazu gehört zum Beispiel auch das »Heil Hitler« in Deutschland während der Nazizeit.

Anhänger der Transzendentalen Meditation behaupten, daß persönliche Mantras, die auf geheimnisvolle Weise auf Schwingungen der Person, die sie benützt, abgestimmt sind, die stärkste Wirkung haben. Für unsere Zwecke genügt jedoch etwas weit weniger Kompliziertes – ein Mantra, das im Orient und im Fernen Osten Millionen von Menschen täglich benützen. Dieses Mantra lautet *Om mani padme hum* und ist mit der buddhistischen Lehre verknüpft. Übersetzt heißt es: »Heil dem Juwel im Lotus«. Diese Worte beziehen sich – falls Sie sich über solche Dinge Gedanken machen – vermutlich auf den tiefsten Sinn (das Juwel) der Meditation, die Erleuchtung des menschlichen Geistes. Die *Bedeutung* ist jedoch völlig unwichtig. Was uns interessiert, ist die Wirkung. Man kann sie ebenso leicht erreichen mit dem islamischen Mantra *Hua allahu alazi lailaha illa Hua* (»Er ist Gott und es gibt keinen anderen Gott als Ihn«), dem ägyptischen *A ka dua, Tuf ur biu, Bi aa chefu, Dudu ner af an nuteru* (»Ich verehre die Macht Deines Atems, höchster und schrecklicher Gott, der Du die Götter und den Tod vor Dir erbeben läßt«) oder auch mit irgendeinem anderen Vers.

Der gemeinsame Nenner all dieser Mantras ist, daß sie sich »in den Schwanz beißen«. Sie werden sehen, was das heißt, wenn Sie eins davon laut aufsagen. Sowie Sie das letzte Wort ausgesprochen haben, können Sie wieder von vorn beginnen. Genau das sollten Sie tun, wenn Sie mit der Mantra-Meditation beginnen. Suchen Sie sich einen Platz, wo Sie nicht gestört werden, setzen Sie sich bequem hin, machen Sie die früher geschilderte Entspannungsübung und beginnen Sie, das Mantra *Om mani padme hum* aufzusagen.

Sprechen Sie es zuerst laut, mit volltönender Stimme, und verbinden Sie das abschließende mmm von hum mit dem Om am Anfang, so daß es in Rhythmus und Aussprache wie folgt klingt: *Om mah-ni padmeh hummmmm om mah-ni padmeh hummm* ... Wenn Sie es ein paarmal laut gesprochen haben, verringern Sie allmählich die Lautstärke, bis Sie die Worte in sich »hineingezogen« haben, und sagen Sie sie dann weiter im Geist auf. Experimentieren Sie mit der Geschwindigkeit, bis Sie einen Rhythmus gefunden haben, der Ihre Aufmerksamkeit fesselt, so daß andere Gedanken durch das kreisende Mantra hinausgeworfen werden. Die Wirkung ist so ähnlich, als wenn Ihnen ein Lied durch den Kopf geht, das Sie nicht daraus vertreiben können. Das *drehende Mantra* dehnt sich aus, bis es Ihr ganzes Bewußtsein füllt und kein Platz mehr für etwas anderes ist. Auch wenn Sie die Bedeutung des Satzes, den Sie benützen, kennen, geht diese Bedeutung bald verloren, auf die gleiche Weise wie ein Wort, das Sie zu oft wiederholen, seinen Sinn verliert.

Wenn Sie das Mantra verinnerlicht haben, läuft es ohne bewußte Bemühung weiter, und Sie können sich, unbelastet von anderen Gedanken, noch tiefer entspannen.

Wollen Sie in Ihren normalen Bewußtseinszustand zurückkehren, lassen Sie das Mantra immer langsamer kreisen und verlegen Sie es nach außen, indem Sie es ein paarmal laut sprechen, bevor Sie aufhören.

Wie man eine Hexenwiege baut

Tiefe körperliche Entspannung, ein ruhiger Geist und das Verlangen zu reisen sind Faktoren, die bei sehr vielen erfolgreichen Projektionen im Vordergrund stehen; und sie genügen in einer kleinen Zahl von Fällen – vielleicht zwei bis drei Prozent –, um Projektionen auszulösen. Welche anderen Methoden stehen Ihnen aber offen, wenn Sie nicht zu diesen wenigen Glücklichen gehören?

In scharfem Gegensatz zur Mehrheit gab fast ein Viertel der Befragten (dreiundzwanzig Prozent) an, daß sie zu der Zeit, als sie den Körper verließen, unter *emotionalem Streß* standen. Das ist eine faszinierende Entdeckung, denn sie führt uns ins Reich des Schamanismus, wo eigene Initiationsriten durchgeführt werden, um *Streß zu erzeugen.* Eng verbunden mit Streß ist *ungewöhnliche Erschöpfung,* über die fünfzehn Prozent der Befragten berichteten.

Viele primitive Gemeinschaften (und auch manche nicht so primitive) führen Streß und Erschöpfung durch rhythmisches Tanzen herbei oder sie drehen sich, wie die islamischen Derwische, um völlige Desorientierung zu erzeugen. Projektionen sind bei Teilnehmern solcher Zeremonien nichts Ungewöhnliches, und wenn Sie eine gute Kondition haben, können Sie versuchen, die Abspaltung mit diesen Methoden zu erreichen.

Sehr wichtig ist dabei das, was die Anthropologen die »kulturellen Faktoren« nennen – in diesem Fall der Glaube und die Erwartungen der an der Zeremonie Beteiligten. Streß und Erschöpfung allein reichen (im allgemeinen) nicht aus, sonst würde es in jeder Discothek von erschrockenen und unfreiwilligen Ätherprojektoren wimmeln. Der wesentliche Katalysator scheint die *Erwartung* zu sein. Wenn Sie erwarten, in einem bestimmten Moment der Zeremonie zu projizieren und wenn Sie in diesem Moment unter starkem Streß stehen und sehr erschöpft sind, dann ist die Wahrscheinlichkeit, daß sie projizieren, stark erhöht. Es gibt noch andere ebenso ausgefallene Methoden, wovon der letzte veröffentlichte Roman von Jack London, *The Star Rover,* Zeugnis ablegt. Ein Mensch, der wirklich gelebt hat, ein amerikanischer Sträfling namens Ed Morell, stand Modell für den fiktiven Helden des Buches.

Morell war ein schwieriger Häftling; und im Zuchthaus des Staates Arizona wurde mit schwierigen Häftlingen auf barbarische Weise verfahren. Man steckte sie in zwei

Zwangsjacken, und diese wurden dann mit Wasser getränkt. Wenn die Jacken trockneten, schrumpften sie und drückten den Unglücklichen, der sie anhatte, zusammen. Auch Morell wurde in diese Zwangsjacke gesteckt. Er bekam keine Luft, und Sterne tanzten vor seinen Augen. Doch dann geschah etwas völlig Unerwartetes: Er war plötzlich frei und befand sich außerhalb des Zuchthauses. Es war natürlich eine Ätherprojektion. Sein physischer Körper blieb gefesselt und schien zu schlafen.

Es kam häufig vor, daß Morell mit der Gefängnisleitung in Konflikt geriet, und jedes Mal, wenn ihm zur Strafe die Zwangsjacken angelegt wurden, befreite sich sein Ätherkörper. Es gelang Morell, die Außenwelt über diese Projektionen zu informieren. George W. P. Hunt, der Gouverneur von Arizona, sagte aus, daß Morell Zeuge von Ereignissen war, die stattfanden, während sein Körper sich in seiner Zelle befand.

Morell war kein natürlicher Projektor. Außer wenn er der grausamen Bestrafung mit den Zwangsjacken unterworfen wurde, ist es ihm nie gelungen, seinen Körper zu verlassen.

Colin Wilson, der den Fall in seinem Buch *Mysteries* erwähnt, meint, daß der Schmerz Morell veranlaßte zu projizieren, und sicherlich war das ein wesentlicher Faktor. Etwa sechs Prozent der befragten Projektoren gaben an, vor ihrem Erlebnis starke Schmerzen gehabt zu haben. Doch Schmerz war möglicherweise nicht der einzige Faktor, sondern ich vermute, daß noch andere eine Rolle gespielt haben.

Wenn man in schrumpfenden Zwangsjacken steckt, dann gibt es etwas, das dem Schmerz vorausgeht, nämlich Unbeweglichkeit. Und während die Jacken schrumpfen, wird man immer unbeweglicher. Wenn schließlich der Schmerz einsetzt, kommt zu der körperlichen Unbeweglichkeit eine Art geistige Unbeweglichkeit. *Schmerz ist ein ausgezeichnetes Konzentrationsmittel.* Wenn Sie Zahnschmerzen haben, können Sie an nichts anderes denken. Wenn Sie von einer schrumpfenden Zwangsjacke zusammengepreßt würden, wären Sie vom Schmerz bald völlig ausgefüllt. Schließlich würden Sie auf keinen Reiz mehr reagieren, besser gesagt: Sie würden auf keinen anderen Reiz mehr als den überwältigenden Schmerz reagieren. Dieser Zustand hat eine auffallende Ähnlichkeit mit *Reizentzug* oder *sensorischer Deprivation.*

Experimente mit sensorischer Deprivation sind seit einigen Jahren sehr verbreitet, denn die durch sie gewonnenen Erkenntnisse sind wichtig auf Gebieten wie Raumfahrt und U-Boot-Kriegführung. Freiwillige werden dabei in lichtundurchlässige Tanks gesteckt, in denen sie in lauwarmem Wasser schweben, oft mit gepolsterten Handschuhen und Kleidern. Es geht bei diesen Experimenten darum, äußere Sinnesreize möglichst vollkommen auszuschalten. In solchen Situationen verbringt der durchschnittliche Freiwillige die ersten acht bis zehn Stunden damit, Schlaf nachzuholen. Dann vertreibt er sich ein paar Stunden lang die Zeit mit dem Aufsagen von Gedichten und dem Singen von Liedern. Anschließend hat er bis zum Ende des Experiments *Halluzinationen.* Zumindest nehmen die militärischen Wissenschaftler, welche die meisten dieser Experimente durchgeführt haben, an, daß ihre Versuchspersonen halluzinierten. Jeder, der einige Projektionserfahrung besitzt, dürfte sich dessen nicht so sicher sein, denn unter den Berichten über echte Halluzinationen (wie etwa den über einen kleinen nackten Mann mit einem Blechhelm, der in einer Badewanne durch das Gesichtsfeld der Versuchsperson rudert) gibt es auch eine Anzahl, die weit eher auf Astralprojektionen schließen lassen, ferner einige, welche die Vermutung nahelegen, daß es sich um ätherische außerkörperliche Erfahrungen handelte.

Bei solchen von offiziellen Stellen durchgeführten Experimenten mit sensorischer Deprivation werden hochentwickelte technische Geräte eingesetzt. Die Tanks sind mit Systemen verbunden, die den Life-Support-Vorrichtungen in der Raumfahrt ähneln. Instrumente messen die Atmung, den Puls, den Blutdruck, die Mobilität und die Gehirnwellen der Versuchsperson, die auf Bildschirmen beobachtet wird und das Experiment abbrechen kann, wenn das Ganze außer Kontrolle gerät. Bei Unterwasserexperimenten ist die Luftversorgung von großer Bedeutung. Doch ähnliche Resultate können auch mit wesentlich geringerem technischem Aufwand erreicht werden. Schon vor Jahrhunderten entwickelten Okkultisten eine Vorrichtung zur Herbeiführung von Äther- (und Astral-)Projektionen durch *sensorische Deprivation*, die sogenannte *Hexenwiege*.

Zum Bau einer Hexenwiege brauchen Sie sich nur einen Sack zu beschaffen oder herzustellen, der groß genug ist, daß Sie darin aufrecht stehen können. Außerdem sollte er so fest sein, daß Sie damit, wenn Sie sich darin befinden, hochgezogen werden können. Der Sack darf wegen der Erstickungsgefahr nicht aus Plastik oder einem anderen luftundurchlässigen Material bestehen. Rauhe, kräftige, locker gewebte Sackleinwand dürfte das Ideale sein. Die Öffnung des Sacks muß mit einer Zugschnur verschließbar sein, und es muß möglich sein, ihn mit der darin befindlichen Person aufzuhängen.

Für Ihre Experimente mit der Hexenwiege brauchen Sie einen zuverlässigen Helfer, einen hohen Balken oder einen kräftigen Baum und eine freie Nacht. Perfektionisten würden dicke Handschuhe anziehen, die Ohren mit Stöpseln verschließen und sich die Augen verbinden, doch in der Praxis ist das kaum notwendig. Wenn Sie im Winter im Freien experimentieren, sollten Sie warme, bequeme Kleidung tragen.

Suchen Sie sich einen ruhigen Platz, wo die Wiege etwa zwanzig bis dreißig Zentimeter über dem Boden aufgehängt werden kann. In früheren Zeiten wählte man dafür einen Baum mit starken Ästen an einem abgelegenen Ort, doch es ist oft einfacher und in jedem Fall angenehmer, im Haus zu bleiben, vorausgesetzt, Sie sind garantiert keinen Störungen und keinem Lärm ausgesetzt.

Sie sollten – mindestens – eine ganze Nacht für Ihr Experiment vorsehen. Lassen Sie sich von Ihrem Freund in den Sack helfen und diesen dann, während Sie aufrecht darin stehen, aufhängen. Tun Sie ein paar Minuten lang nichts, vergewissern Sie sich nur, daß Sie gut mit Luft versorgt sind. Wenn alles in Ordnung ist, bitten Sie Ihren Freund, den Sack in Drehung zu versetzen, zuerst in die eine, dann in die andere Richtung, bis Sie völlig die Orientierung verloren haben. Dann soll er Sie völlig sich selbst überlassen; das heißt, er darf Sie nicht stören, aber auch nicht allein lassen, sondern muß während des ganzen Experiments in Ihrer Nähe bleiben, um es sofort zu beenden, falls irgendein größeres Problem entstehen sollte. Vereinbaren Sie mit ihm, daß er sich völlig ruhig verhält, bis Sie ihm zu verstehen geben, daß das Experiment beendet ist.

Sie werden im Innern des Sacks zu Beginn des Experiments soweit die Orientierung verlieren, daß Sie sich nicht mehr über die Himmelsrichtungen im klaren sind, möglicherweise auch nicht zwischen oben und unten unterscheiden können. Einiges spricht dafür, daß Sie so lange wie möglich stehenbleiben, weil dann natürlich eher der bereits erwähnte

Erschöpfungszustand eintritt, doch für das angestrebte Resultat scheint das nicht von entscheidender Bedeutung zu sein. Stehen, hocken oder liegen Sie also in dem Sack und warten Sie die Entwicklung ab.

Der Sack ist natürlich nicht lichtundurchlässig und sollte es auch nicht sein; denn wenn er es wäre, so wäre er auch luftdicht, was bewirken würde, daß Sie Ihren physischen Körper für immer verließen. Deshalb sollte das Experiment nachts oder in einem finsteren Raum durchgeführt werden. Die anfängliche Desorientierung, die Dunkelheit, die Ruhe und der Umstand, daß in einem aufgehängten Sack der Tastsinn nur sehr geringen Reizen ausgesetzt ist, führen zu einem hohen Maß an sensorischer Deprivation. Wie bei vielen schamanischen Techniken – zu denen diese Methode gehört – sind *die innere Einstellung* und *Erwartungshaltung* sehr wichtig. Mit anderen Worten: Sie sollten sich ständig bewußt sein, warum und zu welchem Zweck Sie sich in diese merkwürdige Situation gebracht haben. Erwarten Sie in der ersten Hälfte der Nacht nichts – außer vielleicht einigen interessanten Angstgefühlen. Wenn Sie eine Projektion erreichen, dann mit ziemlicher Sicherheit erst gegen Ende des Experiments.

Die Hexenwiege ist eine mit Einsamkeit und Unbequemlichkeit verbundene Methode zur Auslösung einer Ätherprojektion. Wenn Sie sie durchführen – mit oder ohne Erfolg – möchten Sie vielleicht zur Belohnung eine andere ausprobieren, die weder Einsamkeit noch Unbequemlichkeit mit sich bringt: Den *sexuellen Orgasmus*. Bei den befragten Personen kam Orgasmus nur in drei Prozent der Fälle als vorheriger Umstand vor, doch ich traue Statistiken nicht. Selbst im Zeitalter der sexuellen Freizügigkeit machen die Leute ungern Angaben über ihr Sexualleben, und deshalb war der

Orgasmus möglicherweise in weit mehr Fällen ein auslösender Faktor. Aus eigener Erfahrung kann ich sagen, daß eine besondere Art sexueller Erfahrung sehr leicht zu einer Projektion führen kann, obwohl dies bei Frauen etwas häufiger als bei Männern der Fall zu sein scheint.

Doch die Betonung liegt hier auf den Worten *eine besondere Art*. Es gibt keinen direkten kausalen Zusammenhang zwischen einfachem Orgasmus und Ätherprojektion, sonst wären ja Ätherprojektionen so gang und gäbe, daß dieses Buch überflüssig wäre. Beim Orgasmus findet eine gleichzeitige Entladung einer großen Zahl von Nervensynapsen statt. Am ähnlichsten ist in dieser Hinsicht das *Niesen*. Es ist interessant, daß im englischen Sprachraum viele Leute »Bless you« (»Sei gesegnet«) sagen, wenn jemand niest; ein Rückfall in den alten Glauben, daß die Seele dabei einen Moment den Körper verläßt. (Der Segen verhindert, daß ein anderes Wesen in den Körper eindringt, bevor der rechtmäßige Besitzer zurückkehrt.)

Der männliche Orgasmus ist vorwiegend eine genitale Sache. Frauen brauchen oft länger, um den Höhepunkt zu erreichen, doch erfaßt bei ihnen der Orgasmus eher den ganzen Körper. Eine Projektionserfahrung haben Männer wie Frauen am häufigsten im Fall eines intensiven *Ganzkörperorgasmus* (oder genauer gesagt, eines Orgasmus, der *Körper und Geist* erfaßt). Eine der wichtigsten Verhaltensweisen, um diesen herbeizuführen, ist zeitweilige Enthaltsamkeit, wobei ich zu Ihrer Erleichterung das Wort zeitweilig betone. Enthaltsamkeit führt in diesem Fall nicht zu spiritueller Erleuchtung, sondern ist nur ein Mittel, Frustration und sexuelle Spannungen herbeizuführen. Es ist zum Beispiel nicht nötig, sexuelle Stimulation zu vermeiden – ganz im Gegenteil. Je stärker die vorangehende Erregung, um so größer die Aussicht, daß im Moment der Spannungslösung – des Orgasmus – der ganze Körper beteiligt ist.

Bei dem Experiment selbst – wenn Experiment hier das richtige Wort ist – sollten alle Bemühungen darauf gerichtet sein, die größtmögliche Erregung herbeizuführen und sie möglichst lange aufrechtzuerhalten. Dies ist natürlich ein Drahtseilakt, doch mit Sorgfalt, Geduld und vor allem Selbstbeherrschung ist es möglich, den Orgasmus sehr lange hinauszuzögern – bis zu acht Stunden und länger.

Vor allem Männer neigen dazu, die Grenze zu schnell zu überschreiten, doch Atemkontrolle (das heißt tiefes rhythmisches Atmen) oder fester Druck auf den untersten Teil des Penis machen es meistens möglich, sich zurückzuhalten. Dieses Maß an Kontrolle ist für den Mann weit wichtiger als für die Frau, denn beim Mann ist der erste Orgasmus, der einer längeren Zeit der Enthaltsamkeit folgt, der intensivste. Bei Frauen, die mehrfacher Orgasmen fähig sind, scheint eher das Gegenteil der Fall zu sein: Die Intensität steigt bei aufeinanderfolgenden Orgasmen immer mehr an. (Bis zu einem gewissen Punkt. Bei vielen Frauen, auch bei sehr jungen und vitalen, übersteigt die Ermüdung ziemlich schnell die Erregung.)

Wenn eine sehr starke Erregung herbeigeführt wurde, sollten beide Partner versuchen, gemeinsam zum Orgasmus zu kommen. Dies ist für eine Ätherreise keine entscheidende Voraussetzung, scheint jedoch die Wahrscheinlichkeit des Erfolges zu erhöhen. Überaus wichtig ist ein völliges *Loslassen,* wenn der Orgasmus schließlich kommt. Die Zeit und die Energie, die Sie für die Vorbereitung aufgewendet haben, werden Ihnen dies normalerweise erleichtern, so daß es fast instinktiv geschieht – außer Sie haben sexuelle Probleme. In diesem Fall sollten Sie lieber eine andere Projektionsmethode wählen.

Eine Orgasmusprojektion wird subjektiv als äußerst angenehm empfunden, wenngleich sie etwas unkontrollierbar ist. Beim Mann wie bei der Frau beginnt der Orgasmus im Genitalbereich, doch dann durchflutet die Empfindung den ganzen Körper von unten nach oben und reißt das Bewußtsein – und, wie ich vermute, den zweiten Körper – mit, so daß es an der höchsten Stelle des Kopfes austritt.

Wie einige andere erwähnte Techniken kann die Orgasmusmethode zu einer Äther- oder Astralprojektion führen. Wenn das Resultat eine Ätherprojektion ist, dann ist das Typische daran, daß Sie ein Stück über dem Körper schweben – manchmal auch in ziemlich beträchtlicher Entfernung. Dies ist ein Charakteristikum, das eine Orgasmusprojektion mit einer spontanen Projektion nach einem Unfall und zahlreichen Projektionen im Narkosezustand gemein hat.

Es liegt im Wesen dieser Methode, daß Sie dabei wohl kaum allein sind, und deshalb ist die Wahrscheinlichkeit groß, daß Sie sich zusammen mit einem anderen Menschen außerhalb des Körpers befinden werden. Mir ist dies bei Ätherprojektionen nie passiert (dagegen ziemlich häufig bei Astralprojektionen). Wie ich jedoch gehört habe, können Sie im projizierten Zustand den Körper Ihres Partners oder Ihrer Partnerin deutlich *sehen* und *spüren*. Dies ist besonders interessant, denn, wie wir wissen, ist physische Materie im projizierten Zustand nicht zu spüren.

Für einen außerhalb des Körpers befindlichen Partner ist es möglich, wenn auch nicht ganz einfach, dem anderen zur Projektion zu verhelfen. Im Gegensatz zu einigen weitverbreiteten esoterischen Mythen habe ich kaum Beweise dafür gefunden, daß ein projizierter Freund tatsächlich Ihren Ätherkörper aus dem physischen Körper herausziehen kann, wenn die beiden voll integriert sind. Doch bei Projektionen gibt es selten ein klares »Ganzdrinnen« oder »Ganzdraußen«. Es kommt häufig vor, daß man nur teilweise projiziert, so wie Monroe, als er einen projizierten Arm durch den Fußboden stieß, oder daß man den Körper zu verlassen beginnt, aber wieder in ihn zurückschlüpft, bevor eine totale Projektion stattfindet. In solchen Situationen kann einem ein projizierter Partner manchmal durch ein sanftes Mitherausziehen helfen. Es ist jedoch wirklich wahre Sanftheit vonnöten, denn jede unvorsichtige Manipulation am Ätherkörper kann sehr leicht Ängste und sogar panische Reaktionen auslösen, und dadurch wird der Ätherkörper natürlich wieder in den physischen Körper zurückgezogen. Unterstützte Projektionen funktionieren, falls man sie überhaupt durchführt, am besten bei zwei Menschen, die eine tief emotionale, vertrauensvolle Beziehung zueinander haben.

Wissenschaftliche Versuche

Falls Robert Monroe oder Sylvan Muldoon jemals in eine Hexenwiege stiegen oder intensive Ganzkörperorgasmen herbeiführten, um aus dem physischen Körper herauszugelangen, so haben sie nie etwas darüber geschrieben. Beide entwickelten ihre eigenen Techniken, zum großen Teil aufgrund persönlicher Erfahrungen. Es überrascht nicht, daß bestimmte Aspekte ihrer Methoden nicht nur einander glichen, sondern auch mit Aspekten anderer, bereits untersuchter Techniken übereinstimmten.

Um sein seltsames Talent näher zu untersuchen, gründete Monroe das *Monroe Institute of Applied Sciences*. In seinem ersten Labor gab es eine Forschungsabteilung mit einem Instrumentenraum, drei Isolationszellen und einem Besprechungszimmer. Jede Zelle enthielt ein heizbares Wasserbett und Vorrichtungen zur Kontrolle der Luftversorgung, der Akustik und Temperatur. Bei den Versuchspersonen konnten die Gehirnwellen, der Puls, der Muskeltonus und die galvanische Hautreaktion gemessen werden.

Als ausgebildeter Ingenieur mit großer Rundfunkerfahrung kam Monroe auf die Idee, Tonfrequenzen als Hilfsmittel zur Herbeiführung von außerkörperlichen Erfahrungen zu benützen. 1975 erhielt sein Institut ein Patent für ein Verfahren mit der Bezeichnung *Frequency Following Response* (Frequenz-Folge-Reaktion), das auf der faszinierenden Entdeckung basierte, daß bestimmte dem Ohr zugeführte Tonfrequenzen ähnliche Gehirnwellenmuster hervorrufen. Dadurch wurde es ermöglicht, Tonfrequenzen als Mittel zur Herstellung und Aufrechterhaltung von Zuständen einzusetzen, die für Projektionen besonders günstig sind. In einem dieser Zustände – genannt Focus 10 – deuten alle physiologischen Signale des Körpers auf Schlaf hin, doch das EEG zeigt die Gehirnwellenmuster des Wachzustands an.

Manchmal reicht der Focus 10-Zustand aus, um eine Projektion herbeizuführen. Bei einem der ersten Experimente setzte ein Psychiater in Kansas Monroes Tonsignal bei vier Versuchspersonen ein, ohne ihnen irgendeinen Hinweis auf die zu erwartenden Resultate zu geben. Eine der Versuchspersonen stieg sofort aus dem Experiment aus. Sie sagte, sie sei gegen die Decke des Zimmers geprallt und habe ihren physischen Körper unten liegen sehen.

Nach der *Frequency Following Response* machte Monroe eine weitere Entdeckung, die noch faszinierender war. Es handelte sich um einen Prozeß, den er *Hemi-Sync* nannte. Er stieß darauf bei der Erforschung bestimmter Gehirnstrukturen in Zusammenhang mit einem chirurgischen Eingriff zur Behandlung von Epilepsie. Es ist seit langem bekannt, daß das Gehirn aus zwei Hemisphären besteht, die durch ein schmales Gewebeband, genannt Corpus callosum, miteinander verbunden sind. Bei Epilepsie kommt es zu zeitweisen unkontrollierten elektrischen Entladungen im Gehirn – einer Art Miniaturgewitter –, die an einer bestimmten Stelle beginnen, sich aber schnell ausbreiten und die Symptome des *Grand Mal* (eines epileptischen Anfalls) hervorrufen.

In den frühen sechziger Jahren wurde es Mode, hochgradige Epileptiker zu behandeln, indem man das die beiden Hirnhemisphären verbindende Gewebe durchtrennte. Wenn die Krankheit schon nicht geheilt werden könne, lautete die Theorie, dann könnte sie vielleicht zumindest auf eine Hemisphäre begrenzt und dadurch die Symptome verringert werden. Das Verfahren funktionierte und verschaffte den Patienten bemerkenswerte Erleichterung. Außerdem schien ihnen die Trennung der beiden Gehirnhälften keinerlei Nachteile zu bringen. Eine Zeitlang glaubte man, der Mensch sei nicht mit einem, sondern mit zwei Gehirnen ausgestattet, und eins davon stelle eine Art Reserve dar.

Weitere Forschungen bei Patienten mit getrennten Gehirnhälften zeigten jedoch, daß das nicht der Fall ist. Jede Gehirnhemisphäre ist gesondert ausgebildet. Bei etwa neunzig

Prozent der Bevölkerung kontrolliert die linke Hemisphäre die motorische Bewegung der rechten Körperseite und ist für »logische« Funktionen wie Sprechen, Schreiben, Rechnen usw. zuständig. Die rechte Hemisphäre kontrolliert die linke Körperseite und ist Sitz der »kreativen« Funktionen wie Zeichnen, räumliche Wahrnehmung, Imagination und so weiter.

Monroes *Hemi-Sync* stellt eigentlich eine sinnreiche praktische Anwendung der *Frequency Following Response* dar. Die Methode besteht darin, beiden Ohren durch getrennte Kanäle Tonfrequenzen zuzuführen und in beiden Gehirnhemisphären eine synchrone Reaktion herzustellen. Mit anderen Worten, das rechte und das linke Gehirn werden dazu gebracht, gleichzeitig identische Wellen zu produzieren.

In seinem 1986 in England erschienenen Buch *Far Journeys* konnte Monroe berichten, daß in seinem Institut über dreitausend Personen an einem »Gateway-Programm« teilgenommen hatten, bei dem mit Hilfe dieses Arsenals von Geräten und Methoden verschiedene Bewußtseinszustände hergestellt wurden, darunter außerkörperliche Erfahrungen. Das ist alles schön und gut, wenn man die Möglichkeit hat, an einem Seminar im Monroe-Institut teilzunehmen oder die beträchtlichen Mittel für die technische Ausrüstung aufzubringen, doch die meisten von uns brauchen eine Art Heimkursus, eine Do-it-yourself-Methode, mit der wir – wenn auch vielleicht mit mehr Mühe – die gleichen Resultate erreichen können. Es ist anerkennenswert, daß Monroe ein solches Programm entwickelt hat, das er sehr detailliert in seinem ersten Buch *Der Mann mit den zwei Leben* schildert.

Wie Sylvan Muldoon hält es Monroe für wahrscheinlich, daß die meisten von uns – oder sogar wir alle – den Körper während des Schlafs unbewußt verlassen. Seine Untersuchungen deuten jedoch darauf hin, daß es eine »Furchtschranke« gibt, die uns an der Ätherprojektion hindert. Wir alle scheinen Furcht davor zu haben, unseren physischen Körper zu verlassen. Es ist eine blinde, unsinnige Furcht, die sich, wenn eine Projektion bevorzustehen scheint, schnell in Panik verwandeln kann. Bei unbewußten Ätherprojektionen (wie bei meinen mitternächtlichen Ausflügen, als ich merkte, daß ich den Körper verlassen hatte, aber keine Ahnung hatte, wie mir das gelungen war) scheinen wir diese Schranke zu überspringen; doch jeder Versuch, vollbewußt eine Reise in die Astralwelt durchzuführen, wird durch sie verhindert.

Es gibt keine einfache Möglichkeit, diese Schranke zu umgehen. Monroe meint, daß die Schranke aus drei Komponenten besteht – Todesfurcht; der Furcht, nicht wieder in den Körper zurückkehren zu können; und Furcht vor dem Unbekannten. Sicherlich hilft es ein wenig, Bücher wie dieses zu lesen. Sie können einen mit der beruhigenden Gewißheit erfüllen, daß man bei einer Projektion nicht ums Leben kommt und daß man bloß mit dem großen Zeh zu wackeln braucht, um in den Körper zurückzukehren. Und einschlägige Erfahrungsberichte können einem in allen Einzelheiten sagen, was während und nach einer Projektion zu erwarten ist. Doch über einen Raumflug zu lesen ist nicht das gleiche, wie selbst zum Mond zu fliegen, und obwohl man durch gute Vorbereitung die Furchtschranke verringern kann, wird es sich doch nicht vermeiden lassen, daß bei einem ersten Projektionsversuch ziemliche Furchtzustände auftreten. Und je erfolgreicher einer dabei ist, um so stärker dürfte wahrscheinlich seine Furcht sein.

Das einzige, womit Sie die Furchtschranke überwinden

können, ist Entschlossenheit. Das einzige, womit Sie sie niederreißen können, ist Vertrautheit und Erfahrung. Sobald Sie ein paarmal projiziert haben, *wissen* Sie, was Sie erwartet. Sie *wissen,* daß es Sie nicht umbringt. Und Sie *wissen*, daß Sie, wenn Sie dies wünschen, jederzeit in Ihren Körper zurückkehren können. Allmählich wird sich Ihre Furcht legen, und schließlich werden Sie sie ganz verlieren. Doch seien Sie sich bei ihren ersten Versuchen im klaren, daß Sie Furcht haben werden; nehmen Sie Ihren ganzen Mut zusammen und *geben Sie nicht auf.*

Der erste Schritt von Monroes Technik ist Entspannung. Sollten Sie die Entspannungsmethode, die Sie bereits kennen, noch immer nicht ganz beherrschen, so versuchen Sie es einmal mit einer neuen, die Monroe *Grenzland-Schlafzustand* nennt. Diese Methode ist einfach, aber raffiniert. Wenn Sie heute abend zu Bett gehen und einzuschlafen beginnen, richten Sie die geistige Aufmerksamkeit auf einen bestimmten Gedanken und halten Sie ihn fest. Mit ziemlicher Sicherheit werden Sie die ersten Male nicht imstande sein, ihn lange festzuhalten. Sie werden einfach, wie immer, einschlafen. Wenn Sie jedoch fleißig üben, wird es Ihnen allmählich gelingen, die Zeit, in der Sie zwischen Wach- und Schlafzustand schweben, auszudehnen. Monroe macht darauf aufmerksam, daß einen die ersten Versuche nervös machen können. Der Geist scheint jede Einmischung in sein normales Funktionieren zu verübeln. Wenn dies geschieht, unterbrechen Sie die Übung, stehen Sie auf und gehen Sie im Zimmer auf und ab. Dann legen Sie sich wieder hin und versuchen es noch einmal. Sollte die Nervosität sich nicht bessern, so geben Sie das Experiment auf und versuchen es ein anderes Mal.

Monroe nennt die Fähigkeit, ziemlich lange im Grenzzustand zwischen Wachsein und Schlafen zu bleiben und mit geschlossenen Augen den Geist auf einen Gedanken oder ein Bild zu richten, *Kondition A*. Wenn Sie sie erreicht haben, sind Sie imstande, zu *Kondition B* überzugehen.

Kondition B ist *Kondition A* sehr ähnlich; nur brauchen Sie sich jetzt nicht mehr auf einen Gedanken zu konzentrieren. Liegen Sie statt dessen einfach da und starren Sie durch die geschlossenen Augen auf die Schwärze vor Ihnen. Möglicherweise haben Sie in diesem Stadium visuelle Halluzinationen, manchmal sogar sehr lebendige. Diese scheinen mit Ihren Aktivitäten vor dem Zubettgehen zusammenzuhängen. So kann es sein, daß ein Tennisspiel, das Sie im Fernsehen beobachtet haben, noch einmal vor Ihnen abläuft, oder daß die Seiten eines Buchs, das Sie im Bett gelesen haben, vor Ihrem geistigen Auge auftauchen. *Kondition B* haben Sie erreicht, wenn Nervosität und Halluzinationen verschwunden und Sie imstande sind, in diesem Zustand dazuliegen und in die Dunkelheit zu starren, solange Sie wollen.

Kondition C, das nächste Stadium, wird durch sorgsames gradweises Üben erreicht. Erlauben Sie sich, von einem Stadium zum nächsten etwas tiefer in Schlaf zu sinken – oder besser gesagt, lassen Sie Ihren *Körper* etwas tiefer in Schlaf sinken. Dies ist schwer zu bewerkstelligen, doch auch hier führt Üben zum Erfolg. Die verschiedenen Stadien erkennen Sie daran, daß jeweils ein bestimmtes Sinnesorgan abschaltet. Normalerweise verschwindet zuerst das Tastgefühl; und Sie werden den Eindruck haben, daß Ihr Körper nichts mehr spürt. Als nächste Sinneswahrnehmungen folgen Geruch und Geschmack, dann das Gehör und schließlich das Sehvermögen.

Der Zustand, in dem Sie sich jetzt befinden, ähnelt, ja

gleicht möglicherweise sogar dem *Focus 10-Zustand,* der durch Monroes technische Geräte herbeigeführt wird. Mit anderen Worten: Ihr Körper schläft ein, während Ihr Geist wach bleibt. Zusammenhänge bestehen auch mit der früher erwähnten *sensorischen Deprivation.* Die Sinneswahrnehmungen wurden ausgeschaltet, jedoch durch einen Übungsprozeß, nicht durch ein äußeres Hilfsmittel wie die beschriebene Hexenwiege. Haben Sie *Kondition C* durch regelmäßiges Üben beim Zubettgehen erreicht, müssen sie nunmehr die Fähigkeit entwickeln, sich jederzeit in diesen Zustand zu versetzen, nicht nur, wenn Sie müde und schläfrig sind. Am besten ist es, wenn Sie unmittelbar nach dem Aufwachen, bevor Sie das Bett verlassen, zu üben beginnen, weil dann der Körper meist sehr entspannt ist.

Der Focus 10-Zustand, in dem der Körper schläft und der Geist wach ist, kann natürlich auch durch andere Methoden erreicht werden, zum Beispiel durch Hypnose oder Selbsthypnose, progressive Entspannung oder einige Meditationsarten. Doch Focus 10 ist nur ein Teil des bewußten Projektionsprozesses. Die gesamte Methode, die Sie zu einer außerkörperlichen Erfahrung führt, sieht so aus:

Erster Schritt

Ziehen Sie sich in einen Raum zurück, in dem Sie nicht gestört werden. Setzen Sie sich keine zeitliche Grenze und sorgen Sie dafür, daß Sie sich mit nichts anderem beschäftigen müssen als mit dem Experiment. Verdunkeln Sie den Raum, aber nicht ganz – nur soweit, daß Sie mit geöffneten Augen etwas sehen können, jedoch kein Licht durch Ihre Augenlider dringt, wenn sie geschlossen sind. Legen Sie sich hin und nehmen Sie eine bequeme Haltung ein, den Kopf nach Norden und den Körper nach der Nord-Süd-Achse ausgerichtet. Manche Leute sind überzeugt, besser zu schlafen, wenn ihr Bett in Nord-Süd-Richtung steht. Monroes Forschungen haben in der Tat ergeben, daß die Projektion in dieser Position am besten gelingt.

Zweiter Schritt

Versetzen Sie sich mit einer Methode, die nach Ihrer Erfahrung bei Ihnen gut funktioniert, in den Focus 10-Zustand. Wenn Sie ihn erreicht haben, wiederholen Sie innerlich ein halbes Dutzend Mal, daß Sie alles, was mit Ihnen während des Experiments geschieht, bewußt wahrnehmen und sich daran erinnern werden. Beginnen Sie, regelmäßig mit halboffenem Mund zu atmen.

Dritter Schritt

Starren Sie mit geschlossenen Augen ins Dunkel auf einen etwa dreißig Zentimeter von Ihrer Stirn entfernten Punkt. Konzentrieren Sie sich auf einen Punkt in einem Meter Entfernung, dann auf einen Punkt in zwei Metern Entfernung. Richten Sie Ihren Blick auf diesen zwei Meter von Ihrer Stirn entfernten Punkt, bis er deutlich fixiert ist. Dann lassen Sie den Punkt einen 90-Grad-Winkel weit nach hinten wandern, so daß Ihre Aufmerksamkeit auf einen Punkt gerichtet ist, der sich zwei Meter hinter Ihrem Kopf auf einer parallel zu Ihrer Körperachse verlaufenden Linie befindet.

Wenn Sie sich auf diesen Punkt konzentrieren, werden Sie *Schwingungen* spüren. Es ist ein subtiles, ganz merkwürdiges, aber deutliches Gefühl, als ob etwas an dieser Stelle vibriert und Sie es am Rand Ihrer Wahrnehmung spüren. *Greifen Sie im Geist danach und ziehen Sie die Schwingungen in Ihren Körper.*

Haben Sie die Schwingungen bei mehreren Experimenten ein paarmal lokalisiert und in sich hineingezogen, dann werden Sie feststellen, daß Sie sich nur in Focus 10 versetzen und an die Schwingungen denken müssen, um sie in Ihrem Körper zu spüren. So können sie den Vorgang etwas verkürzen.

Vierter Schritt

Lassen Sie sich solange Zeit, bis alle Furcht abgeklungen ist. Die Schwingungen sind natürlich die gleichen, wie sie Monroe gespürt hat, als er spontan zu projizieren begann. Er empfand sie als so merkwürdig und abweichend von seinen normalen Erfahrungen, daß er überzeugt war, krank zu sein und ärztliche Hilfe suchte. Auch nachdem Sie dieses Buch gelesen haben, wird es Ihnen schwerfallen, einen kühlen Kopf zu bewahren, wenn die Schwingungen einsetzen. Und was noch schlimmer ist: Sollten Sie versuchen, sich dagegen zu wehren, werden Sie merken, daß Ihr Körper gelähmt ist. Wenn Sie sich sehr bemühen, können Sie die Lähmung durchbrechen, doch dies erfordert eine beträchtliche Willensanstrengung und beendet natürlich ein Experiment, das Sie harte Arbeit gekostet hat.

Wenn Sie es vermeiden, in Panik zu geraten, Ihre Furcht bewältigen und die Schwingungen einfach beobachten, dann werden sie nach etwa fünf Minuten von selbst aufhören, obwohl es Ihnen, wenn Sie das erste Mal darauf warten, wesentlich länger erscheinen kann.

Fünfter Schritt

Wenn Sie Ihre Furcht bewältigt haben, ist es an der Zeit, die Schwingungen unter Kontrolle zu bekommen. Rufen Sie sie, wenn nötig, wieder hervor und formen Sie sie geistig zu einem Ring um ihren Kopf. Ist Ihnen dies gelungen, so schieben Sie sie Ihren Körper entlang hinunter zu den Füßen. Wenn Sie die Schwingungen auf diese Weise unter Kontrolle gebracht haben, lassen Sie sie rhythmisch in einer Welle über Ihren Körper fegen, vom Kopf zu den Füßen und wieder zurück, immer wieder auf und ab. Tun Sie das, bis sie verschwinden.

Sechster Schritt

Die »groben« Schwingungen sind jene, die Monroe bei seinen ersten außerkörperlichen Erfahrungen spürte; es kann ein Gefühl sein, als ob man, wie bei einem Malariaanfall, am ganzen Körper zittert oder mit einem alten Auto, dessen Reifen nicht ausgewuchtet sind, zu schnell fährt. Der nächste Schritt besteht darin, sie zu verfeinern. Das kann geschehen, indem man sie pulsieren läßt, wenn sie über den Körper laufen. Die Wirkung tritt nur langsam ein, doch schließlich werden Sie merken, daß die Schwingungen »glatter« werden. Es ist, als ob sie ihre Frequenz erhöht haben, ein Prozeß, der nur langsam voranschreitet, bis man sie, wie einen Ton mit sehr hoher Frequenz, gar nicht mehr wahrnimmt. Es kann sein, daß Sie dann nur noch eine angenehm kribbelnde Wärme im Körper spüren.

Siebenter Schritt

In diesem Stadium ist es wichtig, Ihre Gedanken und Begierden zu kontrollieren, denn Sie sind der Projektion sehr nahe, und es ist möglich, daß eine falsche Visualisierung Sie den Körper verlassen läßt und Sie irgendwohin schickt, wohin Sie gar nicht wollen.

Um eine glatte Ablösung des Ätherkörpers zu erreichen, strecken Sie einen Arm aus und greifen Sie nach etwas. Wenn alles gutgeht, löst sich ihr ätherischer Arm aus dem physischen Körper, was Sie überprüfen können, indem Sie ihn in oder durch einen festen Gegenstand stoßen. Ist Ihnen dies gelungen, so ziehen Sie den projizierten Arm in den physischen Körper zurück, lassen die Schwingungen abklingen, bewegen den Körper und öffnen die Augen.

Experimentieren Sie mit diesen Teilprojektionen, bis sie Ihnen ohne alle Schwierigkeiten gelingen.

Achter Schritt

Wenn Sie den Zustand hochfrequenter Schwingungen erreicht haben, stellen Sie sich vor, daß Sie immer leichter werden und aufwärts schweben. Nach ein paar Versuchen werden Sie feststellen, daß dies tatsächlich geschieht: Sie lassen Ihren physischen Körper hinter sich. Manchen Menschen fällt es leichter, aus dem physischen Körper *herauszurollen,* wie ich es bei einigen meiner spontanen Projektionen getan habe.

Welche Technik Sie auch anwenden – üben Sie, in den physischen Körper zurückzukehren und sich wieder mit ihm zu vereinigen. Wenn irgendwelche Probleme auftreten, stellen Sie sich vor, daß Sie einen Körperteil bewegen oder wackeln Sie mit dem großen Zeh – dann werden Sie in den Körper hineinschlüpfen. Wenn es Ihnen gelingt, den Körper nach Belieben zu verlassen und in ihn zurückzukehren, versuchen Sie, sich etwas weiter von ihm weg zu bewegen. Sie haben jetzt begonnen, vollständige Ätherprojektionen durchzuführen. Allerdings hat Monroe kürzlich die Meinung geäußert, daß diese Methode unzuverlässig sei, weil dabei später entdeckte wichtige Faktoren nicht berücksichtigt sind. Nach meiner Erfahrung gibt es keine Methode, die bei jedem Menschen funktioniert; doch diese bringt bei vielen Resultate, und es lohnt sich, sie auszuprobieren, wenn Sie bereit sind, die nötige Mühe aufzuwenden.

Die Vorbereitung

Sylvan Muldoon war das Produkt eines anderen Zeitalters als Robert A. Monroe, und deshalb stellte er Projektionstechniken in einer anderen Sprache dar. Begriffe der Raumfahrt-Ära wie Focus 10 oder Gateway Programm gab es für ihn nicht. Er wußte, daß bei der Projektion die verschiedensten Faktoren im Spiel sind, und er benützte dafür Ausdrücke wie Begierde, Bedürfnis und Gewohnheit.

Sexuelle Begierde hielt er für negativ, denn er glaubte, daß unbefriedigter Geschlechtstrieb den ätherischen Körper im physischen zurückhält. Bedürfnisse waren für ihn körperliche Prioritäten. Muldoon führt Hunger, Durst und »Mangel an kosmischer Energie« an. Ich möchte die Notwendigkeit, eine volle Blase zu entleeren, hinzufügen. Eine Gewohnheit kann ein seit langem bestehendes Ritual sein oder einfach eine eingefahrene Weise, Dinge zu tun.

Keiner dieser Faktoren an sich führt eine Projektion herbei, doch Muldoon meint, daß sie, wenn sie entstehen, während der physische Körper bewegungsunfähig ist, eine starke Tendenz haben, den Ätherkörper herauszuziehen. Nach seiner Theorie ist das Unterbewußtsein verzweifelt bemüht, das Bedürfnis oder die Begierde zu befriedigen – oder wird einfach durch Gewohnheit dazu getrieben –, und es tut dies mit einer symbolischen Geste. Da Muldoon durch Krankheit oft für lange Zeit bewegungsunfähig wurde, dürfte sich seine Theorie für ihn oft bestätigt haben, und er brauchte sich keine große Mühe zu geben. Für weniger Glückliche entwickelte er eine Reihe auf seinen Erkenntnissen basierender Techniken.

Zuerst beschäftigt er sich mit dem Problem, Bewegungsunfähigkeit herbeizuführen. Dazu solle man, rät er, bewußt den Puls verlangsamen – etwas, das, wie er meint, auch die Konzentration und Entspannung fördert. Legen Sie sich auf den Rücken (oder auf die rechte Seite), die Hände neben sich; holen Sie tief Luft und drücken Sie sie in die Magengrube, so daß der Bauch sich vorwölbt. Atmen Sie völlig aus und ziehen Sie die Bauchmuskeln zusammen, damit die Lungen sich völlig leeren.

Wiederholen Sie dies achtmal.

Schließen Sie die Augen und machen Sie sich von sich selbst ein geistiges Bild. Beginnen Sie am Scheitel; stellen Sie sich Ihre Kopfhaut vor und spannen und entspannen Sie die entsprechenden Muskeln. Stellen Sie sich dann Ihr Kinn vor und spannen und entspannen Sie es. Dann konzentrieren Sie sich auf den Hals und spannen und entspannen ein paarmal seine Muskeln. Machen Sie das gleiche mit den Oberarmen, den Unterarmen und den Händen. Gehen Sie dann, beginnend mit dem Nacken, den ganzen Körper nach unten und spannen und entspannen Sie jeden Körperteil, bis Sie die Zehen erreichen.

Diese Übung ähnelt sehr der früher dargestellten bewußten Entspannung, doch Muldoon strebt mehr an als bloße Entspannung.

Konzentrieren Sie sich jetzt auf Ihr Herz (ganz locker und entspannt) und versuchen Sie, seine Schläge zu spüren. Versuchen Sie es, bis Sie den Herzschlag deutlich spüren und hören können.

Der nächste Schritt ist, den Herzschlag in jedem Körperteil zu fühlen und zu hören – einfach, indem Sie sich auf den betreffenden Körperteil konzentrieren. Dies ist längst nicht so schwer, wie Sie vielleicht denken, doch es erfordert, wie die meisten dieser Techniken, Übung. Versuchen Sie, den Puls nacheinander in der Brust, im Hals, in den Wangen, auf dem Scheitel, wieder in den Wangen, im Hals, in der Brust, dann im Bauch, im Unterleib, in beiden Schenkeln, in den Waden und in den Füßen zu spüren. Gehen Sie wieder über die Waden hinauf und konzentrieren Sie sich auf den rechten Schenkel, um sich zu beweisen, wie gut Sie bestimmen können, wo Sie den Puls spüren. Muldoon meint, wenn man sich auf die *Medulla oblongata* (im Hinterkopf) konzentriert und dort den Herzschlag fühlt, dann wisse man genau, wie der ausgesandte Ätherkörper durch die »Silberschnur« den Puls an dieser Stelle fühlt.

Wenn es Ihnen gelingt, den Herzschlag in jedem Teil des Körpers zu spüren, richten Sie Ihre Konzentration wieder auf die Herzgegend. Stellen Sie einen gleichmäßigen Rhythmus her, indem Sie die Schläge im Geist widerhallen lassen. Wenn Sie den Puls im Geist mit dem Puls der Brust synchronisiert haben, verlangsamen Sie den Puls im Geist ein wenig und stellen Sie sich vor, wie das Herz im gleichen langsameren Rhythmus schlägt.

Es ist jetzt, glaube ich, der richtige Moment, Muldoons Hinweis zu wiederholen, daß man diese Übung – wie überhaupt eine Ätherprojektion – nicht durchfuhren soll, wenn man an irgendeiner Herzkrankheit leidet. Er meint, daß alle Projektionen mit einer beträchtlichen Verlangsamung des Herzschlags verbunden sind und deshalb ein bereits geschwächtes Organ zu sehr belasten können. Sie müssen in dieser Hinsicht selbst die Entscheidung treffen. Nach meiner Erfahrung ist der Herzschlag nicht bei allen Projektionen verlangsamt, bei einigen jedoch ganz bestimmt. Außerdem meine ich, daß ein langsamerer Herzschlag dieses wichtige Organ eher *entlastet*. Es besteht natürlich bei jedem Eingriff in einen automatisch ablaufenden körperlichen Prozeß, die, wie ich glaube, geringe Gefahr, daß man Schwierigkeiten hat, den normalen Ablauf wiederherzustellen. Dies geschieht aber nur selten, und ich kann mich an keinen Fall erinnern, in dem ein bleibender Schaden entstanden wäre. Doch kann es freilich, wenn solche Schwierigkeiten auftreten, angsterregend und unangenehm sein.

Wie weit Sie Ihren Herzschlag verlangsamen sollen, bleibt Ihrem eigenen Urteil überlassen; ich denke aber, ich muß Ihnen nicht sagen, daß Sie es vermeiden sollen, das Herz völlig zum Stillstand zu bringen. Was Sie anstreben sollen, ist ein Zustand tiefer Entspannung beziehungsweise Bewegungsunfähigkeit. Muldoon selbst erreichte diesen Zustand bei zweiundvierzig Schlägen pro Minute. In dieser Hinsicht bestehen jedoch große individuelle Unterschiede. Mein Stiefsohn, der Fitness zum Fetisch erhoben hat, hat in entspanntem Zustand eine Herzfrequenz von 42 Schlägen pro Minute, ohne bewegungsunfähig zu sein, außer er hat eine Arbeit zu erledigen.

Muldoon setzte körperliche Bewegungsunfähigkeit mit Schlaf gleich, bevor er zu der Überzeugung gelangte, daß es wirklich möglich ist, bewußt eine Projektion durchzuführen – ein Punkt, auf den ich später noch näher eingehen werde. Er hielt es auch für erforderlich, ein Eigenbewußtsein zu entwikkeln. Eine interessante Idee, die zu folgender Übung führte:

Erster Schritt
Stellen Sie einen Sessel vor einen großen Spiegel, in dem Sie sich ganz sehen können. Setzen Sie sich in den Sessel, entspannen Sie sich und betrachten Sie sich im Spiegel so, als würden Sie nicht ein Spiegelbild anschauen, sondern sich selbst tatsächlich von außen sehen. Versuchen Sie, sich vorzustellen, daß Sie in dem Spiegel Ihr wirkliches Selbst sehen.

Zweiter Schritt
Beobachten Sie sich genau und versuchen Sie, Dinge über sich selbst herauszufinden, die Sie noch nie bemerkt haben. Stellen Sie sich vor, daß Sie sich zum ersten Mal sehen und daß Sie diese fremde Person so genau beschreiben sollen, daß sie vor einem Gericht danach identifizierbar wäre. Übereilen Sie dabei nichts; nehmen Sie sich so viel Zeit, wie Sie brauchen.

Dritter Schritt
Stellen Sie sich vor den Spiegel und starren Sie in Ihre Augen. Halten Sie Ihren Blick so lange darauf gerichtet, bis Sie unsicher auf den Beinen werden und zu schwanken beginnen.

Vierter Schritt
Setzen Sie sich wieder und starren Sie weiter in Ihre Augen. Wiederholen Sie immer wieder Ihren Namen, laut und monoton. Dies ruft eine Verwirrung hervor, die Sie verstärken, indem Sie sich vorstellen, das Spiegelbild sei Ihr wirkliches Ich; mit anderen Worten, Ihr Ich befinde sich außerhalb von Ihnen.

Diese Übung dient zur Vorbereitung und führt nicht zu Projektionen. So sehr sie Sie auch verwirren mag – Muldoon behauptet nicht, daß sie zu einer außerkörperlichen Erfahrung führt. Er meint, daß durch sie Ihrem Unterbewußtsein die starke Suggestion eingepflanzt wird, daß Sie sich in einiger Entfernung von Ihrem Körper befänden und daß Ihr Unterbewußtsein Sie infolgedessen unterstützen wird, durch Anwendung der anderen Techniken zu projizieren.

Die Herbeiführung von Streß, zum Beispiel durch eine starke Gewohnheit oder Durst, ist eine geschickte Prozedur. Praktisch jede Gewohnheit oder Routine kann aufgebaut und der Körper dann handlungsunfähig gemacht werden, so daß er der Gewohnheit nicht nachkommen kann. Durst kann auf einfache Weise herbeigeführt werden, indem man sich die Zufuhr von Flüssigkeiten verweigert. Muldoon rät, den Druck noch dadurch zu verstärken, daß ein Getränk sichtbar und leicht verfügbar ist. Wenn der physische Körper handlungsunfähig ist, spaltet das verzweifelte Unterbewußtsein den Ätherkörper ab und schickt ihn aus, das Wasser zu holen. Ist der Körper nicht völlig handlungsunfähig, können diese Techniken bewirken, daß man schlafwandelt.

Alle diese Techniken verband Muldoon mit Schlaf. Er war überzeugt, daß der Ätherkörper sich während des Schlafs leicht vom physischen Körper löst, um die kosmische Energie aufzunehmen, welche die Hindus *Prana* und die Chinesen *Ch'i* nennen. Und er glaubte, daß fast jeder Mensch während des Schlafs projiziert, daß es sich jedoch um unkontrollierte, unbewußte Projektionen handelt, obwohl man sich manchmal auf verzerrte Weise in Form von Träumen daran erinnert. Flug- und Fallträume oder Träume von ähnlichen Aktivitäten wie Fahren mit einem Lift, Schwimmen oder Levitation hält er für besonders bezeichnend. Diese Ansicht wird von Monroe geteilt, der dazu folgende interessante Erklärung abgibt:

> »Wir gehen im allgemeinen davon aus, daß Träume, in denen man fliegt – sei es mit oder ohne Flugzeug –, eine außerkörperliche Erfahrung rationalisieren sollen, weil sie für das Glaubenssystem des bewußten Geistes unannehmbar wäre. Neuere Daten lassen vermuten, daß ein Traum, bei dem man aus dem Auto steigt und irgend etwas unternimmt, in eine ähnliche Kategorie fällt. Haben Sie schon einmal geträumt, daß Sie vergessen haben, wo Ihr Auto geparkt ist? Auch Träume, in denen man fällt, bedeuten häufig einen Wiedereintritt in den physischen Körper. Das zeigt sich, wenn man ihn noch einmal in ›Zeitlupe‹ ablaufen läßt.«

Diese Übereinstimmung zwischen Experten überrascht nicht, denn wenn man Muldoons Haupttechnik sorgfältig analysiert und mit der Monroes vergleicht, zeigt sich deutlich, daß beide die gleiche Methodik anwenden; nur der Ansatz ist anders. Monroe meint, daß eine Vorbedingung zur Projektion darin bestehe, einen Zustand zu erreichen, in dem der Geist wach ist und der Körper schläft. Muldoon war überzeugt, daß Projektionen geschehen, wenn Geist und Körper schlafen, und daß der Trick darin liegt, aufzuwachen, wenn es geschieht.

Obwohl Muldoons Methode in mancher Hinsicht weniger interessant ist als die Monroes, hat sie doch ihre Vorteile. Wenn man sie anwendet, erlebt man selten das von Monroe erwähnte Zittern, und oft überwindet man sehr leicht die Furchtschranke. Muldoon war auch überzeugt, daß es möglich sei, sicherzustellen, daß wirklich während des Schlafs eine Projektion stattfindet. Die von ihm angewandte Methode – Traumlenkung – ist genial. Seine Darstellung der Technik ähnelt stark Monroes Anweisungen zur Herbeiführung von Focus 10.

Erster Schritt

Beobachten Sie sich einige Wochen lang während des Einschlafens. Konzentrieren Sie sich und versuchen Sie, Ihre Aufmerksamkeit darauf zu richten, wie Ihr Bewußtsein, während Sie in Schlaf sinken, schwächer wird. Vergegenwärtigen Sie sich, daß Sie wach sind und sich beobachten, auch wenn Ihr Bewußtsein Sie verläßt.

Zweiter Schritt

Wenn Sie den Trick heraus haben, das Bewußtsein im Grenzzustand zwischen Wachen und Schlafen wachzuhalten, denken Sie sich in diesem Zustand einen Traum aus.

Zwei wichtige Punkte sind dabei zu beachten: a) Es muß ein Traum sein, in dem Sie eine *aktive* Rolle spielen; b) Was Sie im Traum tun, muß der Bewegung entsprechen, die bei einer Projektion stattfindet.

Der erste Punkt dürfte klar sein, doch der zweite bedarf einer näheren Erklärung. Bei einer Projektion bewegt sich Ihr Ätherkörper aus Ihrem physischen Körper heraus und steigt aufwärts. Traumhandlungen, die dem entsprechen, sind zum Beispiel Fliegen in einem Flugzeug oder mit einem Ballon, das Ersteigen einer Leiter oder das Aufwärtsfahren mit einem Lift. Diese Liste ist natürlich nicht vollständig. Sie können jede dieser Ideen benützen oder sich eine eigene Traumentsprechung ausdenken – es muß nur etwas sein, das

Sie *gern tun*. Da ich unter Flugangst leide, wäre Fliegen in einem Flugzeug für mich nicht geeignet. Da ich jedoch keine Klaustrophobie kenne, fahre ich gern mit einem Lift.

Dritter Schritt
Versetzen Sie sich in den Traum, *bevor* Sie einschlafen. Da Sie darin geübt sind, das Bewußtsein im hypnogogischen Zustand (während Sie einschlafen) beizubehalten, können Sie sich vorstellen, wie der Traum beginnt, zum Beispiel, wie Sie auf dem Boden eines Lifts liegen. Während Sie einschlafen, sagen Sie sich, daß der Lift jetzt aufwärts fährt und Sie auf angenehme Weise zum obersten Stockwerk bringt. Fahren Sie im Traum nach oben, steigen Sie im obersten Stockwerk aus, schauen Sie es sich an, steigen Sie wieder in den Lift und fahren Sie abwärts zu Ihrem Ausgangspunkt.

Vierter Schritt
Benützen Sie jede Nacht den gleichen Traum. Dies ist besonders wichtig, denn er wirkt auf Ihr Unterbewußtsein, den Teil von Ihnen, der die Projektionen auslöst. Experimentiert man jede Nacht mit einem anderen Traum, so schafft das nur Verwirrung und verhindert, daß eine klare Nachricht durchkommt.

Bei dem angeführten Beispiel können Sie damit rechnen, daß sie projizieren, wenn Sie im obersten Stockwerk aussteigen, und daß Sie, wenn Sie zurückkehren, sich an das im Traum Gesehene und Erlebte erinnern.

Muldoon behauptet, daß ein gut konstruierter Traum *immer* das Phantom projiziert, doch ob das stimmt, werden Sie erst wissen, wenn Sie gelernt haben, im projizierten Zustand aufzuwachen. Manchmal geschieht dies natürlich spontan, doch für den Fall, daß Sie nicht auf Ihr Glück vertrauen wollen, nennt Muldoon zwei Aufwachmethoden. Die eine besteht seltsamerweise darin, einen Wecker (oder eine ähnliche Tonquelle) zu benützen.

Geräusche können Sie, wenn Sie projiziert haben, ebenso wecken, wie wenn Sie in Ihrem physischen Körper schlafen. Doch es gibt da einige Probleme. Das erste ist, daß Sie ein erschreckendes oder furchterregendes Geräusch in den Körper zurückreißt; wählen Sie also lieber ein sanftes, anhaltendes Geräusch als einen schrillenden Wecker. Das zweite Problem ist, daß Sie *jedes* Geräusch, und wenn es noch so wohlklingend ist, in den physischen Körper zurückbringt, wenn Ihr Phantom dem Körper sehr nahe ist.

Aus diesen Gründen ist die Weckermethode unzuverlässig. Zum Glück scheint die Alternative keinerlei Nachteile zu haben. Sie besteht darin, eine Aufwach-Suggestion in Ihren konstruierten Traum einzubauen.

Diese Technik erfordert Arbeit. Zuerst müssen Sie den von Ihnen konstruierten Traum untersuchen und entscheiden, an welchem Punkt er eine Projektion auslösen wird. Als nächstes müssen Sie herausfinden, in welchem Stadium des Traums der Ätherkörper vom physischen Körper weit genug entfernt ist, damit Sie aufwachen, ohne durch den Schreck in diesen zurückgerissen zu werden. Und schließlich müssen Sie sich Ihr Zimmer ansehen und zu entscheiden versuchen, *wo* Ihr Ätherkörper vermutlich aufwachen wird – mit anderen Worten, Sie müssen die Stelle Ihres Zimmers bestimmen, die mit dem Aufwachpunkt in Ihrem Traum übereinstimmt.

Es ist wichtig, daß über den letzten Schritt Klarheit besteht. Während Sie sich in Ihrem Traum befinden (zum Beispiel wenn Sie träumen, daß Sie mit dem Lift nach oben fahren), wird sich Ihr Ätherkörper vom physischen Körper trennen. Sie werden sich dessen nicht bewußt sein, sondern nur des Traums. Doch jeder Teil des Traums stimmt mit einer Aktion Ihres schlafwandelnden Ätherkörpers überein. Der Traum wird zu einem symbolischen Ausdruck dessen, was Sie im projizierten Zustand tun. Und Sie müssen nun zu entscheiden versuchen, was für Aktionen das vermutlich sein werden.

Das ist wahrscheinlich etwas einfacher als es klingt, denn wenn Sie – um bei dem Beispiel mit dem Lift zu bleiben – entscheiden, daß die Trennung stattfinden soll, wenn Sie den Lift im obersten Stock verlassen und dann im Traum ein Zimmer betreten, dessen Größe und Einrichtung dem Ihren ähneln, dann darf man mit ziemlicher Sicherheit annehmen, daß der Ort, an dem Sie sich im Traum befinden, mehr oder weniger mit dem physischen Ort, an dem sich Ihr Phantom befindet, übereinstimmt.

Sobald Sie den physischen Ort des von Ihnen gewählten Aufwachpunktes gefunden haben – oder eine Stelle, die ihm möglichst nahe ist – legen Sie die Route Ihrer Projektion in Ihrem physischen Körper zurück. Wenn Sie die Stelle erreichen, an der Sie aufzuwachen beschlossen haben, sagen Sie sich voll Zuversicht, daß Sie genau das tun werden. Verstärken Sie die Suggestion, indem Sie sich bildlich vorstellen, wie Sie an dem betreffenden Punkt des konstruierten Traums aufwachen.

Traumlenkung ist etwas angenehmer und etwas weniger furchterregend als Monroes Focus 10-Methode, doch nicht weniger schwierig. Und Hilfsmittel wie die Hexenwiege sagen nicht jedem zu. Außerdem haben, wie bereits bemerkt, viele der bisher untersuchten Techniken im Grunde die gleiche Basis: Sie müssen Ihren Körper in einen Zustand der Passivität oder Bewegungsunfähigkeit oder in Schlaf versetzen, und Ihr Geist muß wach und aktiv bleiben.

Natürlicherweise erhebt sich die Frage: Gibt es noch einen anderen Weg? Nicht einfach eine andere Variante dessen, was Monroe Focus 10 nennt, sondern eine Technik, die auf einem völlig anderen Prinzip beruht? Die Antwort lautet ja; und die Methode ist alles andere als neu.

Der Lichtkörper

Wenn jemand in den Golden Dawn, jenen in der viktorianischen Zeit gegründeten Orden, der bis in unsere Tage so stark das okkulte Denken beeinflußt hat, aufgenommen wurde, wurde er mit folgendem einschüchterndem Schwur zur Verschwiegenheit verpflichtet:

> Wenn ich diese meine Magische Verpflichtung breche, unterwerfe ich mich mit meiner Zustimmung einem Strom der Macht, in Gang gesetzt von den Göttlichen Hütern dieses Ordens, die im Lichte ihrer Vollkommenen Gerechtigkeit leben und vor denen meine Seele nun steht. Sie können schnell sein wie der Wind. Sie können zuschlagen wie kein Mensch. Sie können töten wie kein Mensch. Und wie ich meinen Nacken unter das Schwert des Hiereus neige, so gebe ich mich in ihre Hände, ob für Rache oder Lohn.

Eins der Geheimnisse, das zu wahren man beschwören mußte, war die sogenannte *Lichtkörper-Methode,* eine Technik zur Herbeiführung außerkörperlicher Erfahrungen. Wie alle anderen Methoden erfordert auch diese Übung, doch sie verlangt von Ihnen nicht, sich in einen Zustand zwischen Wachsein und Schlaf zu versetzen oder Ihre Träume zu lenken. Alles, was von Ihnen verlangt wird, ist, Ihre Phantasie anzuwenden.

Setzen Sie sich in einen bequemen Sessel in einem Raum, wo Sie nicht gestört werden. Dann entspannen Sie sich mit einer Methode, die Ihnen liegt. Tiefe, tranceartige Entspannung ist nicht erforderlich. Lassen Sie einfach Ihre Sorgen und Muskelspannungen los, so daß Sie sich auf Ihre Aufgabe konzentrieren können. Jetzt stellen Sie sich vor, daß Sie nicht mehr in ihrem Sessel sitzen, sondern an einer etwa zwei Meter entfernten Stelle stehen. Versuchen Sie, dies so klar wie möglich zu *visualisieren.* Bemühen Sie sich, jede Einzelheit genau auszumalen. Begnügen Sie sich nicht mit einer undeutlichen Gestalt. Versuchen Sie zu »sehen«, was Sie anhaben. Stellen Sie sich die abgestoßenen Stellen an Ihren Schuhen vor. Zählen Sie die Knöpfe an Ihrem Jackett. Registrieren Sie, wie Ihr Haar über Ihre Stirn fällt. Studieren Sie Ihren Gesichtsausdruck. Das Bild, das Sie sehen, sollte farbig und dreidimensional sein. Muldoons Spiegelübung ist eine ausgezeichnete Vorbereitung auf diese Technik, denn sie macht Sie mit Ihrem eigenen Aussehen vertraut.

Es spricht nichts dagegen, wenn Sie sich so visualisieren, wie Sie in Wirklichkeit aussehen – zum Beispiel mit einem Pullover und Jeans bekleidet. Manche romantischen Seelen finden es einfacher oder vielleicht amüsanter, sich als Gestalt in einer geheimnisvollen Robe mit Kapuze zu sehen. Tun Sie das, wenn es Ihnen lieber ist, aber achten Sie auf die Details.

Nicht alle Gestalten in geheimnisvollen Roben mit Kapuze sehen gleich aus.

Wenden Sie soviel Zeit wie nötig dafür auf, diese Phantasiegestalt aufzubauen. Am besten ist es, jeden Tag eine bestimmte Zeit für die Übung zu reservieren und ihr eine Woche lang täglich zehn bis fünfzehn Minuten zu widmen. Übereilen Sie nichts dabei. Die Erschaffung des »Lichtkörpers« ist der wichtigste Teil der ganzen Übung. Während des Übens werden Sie merken, daß Ihnen die Visualisierung immer leichter fällt, bis eine einfache Willensanstrengung genügt, die Vorstellung deutlich hervorzurufen. Wenn Sie dieses Stadium erreicht haben, gehen Sie zum zweiten Teil der Übung über.

Der zweite Teil besteht darin, sich vorzustellen, daß Sie aus dem Sessel aufstehen und im Zimmer umhergehen. Schließen Sie die Augen und versuchen Sie es. Prägen Sie sich ein, wie das Zimmer von Ihrem Sessel aus aussieht. Schließen Sie die Augen und versuchen Sie, das Bild visuell zu verdeutlichen. Wenn es Ihnen schwerfällt, sich Einzelheiten vorzustellen, öffnen Sie die Augen und frischen Sie Ihr Gedächtnis auf. Arbeiten Sie daran, bis Sie imstande sind, das Zimmer in allen Einzelheiten mit geschlossenen Augen vor sich zu sehen und zu beschreiben.

Wenn Sie soweit sind, stellen Sie sich vor, daß Sie aus dem Sessel aufstehen und langsam im Uhrzeigersinn einen Rundgang durch das Zimmer machen. Bemühen Sie sich, mit Ihrem geistigen Auge zu sehen, wie sich die Perspektive des Zimmers verändert, während Sie gehen. Versuchen Sie, sich an all die kleinen Dinge zu erinnern, die Sie von Ihrem Sessel aus vielleicht nicht sehen können, von denen Sie aber wissen, daß sie sich in dem Zimmer befinden.

Treten bei diesem Teil der Übung Schwierigkeiten auf, so stehen Sie mit Ihrem physischen Körper auf und gehen Sie im Uhrzeigersinn im Zimmer umher. Dann setzen Sie sich, schließen wieder die Augen und versuchen, den Rundgang in Ihrer Phantasie zu wiederholen. Üben Sie, bis Ihnen die Visualisierung leichtfällt und klar und deutlich ist. Jetzt machen Sie den gleichen Rundgang entgegen dem Uhrzeigersinn.

Nach einer Weile – wie lange Sie brauchen, ist individuell verschieden – werden Sie feststellen, daß Sie die Visualisierung nicht mehr viel Mühe kostet. Wenn Sie soweit sind, versuchen Sie, sich in einem anderen Zimmer zu visualisieren. Gehen Sie wieder zuerst im Uhrzeigersinn, dann entgegen dem Uhrzeigersinn umher. Wählen Sie ein Zimmer, das Sie gut kennen, aber versuchen Sie, wenn irgend möglich, es zu visualisieren, ohne es sich vorher anzusehen.

Wahrscheinlich werden Sie merken, daß die geistigen Bilder des zweiten Zimmers schneller und leichter herzustellen sind als die des ersten, denn Sie haben ja ihre Visualisierungsfähigkeit inzwischen geschult. Wenn Sie das zweite Zimmer gründlich erforscht haben, erweitern Sie geistig den Bereich und wandern Sie durchs ganze Haus.

Viele Menschen können ausgezeichnet visualisieren und haben damit nicht die geringsten Schwierigkeiten. Gehören Sie nicht zu diesen Glücklichen, dann setzen Sie Ihre Versuche fort; es gibt keine zeitliche Begrenzung für diese Übungen. Die Praxis wird schließlich den Erfolg bringen. Üben Sie pro Tag jedoch nicht mehr als ungefähr zwanzig Minuten. Das ist mehr als genug, wenn Sie es regelmäßig tun.

Der letzte Schritt dieser Phase besteht darin, einen weiter entfernten und weniger vertrauten Ort zu erkunden. Den meisten Menschen fällt es leichter, einen Platz innerhalb des

Hauses zu visualisieren, doch wenn Sie es sich zutrauen, versuchen Sie es mit einem außerhalb gelegenen Ort. Gehen Sie wieder ganz methodisch vor. Vermeiden Sie es aber, während dieses Teils der Übung Personen zu visualisieren, denn dies kann zu Schwierigkeiten fuhren, die Ihren Fortschritt verlangsamen.

Wenn Sie völlig überzeugt sind, schnell und leicht jeden Ort visualisieren zu können – und zwar in allen Einzelheiten –, können Sie zur letzten Phase der Übung übergehen. Sie ist die schwierigste. Sie haben jetzt zweierlei gelernt. Erstens, eine Art Spiegelbild von Ihnen zu visualisieren, das in einiger Entfernung von der Stelle steht, wo Sie in Ihrem Sessel sitzen. Und zweitens, im Geist an verschiedenen Orten umherzugehen und sie in allen Einzelheiten zu erkunden. Jetzt werden Sie einen großen Sprung tun und diese zwei Teile der Übung miteinander verbinden.

Visualisieren Sie zunächst, wie im ersten Teil der Übung, Ihr Spiegelbild. Tun Sie dies, wenn irgend möglich, mit offenen Augen. Wenn Sie die Gestalt klar und deutlich visualisieren können, stellen Sie sich vor, mit deren Augen zu sehen. Das ist mit einem bestimmten Kniff verbunden, ähnlich wie die Herstellung des Gleichgewichts auf einem Fahrrad. Ihre ersten Versuche werden wahrscheinlich mißlingen, doch dann werden Sie plötzlich, ohne ersichtlichen Grund, feststellen, daß Sie es können.

Stellen Sie sich vor, wie die von Ihnen erschaffene Gestalt den Raum sieht. Blicken Sie sich um und registrieren Sie die Details, darunter auch die Ihres eigenen im Sessel sitzenden (physischen) Körpers. Wenn Sie das Gefühl haben, daß Ihr Wahrnehmungsvermögen fest in dem imaginierten Körper verankert ist, lassen Sie ihn im Uhrzeigersinn in dem Raum umhergehen, genau wie Sie es in Ihrer Phantasie während des zweiten Teils der Übung getan haben.

Da Sie dies schon oft geübt haben, sollte es Ihnen relativ leichtfallen, die neue Perspektive beizubehalten. Wenn sich Ihr Bewußtsein jedoch für Augenblicke zu Ihrem im Sessel sitzenden physischen Körper zurückverlagert, so lassen Sie sich dadurch nicht beunruhigen. Fangen Sie einfach wieder von vorn an.

Wenn Sie diese Übung eine Zeitlang durchführen und oft genug das Zentrum Ihres Bewußtseins in den imaginären Körper verlagern und in ihm von Raum zu Raum wandern, kann zweierlei geschehen: Entweder werden Sie merken, wie Ihr Realitätsgefühl in dem neuen Körper allmählich stärker wird, bis Sie klar mit seinen Augen sehen können, oder Sie werden eine Phase erreichen, in der Sie einen plötzlichen »Sprung« tun; und danach wird Ihr Gefühl, sich in dem neuen Körper zu befinden, viel realer sein.

Versuchen Sie dann, wenn Sie in diesem imaginären Körper sind, einen völlig unbekannten Ort zu erkunden und suchen Sie daraufhin diesen Ort auf, wenn Sie in Ihrem physischen Körper zurückgekehrt sind. (Dies können Sie tun, indem Sie den Prozeß *umkehren*: Visualisieren Sie einfach vom Blickpunkt Ihres neuen Körpers aus, wie die Augen des im Sessel sitzenden physischen Körpers den Raum sehen.) Seien Sie nicht allzu schockiert, wenn Sie feststellen, daß das Bild, das Sie gesehen haben, während Sie sich in Ihrem imaginären Körper befanden, sich in allen Einzelheiten als richtig erweist, wenn Sie den Ort in Wirklichkeit aufsuchen.

Mit Recht werden Sie sich fragen, was da vor sich geht. Wenn Sie die Technik mit Erfolg angewandt haben, scheint es ziemlich klar, daß es Ihnen gelungen ist, Ihr Bewußtsein in einen zweiten Körper zu projizieren und ein Phantom zu erschaffen. Doch obwohl Sie sich in diesem Körper an jeden beliebigen Ort begeben und dabei durch feste Wände gehen können, bestehen doch wesentliche Unterschiede zwischen dieser Erfahrung und den von Monroe und Muldoon geschilderten Projektionen.

Was zum Beispiel ist mit der *Trennung* des einen Körpers vom andern? Bei dieser Übung haben Sie nichts voneinander getrennt, sondern sich nur einen zweiten Körper vorgestellt, der ein Stück von Ihnen entfernt stand. Und der besondere Bewußtseinszustand, der für Ätherprojektionen offenbar so wichtig war, der Grenzzustand zwischen Schlafen und Wachen? Und die Unbeweglichkeit des Körpers? Sie waren die ganze Zeit in einem völlig normalen Zustand, und wenn Sie Ihren physischen Körper bewegen wollten, konnten Sie das ohne Schwierigkeiten.

Trotz der Ähnlichkeiten könnten Sie vielleicht den Schluß ziehen, daß Sie Ihren Ätherkörper gar nicht projiziert haben. Und damit hätten Sie recht. Die Lichtkörper-Technik führt zu etwas, das noch aufregender ist als das Austreten Ihres Ätherkörpers. Sie macht Sie mit der Astralprojektion bekannt.

Zweiter Teil

Die Astralprojektion

Beschreibung einer Anderswelt

»Es schien ihr, als ob sie sich der Treppe eines weißen steinernen Tempels näherte. Eine Säulenkolonnade erstreckte sich vor ihr nach beiden Seiten und verlieh dem Gebäude ein klassisches Aussehen. Doch es war weder griechische noch römische Architektur.

Sie stieg die Stufen hinauf – es waren sieben – und stand auf einer Terrasse. Ich schlug ihr vor, direkt in die Bibliothek zu gehen. Das tat sie und stellte fest, daß sie sich in einem Raum auf der linken Seite befand ... Zu meiner Überraschung ... erwarteten sie dort drei Leute: zwei Männer und eine Frau. Die Frau schien etwa Mitte vierzig zu sein und hatte ein ruhiges Gesicht und helles Haar von der Art, die man als blond oder silbern bezeichnen konnte. Josephine richtete ihre Aufmerksamkeit vor allem auf diese Frau; und sie bemerkte, daß alle drei einfache weiße Gewänder trugen.

Sie standen an einem Tisch und bemerkten fast sofort Josephines Erscheinen. Obwohl niemand etwas sagte, spürte sie, daß sie willkommen war.

Als Josephine mir von diesen Wesen berichtete, vermutete ich, daß es Bibliothekare waren – oder daß sie ihr zumindest helfen würden, die Fülle an Informationen, welche die Bibliothek enthielt, zu nützen. Ich sagte ihr, ... daß sie die Wahl habe, in den Büchern zu lesen oder ihren Inhalt auf einem Bildschirm zu betrachten. Sie entschied sich für das letztere. Die Gestalten deuteten auf einen hoch an einer Wand hängenden Bildschirm. Irgendwie kam Josephine in den Sinn, daß sie den Inhalt jedes Buches auf den Bildschirm ›denken‹ könne ...«

Dies ist ein Zitat aus meinen unveröffentlichten Aufzeichnungen. Die Frage ist: Wo war Josephine? Bestimmt nicht in dieser Welt. Ein wenig früher, als sie auf einem Wüstenpfad ging, hatte sie beschlossen, eine Rose zu erschaffen; und sie hatte sie zum Leben »erdacht«, eine Rose mit Dornen, bedeckt von Tau. Als sie das nächste Mal auf diesem Pfad ging, stand die Rose immer noch im Sand.

Josephine war natürlich nicht der einzige Mensch, der sich in einer »Anderswelt« wiederfand.

Emanuel Swedenborg, der im achtzehnten Jahrhundert lebende Mystiker, glaubte, zur Hölle hinabzusteigen, und berichtete darüber:

»Einmal hörte ich laute Rufe; sie klangen, als brodelten sie durch Wasser von tieferen Regionen herauf. Und von links kam der Ruf: ›Oh, wie gerecht!‹, von rechts ›Oh, wie gelehrt!‹ und von hinten ›Oh, wie weise!‹
Und während ich mich fragte, ob es irgendwelche gerechten, gelehrten oder weisen Personen in der Hölle geben könne, erfüllte mich das starke Verlangen zu erfahren, was

daran wahr war. Da sprach eine Stimme aus dem Himmel zu mir: ›Du wirst es sehen und hören.‹
So verschied ich im Geiste und sah vor mir eine Öffnung, der ich mich näherte. Ich untersuchte sie, und siehe, da war eine Leiter, und diese stieg ich hinab.
Unten angekommen sah ich eine Ebene, die Sträucher bedeckten, vermischt mit Dornbüschen und Nesseln. Ich fragte, ob dies die Hölle sei; und man sagte mir, es sei die untere Erde, die sich unmittelbar über der Hölle befinde.«

In jüngerer Zeit hat der umstrittene Anthropologe Carlos Castaneda Aufzeichnungen über ausgedehnte Expeditionen durch eine Region gemacht, die er »Spalt zwischen den Welten« nennt. Diesen entstammt folgende interessante Schilderung:

»Plötzlich wurde die Szenerie ganz klar; es war nicht mehr wie in einem Traum ..., doch ich schien darauf wie durch Fensterglas zu blicken. Ich versuchte, eine Säule zu berühren, doch alles, was ich spürte, war, daß ich mich nicht bewegen konnte. Dabei wußte ich, daß ich hierbleiben konnte, solange ich wollte, und die Szenerie betrachten konnte. Ich war in ihr und doch nicht ein Teil von ihr.
Ich stieß auf eine Schranke rationaler Gedanken und Argumente. Ich war, soweit ich das beurteilen konnte, in einem normalen Zustand nüchterner Bewußtheit ... und dennoch wußte ich, es war kein normaler Zustand.
Die Szenerie veränderte sich plötzlich. Es war Nacht. Ich befand mich in der Diele eines Gebäudes ... Ich sah einen jungen Mann aus einem Raum kommen, auf der Schulter einen großen Rucksack ... Er ging an mir vorbei und die Treppe hinunter. Inzwischen hatte ich meine Befürchtun-

gen, meinen rationalen Zwiespalt, vergessen. ›Wer ist dieser Bursche?‹ dachte ich. ›Warum habe ich ihn gesehen?‹«

Ich könnte ohne große Schwierigkeiten das restliche Buch – und viele weitere Bände – mit Berichten dieser Art füllen. Der Dichter William Blake stattete himmlischen Sphären einen Besuch ab. Der Tiefenpsychologe C. G. Jung fand sich in eine phantastische außerirdische Region versetzt. Jeder fähige Schamane ist in »Geisterwelten« gereist, um sich Macht zu holen. Im ländlichen Irland kann man heute noch Berichte aus zweiter (und manchmal erster) Hand über Besuche in einer märchenhaften Unterwelt sammeln.

Doch ist an all dem etwas wirklich Mysteriöses? Die in meinem Bericht erwähnte »Josephine« befand sich in hypnotischer Trance, als sie den Tempel besuchte und die Rose erschuf. Castaneda hatte sein Erlebnis, nachdem er Peyote genommen hatte, ein pflanzliches Halluzinogen. Swedenborg wurde oft von Visionen befallen. Die Irrenanstalten sind voller Patienten, die in wunderlichen Welten leben.

Genaugenommen gibt es keinen Menschen, der nicht jede Nacht fremde Dimensionen besucht, deren man sich flüchtig als Träume erinnert. Ja, die meisten Menschen besitzen die Fähigkeit, *in ihrem Kopf* Bilder zu erschaffen. Bei Dichtern, Malern und Erfindern können diese Bilder überaus lebensecht und detailliert sein.

Wenn man dies bedenkt, so scheint es klar, daß Berichte über Besuche in seltsamen fremden Dimensionen in Wirklichkeit *subjektive Visionen* sind. Sie sind Konstrukte des menschlichen Geistes, durch persönliche Belange und durch das kulturelle Milieu bedingte Wachträume. In diesem Zusammenhang scheint es bedeutungsvoll, daß Swedenborg, ein Ingenieur und Geologe, Sohn eines Bischofs war und im Alter von sechsundfünfzig Jahren eine ekstatisch-religiöse Konversion durchmachte. Blake war der Ansicht, daß seine Visionen seiner Phantasie entsprangen. Sie seien, sagte er, auf seine Stirn klopfend, »da drinnen«.

Der Anthropologe Michael Harner von der School for Social Research in New York nahm, als er bei dem peruanischen Stamm der Conibos Forschungen anstellte, einen aus der »Seelenrebe« *Ayahuasca* hergestellten heiligen Trank zu sich.

»Ayahuasca ist wohlbekannt«, schreibt Dr. Lyall Watson. »Es ist eine Waldrebe, die verschiedene Alkaloide mit halluzinogenen Eigenschaften enthält. Eine davon wird ›Telepatin‹ genannt, weil sie die Menschen um einen herum in Glas zu verwandeln scheint, so daß man durch ihre Körper hindurchblicken und ihre Gedanken lesen kann. Ich habe es in Brasilien ausprobiert und kann diese Wirkung bestätigen.«

Harner erlebte noch ganz andere Dinge. Er hatte Visionen von Seelenbooten, Krokodildämonen und Menschen mit Vogelköpfen. Trotz der beunruhigenden Klarheit der Visionen hatte Harner keinen Zweifel, daß es ein subjektives Erleben war. Er wußte, woher die Phantasien kamen. Bereits eine oberflächliche Analyse wies auf Ähnlichkeiten mit der *Geheimen Offenbarung* hin. Er zog daraus den Schluß, daß die Droge den Zugang zu Bereichen seines eigenen Unbewußten eröffnete und Assoziationen ausgelöst hatte, die mit seiner persönlichen Vergangenheit und dem Kulturkreis, dem er angehörte, zusammenhingen.

Diese Annahme war verständlich, aber falsch. Denn Harner lernte später am Amazonas einen alten blinden Schamanen kennen, der ihm genau sagen konnte, was er gesehen hatte – aus eigener Erfahrung. Sie hatten beide die gleiche

Visionensphäre besucht. »Ich war zutiefst verblüfft«, schreibt Harner.

Ein beunruhigender Fall – vor allem, weil es nur einer unter vielen ist; und nicht bei allen sind barfüßige Schamanen im Spiel. Bei esoterischen Experimenten hatte ich das merkwürdige Erlebnis, in die Visionen anderer Menschen »hineinzuschauen« und die Traumszenerie, in der sie sich bewegten, genau zu erkennen und zu sehen, was sie taten. Ich bin auch Leuten begegnet, die das Umgekehrte konnten und imstande waren, mir Einzelheiten von Visionen zu sagen, die ich für persönliche, subjektive Phantasien hielt.

Psychologen, Wissenschaftler und auch Okkultisten sind noch weit davon entfernt, sich für solche Dinge zu interessieren, obwohl infolge der starken Ausbreitung von Rollenspielen seit Mitte der siebziger Jahre das Auftreten »gemeinsamer Visionen« sehr zugenommen hat. Dabei wird den Teilnehmern – im allgemeinen etwa ein halbes Dutzend – von einem Spielleiter eine bestimmte Phantasieszenerie detailliert geschildert; und die Teilnehmer stellen sich vor, diese Szenerie gemeinsam zu betreten und verschiedene Abenteuer zu erleben.

Ein großer Teil des Reizes eines Rollenspiels beruht auf der Freiheit, die es den einzelnen Teilnehmern bietet. Innerhalb der Spielregeln (den »Gesetzen« der Phantasiewelt) steht es einem frei, zu tun, was man will. Man kann bei den anderen bleiben oder allein umherwandern, gegen einen Feind kämpfen oder vor ihm flüchten, Fähigkeiten entwickeln oder faul sein und gar nichts tun. Bei diesem Spiel laufen starke interaktive Prozesse ab. Die Spieler berichten, was sie zu tun beschlossen haben, und der Spielleiter teilt ihnen die unmittelbaren Folgen ihrer Handlungen mit. Das Ergebnis ist, daß ein sehr klares, lebendiges Bild der Phantasiewelt aufgebaut wird. Und dann tritt überaus häufig ein merkwürdiges Phänomen auf: Ein Spieler entschließt sich zu einer bestimmten Handlung und stellt sich vor, damit zu beginnen. In diesem Moment, *bevor* er noch dem Spielleiter seine Absicht mitgeteilt hat, können einer oder mehrere Mitspieler *sehen*, was er vorhat.

In meinem Buch *Astral Doorways* habe ich berichtet, wie ein Freund und Kollege, der Künstler Nick van Vliet, eine visionäre Erfahrung auslöste, indem er seine Stirn gegen einen irischen Megalithen preßte. Während er erzählte, was er sah, stand seine damalige Frau Bea einige Meter entfernt mit geschlossenen Augen neben mir und schilderte im Flüsterton – immer im voraus –, was in seinem Innern vor sich ging. Wieder einmal sind wir gezwungen, innezuhalten und uns zu fragen: Was geschieht hier?

Eine Antwort hat bereits C. G. Jung gegeben, der entdeckte, daß die Psychoanalyse oft bei verschiedenen Patienten identische Träume auslöst oder das Auftauchen gleicher visionärer Symbole bewirkt. Er entwickelte eine »Aktive Imagination« genannte Technik und forderte seine Patienten auf, ihr Unbewußtes mittels imaginierter Streifzüge zu erforschen. Dabei stellte er fest, daß die von ihnen erschaffenen inneren Landschaften oft eine erstaunliche Ähnlichkeit aufwiesen. Eingehende Untersuchungen ergaben bald, daß in der menschlichen Phantasiewelt Figuren und Szenen aus der Mythologie sehr lebendig waren, auch bei Patienten, die von diesen Mythen nie gehört hatten.

Jung fand für all diese Merkwürdigkeiten eine Erklärung in seiner Theorie des *Kollektiven Unbewußten*. Er kam zu dem Schluß, daß die Menschen nicht nur nach einem gemeinsamen Schema den gleichen Körperbau haben – Kopf, Rumpf, zwei Arme, zwei Beine und so weiter –, sondern daß es auch ein allen Menschen gemeinsames psychisches Schema gibt, das vielleicht mit der Struktur des Gehirns zusammenhängt. Dieses Schema manifestiert sich subjektiv in Form von Archetypen – der Erzeugung gleichartiger innerer Bilder auf einer sehr tiefen psychischen Ebene, verbunden mit gleichartigen Emotionen.

Jungs Theorie ist oft mißverstanden worden. Es ist allzu leicht, daraus auf eine Art präexistenter, vielleicht von der Menschheit erschaffener Gruppenpsyche zu schließen, aus der die individuellen Psychen hervorragen wie Inseln aus dem Meer. Doch Jungs Begriff »kollektiv« beinhaltet nichts dergleichen; und darin liegt die Schwäche seiner ganzen Idee.

Jung hat völlig recht mit seiner Behauptung, daß das Gehirn bei allen Menschen die gleiche Grundstruktur hat. Es besteht aus zwei Hälften und sieht aus wie eine Walnuß. Man kennt seine verschiedenen Schichten und weiß, daß jede Hälfte in Lappen unterteilt ist. Doch die Ähnlichkeit zwischen zwei menschlichen Gehirnen verblaßt völlig gegenüber den Verschiedenheiten. Es gibt Unterschiede hinsichtlich der Größe und des Gewichts, hinsichtlich der Form (welche durch die Form der es umschließenden Schädeldecke bestimmt ist) und hinsichtlich der Entwicklung der verschiedenen Teile. Genauer gesagt: Das Gehirn ist kein Fleischklumpen, sondern ein komplizierter elektro-chemischer Apparat, dessen elektro-chemisches Diagramm sich millionenmal in der Minute verändert. So betrachtet weisen keine zwei menschlichen Gehirne zu irgendeiner gegebenen Zeit auch nur die geringste Gleichartigkeit auf.

Mir scheint, daß Jungs Theorie vom kollektiven Unbewußten auf einer ziemlich fragwürdigen physischen Basis beruht. Doch selbst wenn ich mich täuschen sollte, ist das nicht von Bedeutung. Wenn man bestimmte Berichte über »Visionen« vergleicht, stellt man fest, daß man es nicht mit Parallelitäten zu tun hat, die auf den strukturellen Ähnlichkeiten beruhen können, die Gehirne natürlich aufweisen, sondern daß es sich um präzise, häufige und sich manchmal fortlaufend entwickelnde Übereinstimmungen zwischen diesen Visionen handelt und daß es (wenn man bereit ist, die okkultistischen und beim Rollenspiel gewonnenen Erkenntnisse anzuerkennen) *visionäre Interaktionen* gibt. Dies schließt die Art von kollektivem Unbewußtem, die Jung postulierte, völlig aus – zumindest als eine Erklärung des Phänomens.

Möglicherweise gibt es eine andere Erklärung – nicht für jede Anomalie bei Visionserfahrungen, doch wenigstens für eine. Bei dem früher erwähnten Experiment mit der Versuchsperson Josephine, bei dem Hypnose angewandt wurde, war diese nicht imstande, zwischen ihrer Vision und der Realität im Wachzustand zu unterscheiden. Sie befand sich in einer Umgebung, die ihr normal vorkam, in der jedoch die physikalischen Gesetze nicht galten. Sie konnte mit ihren Gedanken Materie formen. Schwerkraft gab es, doch sie gestattete ihr zu fliegen. Es gab keinen vertrauten Tag- und Nachtzyklus, und auf einige Gegenden schien die Sonne, auf andere der Mond ...

Okkultisten, die den ganzen Bericht lesen, würden wahrscheinlich aus solchen Hinweisen den richtigen Schluß ziehen. Teile von Josephines Bericht deuten darauf hin, daß sie sich – wie auch immer sie dorthin gekommen sein mag – in der Astralsphäre befand.

Ein Modell der Astralsphäre

In *Astral Doorways* habe ich versucht, die Astralsphäre mit folgender Zeichnung zu veranschaulichen:

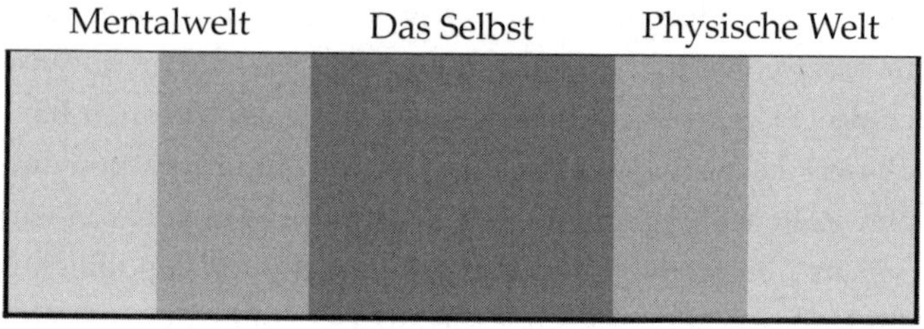

Ich bin mir nicht sicher, ob es mir gut gelungen ist, aber ich will es gern noch einmal versuchen – anhand der gleichen Zeichnung.

Das Problem ist, daß die Zeichnung ein ungewohntes Modell der Psyche darstellt. Die meisten von uns haben sich daran gewöhnt, bezüglich der Psyche in freudschen Begriffen zu denken und Unterteilungen in bewußt, unbewußt oder in Es/Ich/Über-Ich vorzunehmen und über das Ganze die fast instinktive Überzeugung zu breiten, daß die Psyche etwas irgendwie nicht ganz Reales ist – zumindest nicht auf die gleiche Weise real wie die physische Welt. Auch Wissenschaftler sind dieser Überzeugung zum Opfer gefallen. Die Behavioristen sind der Ansicht, daß unsere Auffassung von einer inneren Welt eine Illusion sei, entstanden durch einen Komplex angeborener und erlernter Reaktionen auf Reize. Auch außerhalb des Behaviorismus gibt es einige Wissenschaftler, welche die Psyche als etwas vom Körper Getrenntes betrachten. Sie glauben, daß sie etwas von elektrischen Impulsen des Gehirns Geschaffenes ist, etwas, das vom Gehirn »ausgeströmt« wird wie Dampf von Wasser. Ich fürchte, all diesen Unsinn müssen Sie vergessen, wenn Sie verstehen wollen, was die Astralsphäre ist.

Wenn Sie sich die Zeichnung anschauen, werden Sie bemerken, daß Sie gar keine *Psyche* zeigt, sondern vielmehr eine Mentalwelt. Diese Welt ist nichts von der physischen Welt Erschaffenes, Verursachtes oder Abgesondertes. Faktisch ist die Mentalwelt nicht einmal etwas von der physischen Welt Getrenntes, sondern beide bilden ein einheitliches *Kontinuum.*

Diese Idee ist weder exzentrisch noch sonderlich okkult. Die größten Pragmatiker unter den Wissenschaftlern, die Physiker, haben in letzter Zeit große Schwierigkeiten zu definieren, was eigentlich Materie ist, der Baustein unserer physischen Welt. In früheren Zeiten war das einfach. Materie war etwas, das einem auf den Fuß fallen konnte. Sie hatte Masse; sie hatte Gewicht. Wenn sie einem auf den Fuß fiel, hatte sie Stoßkraft. Man konnte sie *messen*. Jeder Idiot konnte sehen, daß sie wirklich da war. Die meisten Idioten konnten auch sehen, daß sie etwas ganz anderes war als zum Beispiel Energie.

Man hatte erkannt, daß, wenn man einen Brocken Materie nahm und ihn in immer kleinere Stücke zerschnitt, schließlich ein Stück entstehen würde, das so klein war, daß man es nicht mehr weiter zerschneiden konnte. Die Griechen nannten dieses kleinste Stück Materie Atom. Doch als die Wissenschaftler entdeckten, daß man auch ein Atom spalten kann, begann der Ärger. Denn was sie in seinem Innern fanden, war keine Materie mehr. Und was noch schlimmer war – bald stellte sich heraus, daß der menschliche Verstand es nicht begreifen konnte.

Die subatomare Physik ist eine Alice-im-Wunderland-Welt, in der es leere Räume und Dinge gibt, die man Partikel nennt und die man sich als winzige Kanonenkugeln, doch ebensogut als Wellenformen vorstellen kann. Das Problem ist, daß Partikel ihr Verhalten ändern, wenn man sie anschaut; und manche von ihnen gehen sogar in der Zeit zurück. Es ist eine Welt voller Absurditäten, wie zum Beispiel die Unschärferelation, der zufolge es unmöglich ist, das Verhalten einzelner Partikel vorherzusehen. Das ganze Gebäude der physischen Welt steht also auf dem sehr unsicheren Fundament einer statistischen Wahrscheinlichkeit. Wir *glauben* nicht, daß es in den nächsten fünf Sekunden einstürzen wird – aber es könnte sein.

Wenn es Ihnen schwerfällt, solche Konzepte zu begreifen, so stellen Sie sich vor, wie die Physiker sich gefühlt haben müssen. Sie hatten sich einer Wissenschaft verschrieben, die einst versprochen hatte, das Universum zu wiegen und zu messen. Jetzt mußten sie erkennen, daß es das Universum eigentlich gar nicht gab. Damit konnten sie nur fertig werden, indem sie neue Konzepte entwickelten. Ein berühmter Wissenschaftler meinte, das Universum sei wohl weniger eine gigantische Maschine (das Newtonsche Modell) als ein gigantischer Gedanke.

Dies ist mehr als nur eine Analogie. Eins der bemerkenswertesten Ereignisse in der Geschichte der Wissenschaft war die Zusammenarbeit zwischen C. G. Jung, dem Tiefenpsychologen, und Wolfgang Pauli, dem führenden Physiker jener Zeit, die zur Entwicklung der *Synchronizitäts-Theorie* führte, derzufolge in der Natur ein Prinzip akausaler Zusammenhänge wirksam ist. Eine andere Frucht ihrer Zusammenarbeit war die Theorie, daß Geist die »andere Seite« der

Materie sei, oder genauer gesagt, daß Geist und Materie zwei Seiten einer Münze sind und das Universum somit ein Geist/ Materie-Kontinuum.

Inmitten dieses Kontinuums steht, was ich in der Zeichnung *das Selbst* genannt habe. Das sind Sie – und natürlich auch ich. Gemäß diesem Modell ist jeder von uns ein *Bewußtseinszentrum,* das fähig ist, auf der einen Seite in die physische Welt und auf der anderen Seite in die Mentalwelt zu blicken.

Wenn Sie wach und aktiv sind, dann sind Sie ein janusköpfiges Wesen, das heißt, Sie bücken ständig zugleich in beide Richtungen. Mit etwas Selbstbeobachtung können Sie das leicht testen. In diesem Moment blicken Sie in eine physische Welt, zu der unter anderem dieses Buch gehört. Doch während Sie dies tun, blicken Sie zugleich auf eine Reflexion der gedruckten Worte auf einem inneren Bildschirm, der Teil der Mentalwelt ist. Wenn ich eine Landschaft mit Flüssen, Seen und Bergen schildere, kann es sein, daß Sie eine Reflexion dieser Landschaft in der inneren Welt sehen. Doch Sie befinden sich keineswegs immer in diesem janusköpfigen Zustand. Es ist möglich, daß Ihr Bewußtsein von der einen oder anderen Welt so gefesselt wird, daß es ganz in diese Welt *eintritt* und zeitweise den Kontakt mit seinem Gegenpart verliert.

Daß das Bewußtsein völlig in die physische Welt eintritt, kommt zum Beispiel bei einer aufregenden Sportveranstaltung vor, etwa einem Fußballspiel oder einem Tennisturnier. Ihre Aufmerksamkeit wird dann von den Vorgängen in der physischen Welt so in Anspruch genommen, daß Ihr Gewahrsein für die Mentalwelt verlorengeht. Natürlich hören Sie nicht zu denken auf – es wäre, wenn Sie das täten, unmöglich, Tennis oder auch Fußball zu spielen. Was verlorengeht, ist nicht das Denken, das oft mit der Mentalwelt verwechselt wird, sondern ein Aspekt Ihrer Wahrnehmungsfähigkeit, die Sie sonst nach innen richten würden.

Dies wird klarer, wenn Sie daran denken, was jede Nacht mit Ihnen geschieht. Wenn Sie einschlafen, hören Sie auf, die physische Welt wahrzunehmen und treten tiefer in die Mentalwelt ein. Traumlandschaften tun sich vor Ihnen auf, die Sie klar und deutlich wahrnehmen und die Ihnen völlig real erscheinen. Die orthodoxe Psychologie nimmt an, daß Traumbilder eher Prozesse als Szenerien sind; doch nicht einmal die orthodoxe Psychologie ist der Ansicht, daß ein Traumprozeß Ihre mentalen Fähigkeiten völlig in Anspruch nimmt. Offensichtlich können Sie doch in Träumen auch noch *denken,* wenngleich etwas weniger rational als im Wachzustand. Ein wenig später werden Sie feststellen, daß Sie in Träumen sogar *aufwachen* und klar denken können – während Sie weiterträumen.

Die Idee einer Mentalwelt, die Sie wahrnehmen und in der Sie agieren können, soll nicht als die höchste Wahrheit hingestellt werden. Sie ist nicht mehr als ein Modell und noch dazu ein stark vereinfachendes Modell. Doch dieses Modell drückt sehr deutlich etwas aus, das ich sowohl für sachlich richtig wie für bedeutungsvoll halte: die objektive Existenz einer Dimension, die andere Modelle mit individuellen Denkprozessen gleichsetzen.

Ich möchte das Modell nun ein wenig erweitern, wozu ich einen über der Zeichnung stehenden Begriff ändern muß. Die Bedeutung der Zeichnung bleibt die gleiche, doch ich glaube, so ist sie korrekter und weniger verwirrend:

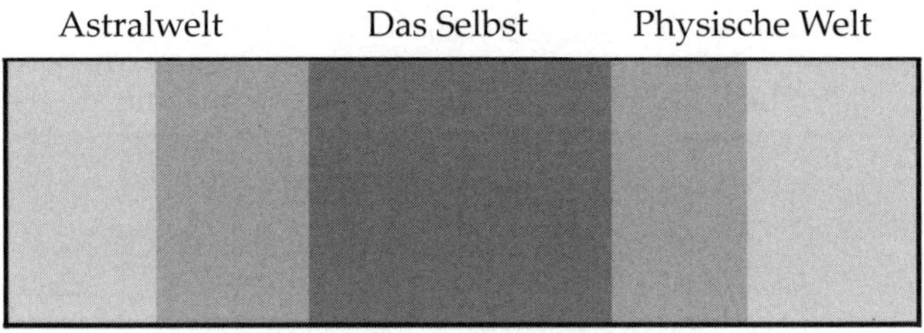

Die neue Bezeichnung auf der linken Seite weist daraufhin, daß es einen inneren, nicht greifbaren Aspekt der physischen Realität – eine geistige Seite der Materie – gibt, den wir wahrnehmen können, wenn wir nach innen blicken, der aber nicht mit unseren subjektiven Prozessen verwechselt werden darf.

Wenn ich ihn früher *Mentalwelt* genannt habe, so bedeutet dies nur, daß dieser Aspekt der Realität der menschlichen Psyche entspricht und mittels psychischer Prozesse wahrgenommen werden kann, jedoch ist er nicht mit diesen Prozessen gleichzusetzen. Ich hoffe, daß die Einführung des Begriffes *Astralwelt* keine Verwirrung hervorruft. Ich wiederhole also: Die *Astralwelt* ist die innere, physische Seite der Materie, ein Aspekt eines einheitlichen Kontinuums. Sie können sie mit Ihrer Psyche *wahrnehmen,* und Sie können sie auch (wie wir gleich sehen werden) mit Ihrer Psyche *beeinflussen.* Dennoch ist sie keineswegs *das gleiche* wie Ihre Psyche. Was versteht man aber nun eigentlich unter dem Begriff Psyche? Dies möchte ich mit einer Zeichnung veranschaulichen, die nicht in *Astral Doorways* erschienen ist:

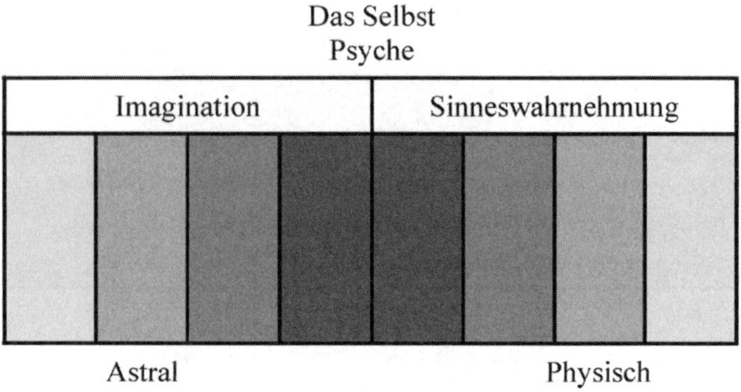

Der untere Teil der Zeichnung unterscheidet sich in keiner Weise von der Zeichnung, mit der wir uns bereits beschäftigt haben. Sie zeigt das Kontinuum von der *feinstofflichen Astralwelt* bis zum *Universum aus physischer Materie*. Doch jetzt ist das Selbst auf etwas andere Weise dargestellt, als das zwischen den beiden Welten stehende Bewußtseinszentrum. Dies ist eine passende Gelegenheit, sich das Selbst näher anzusehen, das bisher nur als Bewußtseinszentrum geschildert wurde, doch – auch in unserem neuen Modell – wesentlich mehr ist. Das Selbst ist die Ganzheit dessen, was Sie sind. Ein Aspekt von ihm erstreckt sich in die physische Welt – der Teil, den man Körper nennt. Ein Aspekt von ihm verarbeitet Wahrnehmungen aus der äußeren (physischen) wie aus der inneren (astralen) Welt – der Teil, den man Psyche nennt.

In diesem Modell wird die Psyche auf ziemlich orthodoxe Weise betrachtet. Sie hat bewußte und unbewußte Aspekte. Sie hat – möglicherweise –, wie Freud meint, Strukturen wie das Es, das Ich, das Über-Ich und so weiter. Was sie *nicht* besitzt, ist ein *kollektives Unbewußtes*. Jungs ungewöhnliche Idee war ein irriger Versuch, seine Beobachtungen der Astralwelt zu erklären. Zum großen Teil funktioniert die Astralwelt so, wie nach Jungs Beobachtungen das kollektive Unbewußte funktioniert. Und zugunsten Jungs muß gesagt werden, daß er das kollektive Unbewußte als etwas Objektives betrachtete, nicht als etwas Subjektives. Dennoch glaubte er, das kollektive Unbewußte sei ein Bereich innerhalb des menschlichen Schädels, etwas, das das Grundschema des Gehirns widerspiegelt. In Wirklichkeit befindet es sich »außerhalb« und ist eine Dimension des physischen Universums, mit der wir alle in Kontakt sind, ob bewußt oder unbewußt.

Wenn Sie sich die letzte Zeichnung anschauen, sehen Sie, daß der psychische Aspekt des Selbst sich nach zwei Richtungen erstreckt. Nach rechts erstreckt er sich aufgrund seiner *Sinneswahrnehmungen* in die physische Welt. Anders ausgedrückt: Die Sinneswahrnehmungen erlauben es der Psyche, die physische Welt zu erforschen und in ihr mittels des physischen Körpers zu funktionieren. Nach links erstreckt sich die Psyche über die Imagination nach innen. Imagination ist eine Fähigkeit, die von den verschiedenen Schulen der orthodoxen Psychologie fast generell abgewertet wird. Sie ermöglicht es Ihnen, innerlich Bilder zu sehen, zu visualisieren, Tagträume zu erleben. Sie kann ein rein subjektiver Prozeß sein und ist es oft. Doch Ihre Imagination steht, wie ich in der Zeichnung zu zeigen versucht habe, in einer ganz besonderen Beziehung zur Astralwelt.

Ihre Imagination ist Ihre psychische Kontaktstelle zum Astralen. Sie »beobachtet« die Astralwelt auf ähnliche – jedoch nicht gleiche – Weise wie Ihre Sinnesorgane die physische Welt. Sie ist, wie die Zeichnung zeigt, sozusagen über sie gebreitet wie eine Decke. Eine noch bessere Analogie wäre vielleicht eine Ölschicht, die auf der Oberfläche des Meeres schwimmt. Die Ölschicht ist Ihre Imagination; etwas ganz anderes als das Meer mit seinen eigenen Strukturen, doch so stark vom Meer beeinflußt, daß sie die Form der Wellen annimmt.

Da die Imagination die Astralwelt bedeckt, wird sie ständig von den Geschehnissen in der Astralwelt beeinflußt. Doch von den meisten Menschen wird dieser Einfluß nur auf einer unbewußten Ebene wahrgenommen. Durch Training kann Ihre Imagination jedoch in eine Art sehendes Auge verwandelt werden, das es ihnen erlaubt, astrale Geschehnisse ganz bewußt zu beobachten.

Sie werden also mit einer Psyche geboren, die mit zwei verschiedenen, Daten sammelnden Anlagen ausgestattet ist – Ihren *Sinnesorganen* und Ihrer *Imagination*. Wenn Sie den Mutterleib verlassen, werden Ihre Sinnesorgane ausgebildet und geübt, um Ihre Aufgaben effizient erfüllen zu können, und sie führen während Ihres ganzen Lebens ständig Ihrer Psyche Daten zur Verarbeitung zu. Die Ausbildung der Sinnesorgane ist eine evolutionäre Notwendigkeit, denn ohne sie wären Sie völlig unfähig, am Leben zu bleiben.

Bezüglich der Ausbildung Ihrer Imagination als Datensammler besteht keine solche Notwendigkeit. Die meisten Menschen können sich sehr gut am Leben erhalten, ohne Ihre Imagination auf diese Weise auszubilden und einzusetzen. Es ist deshalb nicht erstaunlich, daß der Durchschnittsmensch die Astralwelt nicht wahrnimmt: Das innere Auge der Imagination wurde nicht dazu ausgebildet, sie zu sehen. Da man im allgemeinen nicht weiß, daß sie die natürliche Verbindung zur Astralwelt herstellt, wird sie abgewertet. Der Begriff »imaginär« bezeichnet etwas im Grunde Unreales und deshalb Wertloses. Zum Glück ist es nie zu spät, die inneren Sinne auszubilden – etwas, das Sie mit Hilfe dieses Buches tun werden.

Die Imagination und ihr Einfluß

Falls Sie nicht gerade ein Physiker sind, der sich mit subatomaren Partikeln beschäftigt, dann beeinflussen Ihre Wahrnehmungen nicht die Außenwelt. Wollen Sie Berge versetzen, dann müssen Sie Ihren physischen Körper dazu bringen, zu kooperieren. Doch genauso wie Geschehnisse in der Astralwelt sich Ihrer Imagination einprägen (was es ermöglicht, ihre Imagination zu einem Wahrnehmungsorgan auszubilden), prägen sich die Konstruktionen Ihrer Imagination der Astralwelt ein. Dies ist einer der wichtigsten Lehrsätze des traditionellen Okkultismus – ein Konzept mit weitreichenden Folgen. Es ist tatsächlich die Grundlage aller magischen Praktiken in der westlichen esoterischen Tradition; und seine Kenntnis erspart Ihnen viel Verwirrung, wenn Sie Reisen in die Astralsphäre durchführen wollen.

Wie ist es nun möglich, daß Sie mit Ihrer Imagination die Astralwelt beeinflussen können? Einige der ältesten okkulten Schulen sehen im Astralen die Imagination der Welt, oder genauer gesagt: die Imagination der Materie. Dies ist im Grunde die gleiche Idee, die ich bereits in meinen Zeichnungen dargestellt habe: daß das Universum einen mentalen Aspekt hat, den die Okkultisten die Astralsphäre nennen. Doch diese Idee ist viel weitreichender und bedeutsamer, denn wir haben es mit tatsächlichen, nicht mit symbolischen Realitäten zu tun.

Als Teil des physischen Universums haben auch Sie Ihren eigenen astralen Aspekt, von dem Sie einen Teil als Ihre Imagination wahrnehmen. Doch Ihre Imagination steht unter Leitung Ihres Selbst. Sie können sie in jede gewünschte Form bringen – und das tun Sie jedesmal, wenn Sie sich Wachträumen hingeben. Da Sie mit Ihrer subjektiven Imagination die objektive Astralwelt in Resonanz bringen, spiegeln sich die Schöpfungen Ihrer Imagination automatisch in der Astralwelt wider; bei den meisten Menschen zwar nicht sehr deutlich und nicht sehr lange, doch Sie können durch Übung Ihre Leistungen verbessern; und es gibt Möglichkeiten, durch Anwendung der menschlichen Imagination die Astralwelt sehr stark und auf Dauer zu beeinflussen.

Wenn Ihre persönliche Imagination nichts anderes ist als die subjektive Wahrnehmung Ihres eigenen astralen Aspektes, dann kann Ihnen eine Untersuchung der Imagination eine Vorstellung von der Astralwelt vermitteln.

Sehr viele der älteren Zauberbücher vermeiden die Begriffe *Astralwelt* oder *Astralsphäre* und bevorzugen das Wort *Astrallicht*. Dies beruht auf der Erfahrung von Mystikern, Magiern und anderen Astralreisenden, die feststellten, daß unterhalb der äußeren Erscheinung der Astralwelt die elementare Realität aus Lichtnebeln besteht, die sich zu verschiedenen Szenerien geformt haben. Die tatsächliche Existenz dieser Szenerien wird dadurch ebensowenig widerlegt, wie die Entdeckungen der subatomaren Physik (nach denen Materie zum größten Teil aus leerem Raum besteht) die Tatsache widerlegen, daß ein Dach über dem Kopf normalerweise den Regen abhält. Doch die Vergegenwärtigung, daß Sie es im Grunde mit astralem Licht zu tun haben, kann Ihnen eine der sonderbarsten Eigenschaften der Astralwelt begreiflich machen – ihre Formbarkeit.

Wenn Sie eine Mauer um den Garten hinter Ihrem Haus bauen wollen, macht das eine Menge Arbeit. Sie müssen die Ziegel, die Sie dafür brauchen, kaufen und aufstapeln. Sie müssen Sand, Wasser und Zement herbeischaffen, um den Mörtel zu mischen. Dann müssen Sie die Ziegel auf bestimmte Weise aufeinanderlegen und sie mit dem von Ihnen hergestellten Mörtel verbinden. Und wenn Sie das alles nicht ganz richtig machen, ist die Möglichkeit ziemlich groß, daß Ihre Mauer einstürzt. All dies zeigt, daß Sie, wenn Sie in der physischen Welt irgend etwas verändern wollen, viel Energie und Mühe aufwenden müssen. Wir alle sind daran so sehr gewöhnt, daß wir kaum darüber nachdenken. Doch die physische Welt setzt jeder Veränderung ziemlich starken Widerstand entgegen. Sehen Sie sich die schweren Maschinen an, die wir erfinden mußten, um etwas so Einfaches zu tun, wie beispielsweise eine Straße zu bauen. Das genaue Gegenteil ist in der Astralwelt der Fall. Die »Materie«, aus der sie besteht, ist so plastisch, so leicht formbar, daß Sie nicht mehr als einen Gedanken aufzuwenden brauchen, um sie zu verändern.

Denken Sie daran, wie Ihre Imagination funktioniert. Wenn Sie sich hinsetzen, um einen schönen Wachtraum zu genießen, beschwören Sie eine imaginäre Szene herauf. Der Champagner, die Zigarren und der Rolls Royce erscheinen wie durch Zauberei, ebenso die hübsche Gefährtin, mit der Sie das alles teilen wollen. Fast keine Mühe ist dazu erforderlich, es sei denn, Sie wollen wie ein Schriftsteller oder Maler das Ganze detailliert und realistisch ausmalen, wodurch daraus schwere Arbeit wird –, schwer aber nur deshalb, weil jede kreative Tätigkeit Anstrengung erfordert. Wenn es Ihnen schwerfällt, aus Ton einen lebensechten Kopf zu formen, dann ist Ihr Talent das Problem, nicht der Ton.

Obwohl der Begriff *Astrallicht* diese Formbarkeit ausdrückt, mag ich ihn nicht, denn er vermittelt den Eindruck, daß die Astralsphäre etwas Eigenschaftsloses und Formloses sei wie Nebel oder Wolken. Die Wirklichkeit sieht ganz anders aus. Denken Sie an den Auszug aus meinen Aufzeichnungen über Josephines Erlebnisse in der Astralwelt. Sie hatte Boden unter den Füßen und einen Himmel über dem Kopf. Es gab Pflanzen und Wüstensand, ein Gebäude und mehrere Personen. Das war alles andere als formlos. Durch bewußte Auswahl von Zitaten hätte ich leicht bei Ihnen den Eindruck hervorrufen können, daß Josephine sich auf Urlaub in Griechenland befand.

Wie ist dies mit den *astralen Nebeln* in Übereinstimmung zu bringen, von denen neben anderen der französische Magier Eliphas Levi spricht? Tatsache ist, daß es astrale Nebel nur auf die gleiche Weise gibt wie Elektronen, Neutronen und Positronen – als Teil einer Sphäre, die nur sehr wenige von uns persönlich wahrnehmen. Sie können akzeptieren, daß die Astralsphäre eigentlich das Astrallicht ist, doch Sie werden sie nie auf diese Weise sehen. Was Sie sehen werden, sind seltsame Landschaften, in denen Sie die Mauer in Ihrem Garten viel leichter erbauen können. Die Landschaften und Strukturen der Astralsphäre entstehen aus einer Vielzahl von Ursachen.

Es gibt Reflexionen aus der physischen Welt. Teile der physischen Welt scheinen sich entsprechenden Bereichen des Astralen einzuprägen. Eine Voraussetzung dafür ist genügend Zeit. Diese Einschränkung ist wichtig. Ein Geräteschuppen, den Sie gestern zusammengezimmert haben, ruft nicht sofort eine astrale Struktur hervor. Es dauert nicht nur Wochen oder Jahre, sondern mehrere Jahrhunderte, bis sich ein physisches Objekt dem Astralen einprägt. Deshalb kann es sein, daß Sie auf der inneren Ebene auf eine bekannte Kathedrale stoßen, doch kaum auf ein modernes Reihenhaus.

Zwei Faktoren sind erforderlich, damit sich dem Astralen etwas einprägt, Alter und Beständigkeit. Ein Gebäude zum Beispiel, das sehr alt ist, aber ständig umgebaut wurde, hat sich nicht gut eingeprägt. Alte Bäume, die sich dauernd durch ihr Wachstum verändern, prägen sich fast nicht ein. Auch etwas scheinbar Beständiges wie eine Landschaft ist im allgemeinen so sehr der Erosion, Wandlungen der Vegetation und der Veränderung von Wasserläufen unterworfen, daß die Bildung einer astralen Entsprechung verhindert wird. Manche Landschaften prägen sich jedoch ein. Gebiete mit viel Felsgestein, Bergfestungen, Eisfelder und dergleichen haben gute Aussicht, astrale Reflexionen zu entwickeln und dadurch Teil der Landschaft der Astralsphäre zu werden.

Gedanken – oder genauer gesagt: mentale Bilder – prägen sich, wie wir bereits festgestellt haben, dem Astrallicht viel leichter ein. Doch auch nicht so leicht, wie mancher vielleicht glauben mag. Die flüchtige Phantasie, die Sie gestern abend hatten, hinterläßt keine Spur (worüber Sie vielleicht erleichtert sein werden). Erforderlich für eine Einprägung ist, daß sich eine große Anzahl von Menschen gleichzeitig auf das *gleiche* Bild konzentriert oder eine kleinere Anzahl *wiederholt* auf ein Bild. Diese kleinere Anzahl kann auf eine Person zusammenschrumpfen. Doch wenn Sie es allein tun, brauchen Sie eine geschulte Imagination und große Ausdauer. Ein anderer Faktor, der zur Einprägung beiträgt, ist *Emotion*. Eine emotional unterstützte bildliche Vorstellung prägt sich wesentlich leichter ein. Wenn man diese verschiedenen Faktoren berücksichtigt, kann man vorhersagen, welche Arten von Einprägungen in das Astrallicht möglich sind. An erster Stelle stehen Reflexionen verschiedener physischer Objekte, die auf der physischen Ebene viele Jahrhunderte lang unverändert geblieben sind. Zu dieser Kategorie gehören geographische Gebiete, doch auch bestimmte von Menschen erschaffene Bauwerke, zum Beispiel die Pyramiden von Gizeh. Danach kommen die reflektierten Bilder bestimmter menschlicher Gruppenbelange. In der okkultistischen Literatur werden manchmal niedrige Astralsphären erwähnt, die angeblich die negativen Aspekte des menschlichen Unbewußten reflektieren, finstere Orte voller unterdrückter Aggressionen, unbeherrschbarer Ängste und perverser Sexualität.

Ich bin noch niemandem begegnet, der diese Sphären selbst erkundet hat; und ich habe beträchtliche Schwierigkeiten, ihre Realität zu akzeptieren. Die Mechanismen, die ihrer Entstehung angeblich zugrundeliegen, sind – offen gesagt – Unsinn. Was sich einprägt, ist ein lange bestehendes geistiges Bild, nicht eine amorphe Masse von Emotionen. Zugegeben – Sie können eine »Stimmung« oder »Atmosphäre« spüren, die durch emotionale Reaktionen großer Menschenmassen auf eine Katastrophe – zum Beispiel das durch eine Hungersnot in Äthiopien hervorgerufene Elend – geschaffen wurde. Doch menschliche Katastrophen sind zeitlich begrenzt (weil die Menschen, die davon betroffen sind, sterben), und die emotionale Reaktion ist deshalb kurzlebig, so daß die Möglichkeit einer dauerhaften Einprägung gering ist.

Da es sehr wenige Vorstellungen gibt, von denen die ganze Menschheit besessen ist, sind Einprägungen am ehesten rassisch bedingt und hängen meistens mit Religionen zusammen; denn weltliche Vorstellungen sind häufig zu kurzlebig. Zu jeder Zeit können sich gewisse Moden in der Kunst oder Architektur einprägen, ebenso über lange Zeiten hinweg bedeutungsvolle politische Ideen. Doch all dies ist in der Astralwelt nicht von Bestand und überlebt nicht lange die

Pendants in der physischen Welt. Ausnahmen sind natürlich von beständigeren – durchweg antiken – Kulturen (etwa der griechischen, römischen oder chinesischen) geschaffene Stile. Diese überdauern oft sehr lange ihre physischen Manifestationen.

Ein Beispiel für ein ins Astrale eingeprägtes religiöses Bild ist etwa die Vorstellung, die man sich in einer Kultur von der Wohnstätte der Götter gemacht hat. So kann man mit Recht erwarten, eine Reflexion des Olymps vorzufinden, die immer noch existiert, obwohl das alte Griechenland längst untergegangen ist. Unsere eigene Kultur ist vermutlich eifrig dabei, reichlich alberne Bilder einzuprägen, zum Beispiel den Himmel als eine Stadt über den Wolken, in der jedermann Harfe spielt; oder die Hölle als eine Höhle aus glühendem Schwefel.

Eine Stufe tiefer als Massenbelange stehen Gruppenbelange, doch auch hier dürften die Einprägungen religiös sein, denn es gibt nichts anderes, was die einmütigen Vorstellungen und Emotionen, kombiniert mit einer ritualistischen Konzentration, hervorbringt, die notwendig ist, um über Jahre hinweg Tag für Tag die gleichen geistigen Bilder zu erschaffen. Politische oder kommerzielle Gruppierungen bringen selten in ausreichendem Maß die Faktoren hervor, die für dauerhafte Einprägungen erforderlich sind.

Auf individueller Ebene haben nur wenige von uns die Möglichkeit, dem Astralen dauerhaft etwas einzuprägen. Doch es gibt vier Ausnahmen: den kreativen Künstler, den Magier, den Astralreisenden und den geisteskranken Besessenen.

Beschäftigen wir uns mit der letzten Kategorie zuerst. Ein von Emotionen getriebener Besessener kann manchmal genügend Energie und Beharrlichkeit aufbringen, um die Idee, von der er besessen ist, dem Astrallicht einzuprägen – zu seinem eigenen Unglück, denn die Besessenheit wird dadurch verstärkt. Die anderen Kategorien sind nicht ganz so unglücklich. Der Magier ist natürlich darin geübt, im Astralen zu operieren. Er beherrscht Visualisierung und Konzentration und verfügt über Techniken zur Aufputschung von Emotionen, mit denen er Einprägungen im Astralen bewirken kann. Es handelt sich dabei um eine Art kontrollierter Hysterie; doch es funktioniert.

Der kreative Künstler bringt andere Faktoren ins Spiel, abhängig von seinem speziellen Gebiet. Ein Architekt, der über dem Bauplan eines Hauses brütet, kann, emotionale Beteiligung und klare, detaillierte Visualisierung vorausgesetzt, eine zeitweilige Einprägung bewirken, die sich oft stabilisiert, wenn das physische Haus gebaut ist. Ein berühmter Romanautor hingegen bringt mit Unterstützung der Leser Einprägungen im Astralen hervor, die oft über ein Jahrhundert lang Bestand haben. Durch sein Werk aufgewühlte Emotionen von Millionen Menschen sorgen dafür, daß Sie, wenn Sie Glück haben, in der Astralsphäre Mr. Pickwick oder Sam Weller begegnen können. Es sind natürlich nur Hülsen, Persönlichkeitskonstrukte – doch das würden Sie nie denken, wenn Sie ihnen die Hand drücken.

Auf welche Weise Astralreisende Einprägungen bewirken, ist mir – offen gestanden – unklar. Doch aufgrund von Experimenten weiß ich, daß es einem bei direkten Projektionen in die Astralsphäre viel leichter fällt, Veränderungen hervorzurufen, als von der physischen Ebene aus. Josephine brauchte keine besondere Ausbildung, um eine Rose zu erschaffen. Und dies bringt uns zu einem interessanten Punkt.

Wir haben gesehen, daß Ihre Imagination dazu ausgebildet werden kann, in die Astralsphäre zu *blicken* und dort sogar *Strukturen zu erschaffen*, doch keine dieser Fähigkeiten scheint mit der tatsächlichen *Projektion* viel zu tun zu haben. Tatsächlich scheint nichts von dem, was wir bisher untersucht haben, einen brauchbaren *Mechanismus* zur Projektion darzustellen. Alles deutet darauf hin, daß man in die Astralsphäre hineinschauen und in ihr Manipulationen durchführen kann; doch Sie können sie nicht betreten.

Offenbar ist es jedoch möglich, die Astralsphäre zu betreten. Okkultisten behaupten seit Jahrhunderten, das zu tun, und wir haben Berichte von Josephine, Swedenborg und anderen Reisenden untersucht, die angeblich dort gewesen sind. Um herauszufinden, auf welche Weise sie dorthin gelangt sind, sehen Sie sich bitte eine wieder etwas veränderte Version unserer Zeichnung an:

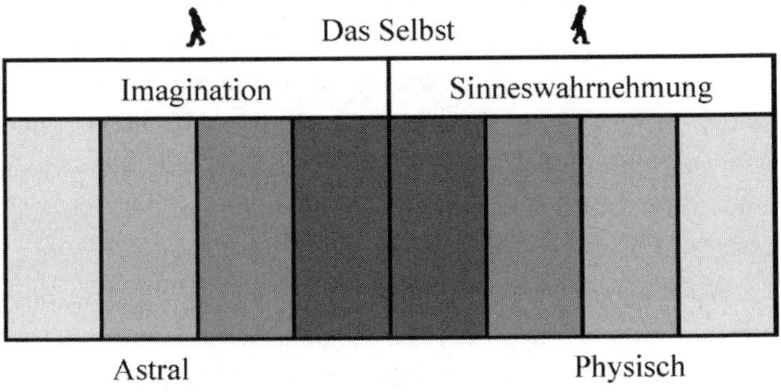

Zwei kleine Figuren sind hinzugefügt, von denen die eine zur rechten, die andere zur linken Seite des Bildes geht. Die rechte symbolisiert unseren physischen Körper, diesen ansehnlichen Klumpen aus Muskeln, Knochen und Blut, der Ihnen erlaubt, in der physischen Welt zu funktionieren. Die linke ist eine völlig andere Art Körper – einer, von dem Sie bisher nicht wußten, daß Sie ihn haben.

Ihr Astralkörper

Sie haben den ersten Teil dieses Buches gelesen und wissen über Ihren zweiten (ätherischen) Körper Bescheid – über ein elektrisches Feld, das die Matrize für Ihre körperliche Form darstellt. Ich habe bereits kurz erwähnt, daß Sie verschiedene feinstoffliche Körper besitzen, von denen einer im andern steckt wie russische Puppen. Sicher entsinnen Sie sich der letzten Übung – der Lichtkörpertechnik –, die etwas einer Ätherprojektion sehr Ähnliches ermöglicht, bei der jedoch eine andere Art von »ätherischem« Vehikel benützt wird als jenes, mit dem wir uns vorher beschäftigt haben.

Wie ich jetzt zugeben muß, *imitiert* die Lichtkörpertechnik nur eine Ätherprojektion, führt sie nicht wirklich herbei. Was dabei geschieht, ist die Abspaltung eines ganz anderen feinstofflichen Körpers – des echten Astralkörpers. Dieser Körper *kann* auf der physischen Ebene funktionieren, und er tut dies, wenn er eine Ätherprojektion simuliert. Doch seine wirkliche Heimat ist die Astralsphäre. Er ist das Vehikel, das Sie bei einer vollständigen Astralprojektion benützen werden.

Der Astralkörper scheint kein elektrisches Feld zu sein, und die moderne Wissenschaft tut sich schwer, ihn anzuerkennen. Die Okkultisten sagen, daß er aus *geistiger Materie* besteht, das ist Materie, die Sie bei jeder visuellen Imagination manipulieren. Das heißt, sie besteht aus der gleichen feinstofflichen Materie wie die Astralsphäre selbst. Da wir jedoch nur sehr wenig über die Physik der Astralsphäre wissen, bringt uns das nicht viel weiter. Aufgrund von Erfahrungen können wir jedoch eine ganze Menge über den Astralkörper sagen; auf jeden Fall, daß er einige sehr merkwürdige Eigenschaften besitzt.

Während einer Ätherprojektion fühlen Sie sich mehr oder weniger genauso wie in Ihrem physischen Körper – bis zu dem Moment, in dem Sie beschließen, durch eine Wand zu gehen. Eine auf die physische Ebene beschränkte Astralkörperprojektion kann ganz ähnlich sein – aber auch ganz anders. Erinnern Sie sich an die Lichtkörpertechnik. Mittels dieser Technik haben Sie sich durch Anwendung von Imagination einen feinstofflichen Körper geschaffen. Wir sind kulturell konditioniert, alles durch Imagination Erschaffene als nicht real oder zumindest als subjektiv zu betrachten. Es gibt jedoch starke Beweise dafür, daß das nicht stimmt.

Alexandra David-Neel, eine der wenigen westlichen Persönlichkeiten, die vor der chinesischen Invasion Tibet gründlich erforscht haben und die meines Wissens die einzige Frau ist, die zum Lama geweiht wurde, hat einen faszinierenden Bericht über die Erschaffung eines *Tulpa* geschrieben. Ein *Tulpa* ist nach der traditionellen tibetischen Lehre ein durch Imagination erschaffenes Wesen, ähnlich den von einem Schriftsteller erdachten Personen, mit dem Unterschied, daß *Tulpas* nicht nur auf dem Papier existieren. Madame David-

Neel fand das Ganze so interessant, daß sie einen *Tulpa* zu erschaffen beschloß.

Die dabei angewandten Methoden unterscheiden sich nicht wesentlich von der Lichtkörpertechnik, denn im Grunde geht es dabei um lange, regelmäßige Konzentration und Visualisierung. Doch während man mit dem Lichtkörper nur eine Hülse des Selbst erschafft, um diese in einem späteren Stadium zu beleben, handelt es sich bei einem *Tulpa* um eine völlig von Ihnen getrennte und andersartige vollständige Persönlichkeit.

Madame David-Neels *Tulpa* nahm die Gestalt eines rundlichen, freundlichen kleinen Mönchs an. Anfangs war es eine völlig subjektive Vision, eine bildliche Vorstellung, die nur in ihrem Innern existierte. Doch allmählich gelang es der Experimentatorin, den *Tulpa* außerhalb von sich zu visualisieren, als eine Art Geist, der in der realen Welt herumhuschte. Mit der Zeit wurde er immer deutlicher und substantieller, bis sie den *Tulpa* als kompakte und objektiv reale Gestalt sehen konnte. Die westliche Psychologie würde dies eine selbstinduzierte Halluzination nennen. Immer wenn sie wünschte, daß er erschien, war er da.

Eines Tages jedoch entglitt die Halluzination ihrer bewußten Kontrolle. Sie stellte fest, daß der Mönch von Zeit zu Zeit auch erschien, wenn sie das gar nicht wollte. Dies war an sich schon ziemlich beunruhigend, noch mehr aber der Umstand, daß die freundliche kleine Gestalt immer schlanker wurde und ihre Miene immer düsterer. Schließlich fragten sie ihre Gefährten, die von den geistigen Übungen, die sie praktizierte, nichts wußten, wer der »Fremde« sei, der in ihrem Lager aufgetaucht war – ein Beweis, daß ein durch Imagination erschaffenes Wesen objektive Existenz angenommen hatte.

Der einzige Unterschied zwischen dem *Tulpa,* den die anderen sahen, und dem Wesen, das sich in Madame David-Neels Kopf formte, lag in ihrer langen und intensiven Konzentration. Rational müssen wir uns sagen, daß der *Tulpa,* wenn er während der letzten Stadien der Übungen sichtbar und objektiv war, zu Beginn ebenso objektiv – wenngleich unsichtbar – gewesen sein muß. Das bedeutet, daß der Lichtkörper, den Sie erschaffen haben, ebenfalls objektiv real war. Doch wenn dieser Körper Substanz hatte, dann war es die Substanz der Imagination – mit anderen Worten: astrale Substanz. Infolgedessen kann man diesen Körper mit Recht als Astralkörper bezeichnen. Vielleicht sind Sie mit dieser Beweisführung nicht einverstanden, weil der Lichtkörper etwas völlig Künstliches ist, etwas, das Sie sich im Laufe der Übungen buchstäblich »ausgedacht« haben. Ich habe bereits gesagt, daß Ihr Astralkörper einer von einer Reihe feinstofflicher Körper ist, die natürliche Teile Ihrer esoterischen Anatomie sind. Ich habe jedoch Grund zu der Annahme, daß der Unterschied zwischen einem zu Ihnen gehörenden »natürlichen« Astralkörper und einem »künstlich« hergestellten wesentlich weniger klar ist als Sie vielleicht denken. Ich habe Sie schon früher darauf aufmerksam gemacht, daß der Astralkörper eine etwas unheimliche Sache ist. Ich hoffe, Sie haben ein wenig Geduld mit mir und warten noch ein wenig damit, sich ein Urteil zu bilden.

Wenn Sie diesen Körper erschaffen und sich vorgestellt haben, die Welt mit seinen Augen zu sehen, so war dies sehr wahrscheinlich ein etwas anderes Erlebnis als bei dem früheren Teil der Übung, als Sie sich einfach vorstellten, im Zimmer umherzugehen, ohne daß das etwas mit einem Astralkörper zu tun hatte. Das heißt, Sie hatten das Gefühl, sich einem Wachtraum hinzugeben. Und anfangs war es vielleicht wirklich ein Wachtraum – also eine rein subjektive Übung –, denn es ist in diesen frühen Stadien äußerst schwierig, eine subjektive Vision von einer tatsächlichen Projektion zu unterscheiden.

In diesem Teil der Lichtkörpertechnik haben Sie gar nicht versucht, einen feinstofflichen Körper zu projizieren, sondern Sie haben Ihr *Bewußtsein* projiziert. Sie haben, wenn ich das so ausdrücken darf, versucht, mit Ihrem Bewußtsein aus Ihrem physischen Körper herauszutreten, um die von Ihnen geschaffene astrale Hülse zu beleben. Wenn man bereits über große Erfahrung verfügt, ist es möglich, genau zu spüren, in welchem Moment einem das gelingt, doch es ist eine äußerst subtile Empfindung. Für die meisten Menschen gibt es nur eine sichere Möglichkeit festzustellen, ob es ihnen gelungen ist, eine astrale Hülse zu beleben (im Unterschied zum Wachtraum): die Hülse zu beauftragen, Ihnen Informationen zu überbringen, von denen Sie vorher nichts wußten – das heißt zum Beispiel in ein unbekanntes Zimmer zu gehen und festzustellen, wie es darin aussieht.

Eine belebte Astralhülse ist zwar ein Beweis für eine gelungene Projektion, doch die subjektiven Empfindungen in so einem künstlichen Astralkörper unterscheiden sich nur wenig von denen bei einer Imagination. Ihr Körper und die Umgebung scheinen irgendwie unwirklich. Was Sie erleben, scheint sich ständig zu verändern, zu verblassen oder völlig zu verschwinden, als ob Ihr Bewußtsein in den physischen Körper zurückgezogen wird.

Wenn Ihnen bereits eine Ätherprojektion gelungen ist, kennen Sie den Unterschied. Ein Kennzeichen für Ätherprojektionen ist das Gefühl absoluter Normalität. Die meisten, die Sie unerfahren erleben, nehmen an, daß sie sich noch im physischen Körper befinden, bis sie etwas (zum Beispiel mein Erlebnis mit dem Türgriff) zwingt zu akzeptieren, daß sie es nicht sind. Wenn Sie jedoch fleißig üben, Ihr Bewußtsein in seine Astralhülse zu projizieren, wird etwas sehr Aufregendes geschehen. Das Erlebnis nimmt die gleiche reale Qualität an wie eine Ätherprojektion. Sie fragen sich nicht mehr, ob es sich um einen Wachtraum handelt oder nicht – Sie wissen ganz genau, daß es keiner ist.

Wenn Sie lange genug allein in einer vertrauten physischen Umgebung bleiben, ist kein großer Unterschied zwischen dieser Erfahrung und einer wirklichen Ätherprojektion festzustellen. Das liegt daran, daß es Ihnen gelungen ist, nicht nur Ihr Bewußtsein, sondern auch Ihren natürlichen Astralkörper zu projizieren. Er hat sich mit der erschaffenen Astralhülse vereinigt. Beachten Sie aber das Wort »allein« in dem obigen Satz. Wenn Sie Ihren Astralkörper projizieren, um eine Ätherprojektion zu imitieren, dann ist Ihr *Wahrnehmungsbereich* größer, als wenn Sie in Ihren Ätherkörper eingeschlossen sind. Vor allem sind Sie in der Lage, in der Sphäre, in der Sie sich befinden, Wesen zu sehen – das heißt Astralwesen. Deshalb enden Astralprojektionen dieser Art manchmal mit Verwirrung, wenn der Projektor feststellt, daß er Personen – und manchmal andere Wesen – sehen kann, von denen er weiß, daß sie nicht da sind.

Ich habe dieses Phänomen mit Arthur Gibson erlebt, den ich im ersten Teil dieses Buches erwähnte. Bei einer offenbar eine Ätherprojektion imitierenden Astralprojektion beschrieb er zum Teil das Innere eines ihm unbekannten Hauses und begegnete dann einer Person, die er für den Besitzer hielt, und sprach mit ihr. Daraufhin durchgeführte Recherchen ergaben bald, daß es diese Person nicht gab, zumindest nicht auf der physischen Ebene.

Weniger häufig kommt es vor, daß Ihre erweiterte Wahrnehmung eine Art Überlagerungseffekt erzeugt; das heißt, Ihre Fähigkeit, die Astralsphäre wahrzunehmen, verlagert sich auf die physische Ebene. Das Resultat kann sehr verwirrend sein, denn eine vertraute Umgebung erscheint einem dann fremd. Einige von Robert Monroes Projektionsbeschreibungen scheinen darauf hinzudeuten, daß er das erlebte. Übrigens ist es durchaus möglich, etwas ganz Ähnliches während einer Astralprojektion zu erleben. Diese Sphäre ist, wie bereits erwähnt, äußerst formbar, so daß manche Menschen offenbar imstande sind, ihre Formen *unbewußt* zu verändern. Wenn Sie zu diesen Menschen gehören, dann kann es sein – vor allem, wenn Sie noch keine großen Erfahrungen mit Astralprojektion haben –, daß Sie eine vertraute physische Szenerie mit solcher Detailliertheit erschaffen, daß Sie sie für die wirkliche halten. Sie ist aber nicht die wirkliche, so daß Astralwesen die von Ihnen erschaffene Szenerie nach Belieben betreten oder verlassen können.

Die Vereinigung Ihres echten Astralkörpers mit der von Ihnen erschaffenen Hülse ist ein schmerzloser Vorgang mit einem interessanten Aspekt: Normalerweise nehmen Sie die Form des künstlichen Körpers an. Wenn dieser Körper so aussieht wie Ihr eigener, dann geschieht bei dieser Vereinigung natürlich nichts Besonderes. Haben Sie jedoch eine deutlich andersartige Form erschaffen – zum Beispiel eine düstere Gestalt mit Kapuze –, dann nimmt Ihr Astralkörper für die Dauer der Projektion diese Form an. Daraus kann man folgern, daß der Astralkörper die dieser Sphäre eigene Formbarkeit aufweist. Wenn Sie sich schon einmal gefragt haben, wie man sich als Werwolf fühlt, dann ist eine Astralprojektion eine ausgezeichnete Gelegenheit, das festzustellen, denn wenn Sie einmal die Möglichkeit erkannt haben, können Sie die Form beliebig verändern.

In einem seiner okkulten Romane schildert Dennis Wheatley, wie der Schurke den Helden (beide in ihren Astralkörpern) durch die Nebel des Astrallichts verfolgt. Beide verändern während der Verfolgungsjagd schamlos ihre Form: Der Held verwandelt sich in eine Fliege, um einem Netz zu entkommen; der Schurke verwandelt sich in einen Vogel, um die Fliege zu fressen, und der Held verwandelt sich in eine Schlange, um den Vogel zu töten und so weiter. Wenn dies auch ein wenig übertrieben ist – das Grundprinzip ist richtig: In der Astralsphäre oder, genauer gesagt, in Ihrem Astralkörper können Sie jede gewünschte Form annehmen. Daraus schließen Sie vielleicht, daß der Astralkörper keine eigene Form hat. Es gibt tatsächlich Berichte einiger Projektoren über Reisen durch die Astralsphäre in Körpern, die keinerlei charakteristische Züge hatten und Lichtkugeln glichen. Aus eigener Erfahrung kann ich jedoch sagen, daß der Astralkörper sehr wohl eine bestimmte Form hat, die er von selbst wieder annimmt, wenn man ihn allein läßt.

Solange der Astralkörper mit dem physischen, dem ätherischen und den anderen feinstofflichen Körpern vereinigt bleibt, gibt es überhaupt kein Problem. Jeder ist – mehr oder weniger – ein Spiegelbild des andern. Eine gewisse Einschränkung muß hier allerdings gemacht werden. Es kommt vor, daß der Astralkörper mehr der Vorstellung vom eigenen Körper gleicht als dem Körper, wie er wirklich aussieht. Es ist keineswegs ungewöhnlich, daß Menschen eine subjektive Vorstellung von ihrem Körper haben, die – manchmal erheblich – von der Realität abweicht. Man hat dies tatsächlich gemessen. Freiwillige wurden in einer Reihe sinnreicher Experimente aufgefordert, sich selbst in verschiedenen *Zerrspiegeln* zu betrachten und anzugeben, welches Spiegelbild am lebensechtesten wirkt.

Bei manchen Personen wurde ein beträchtlicher Unterschied zwischen dem gewählten Spiegelbild und dem wirklichen Aussehen ihres physischen Körpers festgestellt. Ich war einmal Direktor einer Abmagerungsklinik, und meine damaligen Erfahrungen bestätigten dies. Immer wieder hatte ich mit Patienten zu tun, die eine völlig falsche Vorstellung vom Gewicht, der Form und dem Umfang ihres Körpers hatten. Einmal sagte mir eine junge Geschäftsfrau, die so mager war, daß sie dem Hungertod nahe schien, sie komme sich vor wie ein Elefant. Es kann sein, daß eine Verzerrung des Astralkörpers eine solche Vorstellung hervorruft. Umgekehrt bewirkt eine solche Vorstellung mit ziemlicher Sicherheit eine Verzerrung des Astralkörpers. Auf jeden Fall entsteht auf diese Weise ein feinstoffliches Vehikel, das kein Doppel des physischen Körpers ist.

Aus eigener Erfahrung kann ich sagen, daß bei Projektionen in die Astralsphäre der Astralkörper dem physischen Körper *niemals* spiegelbildlich gleicht. Ich habe keine Ahnung, warum das so ist, doch meine Beobachtungen bestätigen dies.

Der Unterschied ist sehr groß und kann nicht auf einer verzerrten Vorstellung vom eigenen Körper beruhen. In einem Fall, der mir einfällt, war die Projektorin eine kleine blonde, blauäugige Frau mit vierschrötigem Körperbau und markantem Gesicht. Ihr Astralkörper war schwarzhaarig, braunäugig, von durchschnittlicher Größe und ein wenig mollig. Außerdem sah er etwa zwanzig Jahre jünger aus.

Auch mein Astralkörper unterscheidet sich wesentlich vom physischen. Er sieht jünger aus, ist glattrasiert (obwohl ich seit meinem siebzehnten Lebensjahr einen Bart trage); er ist etwas größer und wesentlich dicker als ich, und er hat sanftere Gesichtszüge. Auch trägt er keine Brille, obwohl ich seit meinem zwölften Lebensjahr dazu gezwungen bin. Doch kann ich die Möglichkeit astraler Kontaktlinsen nicht ausschließen.

Woher diese Verschiedenheiten kommen, weiß ich nicht. Noch verworrener wird das Ganze durch den Faktor sofortiger Erkennbarkeit. Es kann sein, daß alle Freunde, die Ihnen während einer Astralprojektion begegnen, ganz anders als in ihrem physischen Körper aussehen. Dennoch erkennen Sie sie sofort. Ich weiß wiederum nicht, wie und weshalb. Dieses Phänomen läßt aber vermuten, daß wir alle mit dieser Art von Erfahrung vertrauter sind als wir denken. Dies ist keineswegs eine verstiegene Idee. Es gibt einige Hinweise, die darauf hindeuten, daß wir imstande sind, gleichzeitig in der astralen und physischen Sphäre zu agieren, wobei jeder der beiden Körper über ein eigenes Bewußtsein und Denkvermögen verfügt, keiner jedoch von den Aktivitäten des anderen Kenntnis hat. Diese unbewußte interdimensionale Bilokation scheint mir ein vielversprechendes Forschungsgebiet zu sein. Zu Ihrer Erleichterung kann ich Ihnen sagen, daß ich nicht die Absicht habe, mich hier näher damit zu beschäftigen.

Eine andere Schule ist der Meinung, daß Träumen Astralprojektion in unbewußtem Zustand ist; eine Theorie, die ebenso schwer zu beweisen wie zu widerlegen ist. Wie wir im ersten Teil dieses Buches gesehen haben, halten manche Projektoren, darunter Sylvan Muldoon, Träume für unklare Erinnerungen an *Ätherprojektionen*. Beide Theorien schließen einander natürlich nicht aus; und wenn Träume tatsächlich regelmäßige *Astralprojektionen* sind, dann wäre das eine Erklärung dafür, warum wir Freunde in der Astralsphäre so leicht erkennen, obwohl sich ihr Aussehen stark von jenem auf der physischen Ebene unterscheiden kann.

Obwohl die okkulte Literatur äußerst umfangreich und das Konzept des Astralkörpers uralt ist, gibt es erstaunlich wenige wirklich detaillierte Berichte über diesen feinstofflichen Körper und über die physikalischen Gegebenheiten der Astralsphäre. Doch vielleicht brauchen Sie diese gar nicht, denn es gibt eine Fülle verfügbarer Informationen über die Techniken der Astralprojektion, die Sie, wie ich hoffe, bald selbst versuchen werden.

Luzide Träume

Im Vorwort seines kleinen, nützlichen Buches *Lucid Dreaming* (Hellbewußtes Träumen) sagt Gregory Scott Sparrow:

> »Seit Jahrzehnten beschäftigt sich die westliche metaphysische und okkultistische Literatur mit Astralprojektionen und außerkörperlichen Erfahrungen. Typisch für die einschlägigen Bücher ist jedoch der einseitige Ansatz: Sie versuchen herauszufinden, *wohin* die Seele oder die Entität geht. Bei diesem Ansatz liegt die Betonung auf dem *physischen* Verlassen der Umstände, unter denen man im Körper und in der Welt lebt.
>
> Diese Bücher haben die Tendenz, den Schauplatz außer-

körperlicher Erfahrungen als irgendwo in Zeit und Raum tatsächlich existent zu betrachten.

Der Begriff *luzides Träumen* bietet eine völlig andere Erklärung für die gleiche Erfahrung. Statt zu unterstellen, daß ein Mensch die körperlichen Begrenzungen physisch verläßt, geht diese Erklärung von der Tatsache aus, daß das selbstreflektierende Bewußtsein auch ohne körperlichen Träger funktioniert und deshalb die Möglichkeit besteht, daß der Träumer Zeit und Raum transzendiert. Alles, womit wir uns deshalb beschäftigen müssen, ist die Selbstwahrnehmung des Träumers während der Erfahrung, die ›Luzidität‹ genannt wird.

Natürlich neigt der luzide Träumer dazu, Schlußfolgerungen daraus zu ziehen, *wo* er sich befindet (zum Beispiel außerhalb des Körpers, in der Astralsphäre). Doch diese Schlußfolgerungen sind bloße Spekulationen und können zu allen möglichen komplizierten Systemen führen, die den physischen Prozeß so darstellen, als verlasse die Seele den Körper und trete wieder in ihn ein. Dadurch wird der Möglichkeit aus dem Weg gegangen, daß der ›Projektor‹ sich *in sich selbst* befindet und daß diese andere Welt, die er sieht, ein Auswuchs seiner eigenen früheren Einstellungen und Erfahrungen ist.«

Ich brauche wohl kaum darauf hinzuweisen, daß ich mit dem größten Teil dieser Ausführungen nicht übereinstimme. Da ätherische und astrale Phantome auch von anderen gesehen und die gleichen Bereiche der Astralsphäre von verschiedenen Reisenden besucht worden sind, scheint es völlig klar, daß tatsächlich »ein physisches Verlassen der Umstände, unter denen man im Körper und in der Welt lebt«, stattfindet.

Ich finde auch nicht, daß damit der Möglichkeit aus dem Weg gegangen wird, daß die Welt, die ein Projektor sieht, ein Auswuchs seiner eigenen früheren Einstellungen und Erfahrungen ist. Die Astralsphäre ist so strukturiert, daß das sehr wohl der Fall sein kann. Das Astrallicht ist so formbar, daß es jede Form annehmen kann, die ihm von kreativen Projektoren unbewußt eingeprägt wird; und in diesem Sinn ist es natürlich ein Auswuchs der früheren Einstellungen und Erfahrungen des Projektors. Das macht es zu keiner subjektiven Welt, sondern zu einer objektiven Welt, die subjektive Zustände auf seltsame Weise widerspiegelt. Doch trotz alledem ist luzides Träumen ein guter Ausgangspunkt für Experimente mit der Astralsphäre. Wenn die Experten recht haben – und ich habe allen Anlaß, das zu glauben –, dann *sind* Sie bereits ein Astralprojektor, der jede Nacht unbewußt in diese merkwürdige Anderswelt reist.

Der Haken hegt natürlich im Wort *unbewußt*. Träume können großen Spaß machen, doch in ihnen *geschehen einem* seltsame Dinge. In einem Traum hat man keine (bewußte) Kontrolle über die (astralen) Geschehnisse. Sie verändern sich ständig, wodurch die für Träume so charakteristische Flüchtigkeit entsteht. Es sind trügerische Erfahrungen. Während eines Traums ist man sich des Umstandes, daß man träumt, daß man sich in eine neue Welt versetzt hat, nicht bewußt. Statt dessen nimmt man gedankenlos an, daß die Wandlung irgendwo in der physischen Welt stattfindet, in der man tagsüber lebt – so unwahrscheinlich dies auch sein mag. Beim Aufwachen wird einem natürlich klar, daß es ein Traum war. Doch die Erinnerung an seine Einzelheiten schwindet schnell. Die meisten Träume werden innerhalb weniger Minuten nach dem Aufwachen vergessen. In manchen Fällen ist der Gedächtnisschwund nach dem Aufwachen so stark, daß der Betreffende überzeugt ist, überhaupt nicht geträumt zu haben.

Wenn Träume dieser Art eine Astralprojektion darstellen, dann sind es Projektionen, die sich nur technisch von subjektiven Visionen unterscheiden. In ihnen wird die astrale Szenerie völlig durch Ihr Unbewußtes geformt. Die Personen, denen Sie begegnen, sind Personifikationen Ihrer eigenen psychischen Prozesse, die Ereignisse Dramatisierungen der Angelegenheiten, mit denen Sie sich unbewußt beschäftigen. Der Umstand, daß Sie eine astrale Szenerie manipulieren, ist belanglos. Praktisch gesehen ist es möglich, daß die Traumwelt durch elektrische Impulse in Ihrem Gehirn erzeugt wurde. Luzides Träumen ist etwas anderes.

Scott Sparrow definiert luzides Träumen ganz einfach als ein Träumen, bei dem der Träumer sich seiner selbst bewußt wird. Das erinnert ein wenig an Sylvan Muldoons Projektionstechnik, bei der Selbstsuggestion an einem vorbestimmten Punkt eines Projektionstraums einen Aufwachprozeß auslöst. Doch es handelt sich um etwas völlig Verschiedenes. Muldoons Technik ist dazu bestimmt, den Traum zu unterbrechen und Ihnen Ihre Projektion in der physischen Welt bewußt zu machen. Sparrows Definition bedeutet, daß Ihnen *bewußt* wird, daß Sie träumen. Der Traum wird nicht gestört, und Sie wachen nicht auf.

Wegen Ihrer guten Vertrautheit mit dem Traumzustand ist das Bewußtwerden in einem Traum eine ausgezeichnete Einführung in die Astralsphäre. Ihr erster Gedanke wird wahrscheinlich sein, daß Sie jetzt völlig Ihre Umgebung beherrschen, überall hingehen können und alles tun können, was Sie wollen. Das erfüllt Sie mit einem ungeheuren Freiheitsgefühl.

Da die Astralsphäre etwas Räumliches und Objektives ist, ist das Allmachtgefühl, das sich im allgemeinen einstellt, im Grunde eine Illusion, doch erlaubt es Ihnen wenigstens, sich ohne Angst auf den Weg zu machen und die Sphäre zu erkunden. Angst ist in der Astralsphäre ein größeres Problem als auf der physischen Ebene, und sie kann Sie in große Schwierigkeiten bringen. Infolge ihrer reflektiven Natur erlaubt es Ihnen die Astralsphäre nur allzu leicht, Ihre Ängste *objektiv* zu konfrontieren, was schon unter günstigeren Umständen äußerst unangenehm sein kann und zutiefst schrekkenerregend ist, wenn Sie unvorbereitet sind oder – was noch schlimmer ist – nicht begreifen, was vor sich geht.

In *Astral Doorways* habe ich gesagt: Wenn Ihnen in der Astralsphäre etwas Böses widerfährt, dann ist der Grund der, daß in Ihnen etwas Böses ist. Das war eine leichte Übertreibung, denn es gibt in dieser Sphäre objektiv böse Dinge, die aus sich selbst heraus existieren oder von anderen geschaffen werden. Doch die allgemeine Regel ist, daß alles, was Ihnen begegnet oder was Ihnen widerfährt, von Ihnen selbst geschaffen ist oder von Ihnen angezogen worden ist. Der letzte Punkt ist wichtig. Eine selbstgeschaffene Szenerie spiegelt nicht nur Ihre unbewußten Bedürfnisse, Ängste und Wünsche wider, sondern zieht auch objektive Wesen ähnlicher Natur an. Um in der Astralsphäre richtig wirken zu können, müssen Sie nicht nur für Ihre Handlungen, sondern auch für Ihren Charakter und Ihre Emotionen die Verantwortung übernehmen.

Edgar Cayce, Amerikas berühmter »schlafender Prophet«, wurde einmal gefragt: »Was bestimmt die Erfahrungen des Astralkörpers, wenn er sich während des Schlafs in der vierten Dimension befindet?« Seine Antwort bestätigt, was ich gesagt habe:

> »Das, was ihm als Nahrung zugeführt wurde. Das, was ihn geformt hat; das, was er sucht; das, was der Geist, der unbewußte Geist, *sucht*!«

Mit anderen Worten: In der Astralsphäre finden Sie alles, was Sie unbewußt suchen, ob gut oder schlecht. Vielleicht ist es ein Glück, daß eine *totale* Kontrolle über Ihre astrale Szenerie ungewöhnlich (wenn nicht gar unmöglich) ist und sich Ihr Unbewußtes nicht immer im Astralen spiegelt, außer auf sehr generalisierte Weise. Doch bevor Sie sich praktisch mit all diesen Dingen beschäftigen, müssen Sie zuerst das Problem lösen, sich in einem Traum Ihrer selbst bewußt zu werden. Die meisten Menschen haben früher oder später einen Traum, in dem sie zufällig daraufkommen, daß sie träumen. Leider unterbricht eine solche Erkenntnis fast immer den Traum und bewirkt, daß sie aufwachen. Worauf es ankommt, ist, diese Erkenntnis herbeizuführen, ohne den Traum zu unterbrechen. Dafür gibt es verschiedene Methoden.

Der erste große Schritt besteht darin, daß Sie Ihren Träumen mehr Beachtung schenken. In unserer Kultur sind die meisten von uns überzeugt, daß Träumen etwas Nutzloses ohne jede Bedeutung ist, eine Art Film, der in unserem Gehirn abläuft, wenn es sich von den tagsüber angesammelten Giftstoffen reinigt. Ältere und vielleicht weisere Kulturen haben den Träumen viel mehr Aufmerksamkeit gewidmet, weil die Menschen glaubten, daß sie Prophezeiungen oder Botschaften der Götter übermitteln. Was immer man von diesem Glauben hält – Träume sind für jeden, der Astralprojektionen durchführen möchte, von großer Bedeutung; und es lohnt sich deshalb, sich mit ihnen zu beschäftigen.

Eine Möglichkeit besteht darin, ein Notizbuch neben das Bett zu legen oder einen Kassettenrecorder hinzustellen und den Inhalt der Träume sofort nach dem Aufwachen aufzuschreiben oder auf Band zu sprechen. Die meisten Menschen haben eine starke Abneigung dagegen, sich am Morgen als erstes geistig anzustrengen. Doch wenn Sie einen starken Willen haben und beharrlich sind, wird es schließlich zur Gewohnheit und fällt dann leichter. Sollten Sie diese Methode nicht mögen, dann reservieren Sie wenigstens jeden Morgen – so früh wie möglich – ein paar Minuten und bemühen Sie sich bewußt, sich an Ihre Träume während der Nacht zu erinnern. Worauf Sie anfangs achten müssen, ist irgendein Hinweis auf *präluzides* Träumen.

In einem präluziden Traum träumen Sie, daß Sie aufwachen, ohne dies jedoch wirklich zu tun. Um das noch einmal ganz klar auszudrücken: Sie träumen in einem präluziden Traum, daß Sie aus einem Traum aufwachen, doch Sie wachen nicht wirklich auf, und es wird Ihnen auch nicht bewußt, daß Sie träumen. Die meisten Menschen haben von Zeit zu Zeit solche Träume, doch wenn Sie welche unter den gegenwärtigen Umständen haben, ist das kein reiner Zufall. Wenn Sie begonnen haben, sich intensiv mit Ihren Träumen zu beschäftigen, mit dem Vorsatz, luzid zu träumen, dann erhöhen sich automatisch die Chancen für eine solche Erfahrung. (Der psychologische Vorgang ist ganz klar: Indem Sie sich vornehmen, luzide Träume zu haben, erteilen Sie Ihrem Unterbewußtsein eine automatische Suggestion, solche hervorzubringen.)

Präluzide Träume sind ein Schritt auf dem Weg zu luzidem Träumen, und sie haben oft eine erstaunliche Klarheit und Realität. Sie sind jedoch keine luziden Träume, denn Sie sind sich in ihnen nicht bewußt, daß Sie träumen. Trotzdem ist ihr Vorkommen ein deutlicher Hinweis darauf, daß sich Ergebnisse einstellen. Sie können den Prozeß auf verschiedene Weise beschleunigen. Sparrow entdeckte, daß es einen Zusammenhang zwischen luzidem Träumen und Meditation gibt:

> »Als sich in den folgenden Monaten mit zunehmender Regelmäßigkeit Luzidität einstellte, bemerkte ich bald, daß dies vorhersehbarerweise nach einer tiefen, fruchtbaren Meditation der Fall war. Mir wurde klar, daß sich, wenn ich mich intensiv der Andacht widmete, luzide Träume als Begleiterscheinungen einstellten. Dieser Zusammenhang wurde noch deutlicher, als ich fünfzehn oder zwanzig Minuten lang während der frühen Morgenstunden zu meditieren begann (zwischen zwei und fünf Uhr).«

Er zog den Schluß, daß gewissenhafte Meditation in den frühen Morgenstunden zur inneren Harmonisierung luzide Träume auslöste, doch er weist darauf hin, daß Meditation zum Zweck der Herbeiführung luzider Träume kaum zum Erfolg führt. Seine eigenen Versuche, dies zu tun, mißlangen immer wieder; und er hatte oft Träume, die ihm sagten, er solle dies nicht tun.

Ich glaube, ich muß darauf hinweisen, daß Scott Sparrow, nach seinen Büchern zu urteilen, ein Mensch ist, dem Spiritualität und christliche Ideale sehr viel bedeuten. Anfangs war er überzeugt – und vielleicht ist er es immer noch –, daß luzide Träume eine Art »Geschenk« sind. »Ich erinnere mich, daß ich verwirrt im Bett lag und mich fragte, warum mir diese Erfahrung zuteil geworden war und womit ich sie mir verdient hatte«, schreibt er in *Lucid Dreaming*. Er kam zu dem Schluß, daß die Erfahrung die Folge einer selbstlosen Handlung gegenüber seinem Bruder gewesen war und daß »selbstlose Taten etwas Seltenes in meinem Leben gewesen waren«. Danach stellte er oft fest, daß Luzidität einer liebevollen Handlung oder einem tiefgehenden psychischen Kontakt mit jemand anderem folgte.

Da ich kein besonders spiritueller Mensch bin, fällt es mir schwer zu beurteilen, ob ein solcher Zusammenhang tatsächlich besteht, doch ich erwähne das Ganze, weil ich hoffe, daß es für manche Leser von Nutzen ist. Die Wirkung von Meditation ist jedoch äußerst interessant, und sie hat eine viel weitergehende Bedeutung, denn jede Art von richtig ausgeführter Meditation kann einen in engen Kontakt mit seinem innersten Selbst bringen, was, wie ich vermute, der auslösende Faktor für luzide Träume ist.

Wer mit der *Absicht* meditiert, dadurch luzide Träume zu bekommen, errichtet automatisch eine Schranke, da dies ein oberflächliches Ziel ist. Das Resultat ist so ähnlich, wie wenn man sich bemüht, sich zu entspannen. Entspannung ist eine Sache des *Loslassens.* Solange man sich darum bemüht, kann man nicht völlig loslassen. Erst wenn man aufhört, sich zu bemühen, ist völlige Entspannung möglich. Ein anderer Auslöser, den in anderem Zusammenhang schon Sylvan Muldoon erwähnt hat, ist Selbstsuggestion. Diese kann man kurz vor dem Einschlafen anwenden, wenn man angenehm entspannt und das Unterbewußtsein Anweisungen zugänglich ist. Sagen Sie sich immer wieder vor, daß Ihnen, wenn Sie das nächste Mal träumen, bewußt werden wird, daß Sie träumen.

Sie können versuchen, diese Suggestion mit einer typischen Traumszenerie zu verbinden. Hier kommt Ihnen die eingehende Beschäftigung mit Ihren Träumen zugute, denn inzwischen haben Sie sicher festgestellt, daß es immer wiederkehrende – oder typische – Themen gibt. So kann es zum Beispiel sein, daß Sie in vielen Ihrer Träume durch eine Geschäftsstraße gehen. Wenn das der Fall ist, dann suggerieren Sie sich, daß Sie sich das nächste Mal, wenn Sie träumen, durch eine Geschäftsstraße zu gehen, bewußt werden, daß Sie träumen. Da Sie mit einer visuellen Vorstellung (der Straße) arbeiten müssen, kann es hilfreich sein, die Suggestion in visueller Form vorzunehmen, sich also *vorzustellen*, wie Sie träumen und sich dann bewußt werden, daß Sie träumen. Wenn Sie sich das Nacht für Nacht suggerieren, wird früher oder später das typische Straßenbild auftauchen und die Suggestion auslösen. Eine etwas andere Technik zur Auslösung von Bewußtheit wird erst während des Traums eingesetzt. Sie besteht darin, daß Sie Ihre Aufmerksamkeit auf Ihre Hände oder einen anderen Teil ihres (Traum) Körpers richten.

Die Schlafforschung hat herausgefunden, daß das wesentlichste Element jedes Traumes der eigene Körper ist. Wenn Sie Ihre Aufmerksamkeit auf ihn richten, so wird dadurch Ihr persönliches Identitätsgefühl verstärkt, denn Ihre Aufmerksamkeit wird von den rasch wechselnden astralen Elementen, aus denen der Traum sonst zum größten Teil besteht, abgelenkt. Ein anderer guter Konzentrationspunkt ist der Boden unter Ihren Füßen, ebenfalls ein sich nicht veränderndes Element in der sich ansonsten ständig verändernden Szenerie.

Das Problem bei diesen beiden Techniken besteht darin, sich daran zu erinnern, die Aufmerksamkeit auf die Hände oder den Boden zu richten, wenn der Traum beginnt. Auch hier hilft ein klarer, bewußter Entschluß vor dem Einschlafen sowie die Selbstsuggestion, daß Sie von jetzt an in jedem Traum die Aufmerksamkeit auf die Hände oder den Boden unter Ihren Füßen richten werden. Da Sie auch hier einen visuellen Bezugspunkt haben, kann eine visuelle Suggestion vorgenommen werden.

Ich empfehle nachdrücklich, diese Techniken mehrere Wochen lang anzuwenden, bevor Sie sie aufgeben. Doch wenn Sie keinen Erfolg damit haben sollten, können Sie es mit einigen anderen komplizierteren und schwierigeren Methoden versuchen, die vor vielen Jahrhunderten in Tibet entwickelt wurden. Wie Dr. W. Y. Evans-Wentz in seinem Buch *Tibetan Yoga and Secret Doctrines* schreibt, verfügen Yogis aufgrund dieser Methoden im Traumzustand über ein ebenso klares Bewußtsein wie im Wachzustand – und genau dies wollen Sie ja erreichen.

Die erste – und wahrscheinlich am wenigsten brauchbare – Methode besteht in der Entwicklung der Erkenntnis, daß alle Dinge im Grunde nicht real sind. »Mit anderen Worten«, schreibt Evans-Wentz, »halten Sie unter allen Umständen den ganzen Tag über (während des Wachzustandes) den Gedanken fest, daß alle Dinge aus dem gleichen Stoff sind wie Träume und daß Sie Ihr wahres Wesen erkennen müssen.« Nachts vor dem Einschlafen beten Sie darum, den Traumzustand begreifen zu können und beschließen Sie, daß Ihnen das gelingen wird.

Die Grundidee (daß alles ein Traum ist) ist für einen durch die westliche Kultur geprägten Menschen schwerer zu akzeptieren als für einen Tibeter mit einer jahrhundertealten buddhistischen Tradition, derzufolge ja alles *Maya* oder Illusion ist. Doch vielleicht finden Sie sie intellektuell oder emotional anziehend. In diesem Fall werden sowohl das nächtliche Gebet (nach dem tibetischen Text an Ihren Guru; doch es kann auch jede andere Gottheit sein) als auch die Entschlossenheit, Erfolg zu haben, eine *machtvolle Selbstsuggestion* darstellen.

Die zweite Methode ist eher technischer Art. In dem Text steht, daß sie auf der »Macht des Atems« beruht, obwohl keine Atemkontrolle damit verbunden ist. Vielleicht handelt es sich um einen Übersetzungsfehler; und mit »Atem« ist der »universale Atem« gemeint, den die Chinesen *Ch'i* nennen. *Ch'i* ist eine feinstoffliche Energie, die den menschlichen Körper erfüllt und mittels Methoden wie Akupunktur, Akupressur und verschiedenen Yoga- und körperlichen Fitneßsystemen wie Tai Ch'i reguliert werden kann.

Die Übungen zur Herbeiführung des Traumbewußtseins durch Regulierung dieser Energie sind recht einfach:

1. Legen Sie sich zum Schlafen auf die rechte Seite.
2. Drücken Sie mit Daumen und Ringfinger der rechten Hand auf die Halsarterie. (Sie können sie durch Ertasten des Pulses finden.)
3. Verschließen Sie mit den Fingern der rechten Hand die Nasenlöcher, so daß Sie gezwungen sind, durch den Mund zu atmen.
4. Lassen Sie zu, daß sich Ihr Speichel in der Kehle sammelt.

Die letzte tibetische Methode, die ich hier erwähnen möchte, ist die komplizierteste und in verschiedener Hinsicht die interessanteste. Ich nehme die englische Übersetzung von Evans-Wentz zur Grundlage für mein Zitat:

»Stell dir vor, daß du die Gottheit Vajra-Yogini bist und

visualisiere im psychischen Kehlzentrum die Silbe *AH* in roter Farbe und hellstrahlend, als echte Verkörperung der Göttlichen Sprache.

Indem man sich geistig auf das Strahlen des *AH* konzentriert und erkennt, daß jedes sachliche Phänomen im Grunde Formen gleicht, die von einem Spiegel zurückgeworfen werden und, obwohl sichtbar, keine wirkliche Existenz besitzen, versteht man den Traum.

Bemühe dich, bei Einbruch der Nacht mittels der oben geschilderten Visualisierung das Wesen des Traums zu begreifen. Bei Tagesanbruch übe siebenmal topfförmiges Atmen. Beschließe elfmal, das Wesen des Traumzustands zu begreifen. Dann konzentriere den Geist auf einen Punkt von weißer Farbe zwischen den Augenbrauen.

Bist du von plethorischem Temperament, so stelle dir den Punkt in roter Farbe vor, bist du von nervösem Temperament, in grüner Farbe.

Solltest du auf diese Weise den Traumzustand nicht begreifen, dann gehe wie folgt vor:

Meditiere bei Einbruch der Nacht auf den Punkt. Am Morgen übe einundzwanzigmal topfförmiges Atmen. Beschließe einundzwanzigmal, das Wesen des Traumzustands zu begreifen. Konzentriert man dann den Geist auf einen schwarzen Punkt in der Größe einer normalen Pille am untersten Teil des Zeugungsorgans, so erlangt man die Fähigkeit, das Wesen des Traumzustands zu begreifen.«

Falls Sie nicht esoterisch geschult sind, dürften Ihnen diese Anweisungen zum Teil ziemlich unverständlich sein. Wir wollen jedoch versuchen, eine verwendbare Technik daraus zu machen.

Das erste Problem ist der Begriff *psychisches Kehlzentrum,* mit dem das sogenannte *Chakra* oder *Chakram* gemeint ist. Chakra wird im allgemeinen mit *Lotus* übersetzt, und die *Chakras* werden als feinstoffliche Zentren in jedem menschlichen Körper betrachtet, die Transformatoren für die universale Energie des *Prana* oder *Ch'i* darstellen. Wir brauchen uns mit den Chakras nicht eingehender zu beschäftigen, doch werfen Sie bitte einen Blick auf die folgende Zeichnung:

Fünf der Hauptchakras sind als strahlende Bereiche dargestellt. Das zweite von oben ist das in dem tibetischen Yoga-Text erwähnte »psychische Kehlzentrum«. Wenn man es stark stimuliert, wird nach meiner eigenen Erfahrung eine kombinierte Äther/Astral-Projektion herbeigeführt. Leichtere Stimulierung kann, wie Sie dem Text entnommen haben, zu Traumkontrolle führen.

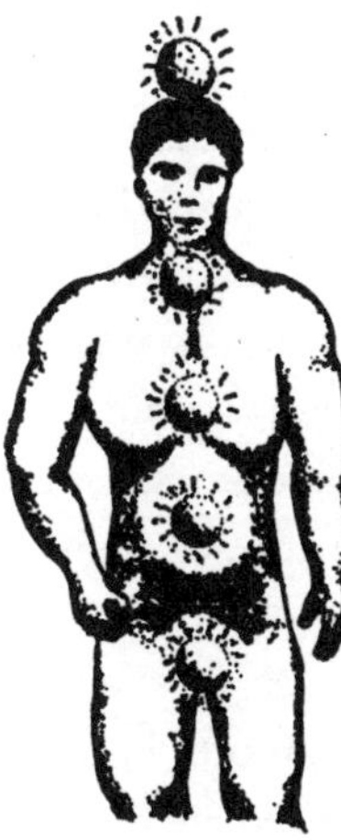

Eine der einfachsten, sichersten und in vielerlei Hinsicht wirkungsvollsten Methoden zur Stimulierung eines Chakras ist Visualisierung. In dem Text wird der Übende aufgefordert, sich vorzustellen, er sei die Gottheit Vajra-Yogini, was bei einem Tibeter den Glauben an einen Erfolg sicherlich sehr verstärken würde, für die meisten westlichen Menschen jedoch sinnlos wäre. Diese Anweisung können Sie ruhig ignorieren, ebenso die Ausführungen über die Silbe AH und die »echte Verkörperung der Göttlichen Sprache«.

Etwas anderes ist es mit der Visualisierung des Kehlzentrums in roter Farbe. Stellen Sie sich, bevor Sie zu Bett gehen, zehn Minuten lang ein strahlend rotes Licht in Ihrer Kehle vor, dessen milder Schein diesen ganzen Körperbereich beleuchtet. Tun Sie dies aber nicht länger als zehn Minuten, denn jede Konzentration auf ein einzelnes Chakra ruft eine Unausgeglichenheit des Energieflusses und gesundheitliche Störungen hervor, wenn Sie zu lange dauert. Beschließen Sie während der Visualisierung, daß Ihnen während des Träumens bewußt werden wird, daß Sie träumen, und denken Sie an die reflektiven Eigenschaften der Astralsphäre, die ich früher in diesem Buch dargestellt habe.

Rot ist eine energetisierende Farbe, und es bestehen beste Aussichten, daß Sie außer der obigen Übung nichts anderes tun müssen, um Resultate zu erzielen. Sollten Sie jedoch nach etwa zehntägigem Üben Ihr Ziel nicht erreicht haben, so gehen Sie zum zweiten Teil über.

Setzen Sie die Übung abends vor dem Einschlafen fort. Doch machen Sie am nächsten Morgen gleich nach dem Aufwachen die in dem Text erwähnten sieben »topfförmigen« Atemzüge.

Bei den meisten Menschen bewegt sich, wenn sie atmen, der Brustkorb. Beobachten Sie sich einmal beim Atmen und registrieren Sie genau, was geschieht. »Topfförmiges« Atmen besteht darin, in den Bauch einzuatmen (der sich, wenn Sie tief Luft holen, nach außen wölbt und eine runde Form wie ein Topf annimmt). Wenn Sie in den Bauch einatmen, können Sie viel mehr Luft aufnehmen. Beim Ausatmen ziehen Sie den Bauch ein, so daß er sich nach innen wölbt, wodurch die Luft aus den Lungen völlig ausgestoßen wird. Tun Sie dies jedoch nicht öfter als siebenmal, vor allem, wenn Sie keine

Atemübungen gewöhnt sind, denn sonst kann es sein, daß Ihnen schwindlig wird.

Fassen Sie elf mal den im Text genannten Beschluß und konzentrieren Sie sich dann auf den »Punkt zwischen den Augenbrauen«. Dies ist natürlich das sagenhafte »Dritte Auge«, das mit der Zirbeldrüse in Zusammenhang gebracht wird und das Okkultisten als Sitz parapsychologischer Fähigkeiten betrachten. Es ist außerdem, obwohl die Zeichnung es nicht zeigt, ein Chakra oder Energiezentrum und kann deshalb durch Visualisierung stimuliert werden. Wenn Sie es zum ersten Mal visualisieren, stellen Sie es sich als einen kleinen weißen Bereich vor. Sobald Sie es vor Ihrem geistigen Auge sehen, stellen Sie es sich strahlend rot vor, wenn Sie ein ruhiger Mensch sind, oder grün, wenn Sie nervös sind.

Führen Sie diese Übung zehn Tage durch und gehen Sie dann, wenn sich keine Ergebnisse einstellen, zum dritten Teil über. Die meisten Anweisungen des dritten Teils dürften Ihnen inzwischen klar sein, vor allem, da sie sich von den vorherigen nicht sehr unterscheiden. Das wesentliche neue Element ist der *schwarze Punkt* am untersten Teil des Zeugungsorgans.

Durch diese neue Visualisierung wird das *Muladharachakra* stimuliert, das sich beim Mann zwischen der Peniswurzel und dem Anus und bei der Frau zwischen dem hintersten Teil der Vagina und dem Anus befindet. Es ist der Sitz mächtiger Energien und darf nur mit äußerster Vorsicht manipuliert werden. Stellen Sie sich dieses Chakra in keiner anderen Farbe als schwarz vor, und visualisieren Sie es nicht größer als eine Pille, wie im Text angegeben. Eine leichte Stimulierung reicht völlig aus, um Resultate zu erzielen.

Astraltore

Luzides Träumen führt Sie in die Astralsphäre, doch es besteht kein Zweifel, daß die astrale Szenerie, die Sie betreten werden, von Ihnen selbst erschaffen ist – das heißt, sie reflektiert Ihre eigenen Bedürfnisse, Zwangsvorstellungen und Wünsche. Das liegt daran, daß Sie, ganz gleich wie schnell es Ihnen auch gelingt, sich bewußt zu werden, daß Sie träumen, *zuerst* zu träumen beginnen; und das bedeutet, daß Ihre Umgebung erschaffen wird, während Sie ohne Bewußtsein sind. Sobald sie erschaffen ist, hat sie die Tendenz, ihre Form während des restlichen astralen Abenteuers beizubehalten. Es besteht natürlich immer die Möglichkeit, daß nichterschaffene Elemente eindringen, doch insgesamt wird Ihnen die Erfahrung weit mehr über sich selbst sagen als die Anderswelt.

Sie wissen bereits aus den theoretischen Teilen dieses Buches, daß es riesige *vorgeformte* Bereiche der Astralsphäre gibt, permanente oder zum Teil permanente Reflexionen verschiedener Energien und Einflüsse. Es wäre natürlich sehr vorteilhaft, eine Art Tor zu diesen Bereichen zu finden, damit man sie nach Belieben, mehr oder weniger nicht »verunreinigt« von den rasch wechselnden Einflüssen des Unbewußten, aufsuchen kann. (Ich glaube, wenn man sich in einem »reinen« Bereich der Astralsphäre befindet, wie das in einem Traum der Fall ist, dann werden die Nebel des Astrallichts nur durch das eigene Unbewußte beeinflußt. Befindet man sich jedoch in einem astralen Bereich, der bereits ein physisches Terrain oder eine seit langem bestehende Gedankenform widerspiegelt, dann bedarf es einer bewußten

Bemühung, die Umgebung irgendwie zu verändern. Manchmal ist dazu beträchtliche Konzentration und Erfahrung erforderlich.)

Es gibt tatsächlich Tore, die in bestehende Astralbereiche führen, und orientalische Magier benützen sie seit Jahrhunderten. Einige wurden in der viktorianischen Zeit nach England importiert und die Mitglieder des Golden Dawn in die damit verbundenen Methoden eingeweiht.

Die Idee eines Tores, das in eine andere Dimension führt, wurde durch die Science-Fiction-Literatur popularisiert, in der es meist als ein auf mysteriöse Weise in der Luft schwebendes Portal dargestellt wird, durch das der Held tritt und meist den Blicken sterblicher Menschen entschwindet. Sie werden vielleicht etwas enttäuscht darüber sein, daß wirkliche Astraltore damit nicht die geringste Ähnlichkeit haben, obwohl sie ebenso faszinierend sind. Es gibt in diesem Zusammenhang eine interessante Geschichte über ein Treffen zwischen dem irischen Dichter William Butler Yeats und dem Magier S. L. MacGregor Mathers, der zu jener Zeit Oberhaupt des neugegründeten Golden Dawn war.

Yeats hatte gehört, daß Mathers der Schauspielerin Florence Farr bei einem Besuch ein Stück Pappe auf die Stirn stellte und daß bei dieser dadurch sofort die Vision ausgelöst wurde, sie gehe, umflattert von kreischenden Möwen, über eine Meeresklippe. Mathers gab auch Yeats ein Stück Pappe, und als dieser es an die Stirn drückte, sah er vor seinem geistigen Auge intensive Bilder, über die er keine Kontrolle hatte. Er befand sich in einer Wüste, und vor ihm erhob sich aus alten Ruinen ein schwarzer Titan.

In seiner Autobiographie berichtet Yeats, daß Mathers ihm sagte, er habe ein dem »Orden der Salamander« angehörendes Wesen gesehen, denn deren Symbol habe er ihm gezeigt. Mathers behauptete jedoch, das (auf eine Karte gezeichnete) Symbol sei nicht unbedingt erforderlich – es genüge, wenn man es sich einfach vorstelle. Verständlicherweise war Yeats beeindruckt und trat später dem Orden bei.

Das Symbol, das Mathers Florence Farr zeigte, sah mit ziemlicher Sicherheit so aus:

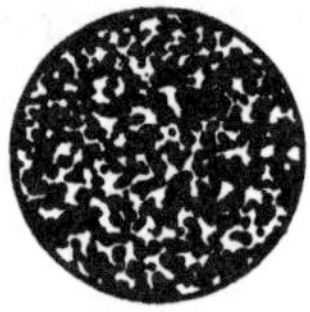

Und das an Yeats Stirn gedrückte so:

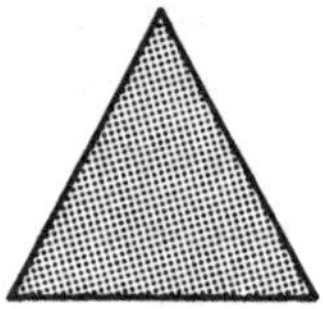

Die Farbe von Mrs. Farrs Symbol war blau, die von Yeats Symbol rot. Es waren zwei der von den hinduistischen Philosophen entwickelten *Tattwa-Symbole,* die für die alten alchimistischen Elemente Erde, Luft, Feuer, Wasser und Äther stehen und innerhalb des Golden Dawn ganz bestimmten Zwecken dienten.

Tattwa-Symbole lösen häufig, wenn sie in der geschilderten Weise auf der Stirn plaziert werden, die von Farr und Yeats erlebten Visionen aus. Werden sie auf etwas andere Weise eingesetzt, so werden sie zu wichtigen Hilfsmitteln bei der Astralprojektion. Und da der Projektor durch sie in einen bestimmten Bereich der Astralsphäre *eintreten* kann, werden sie mit Recht als *Astraltore* bezeichnet.

Die wichtigsten Tattwa-Symbole sehen so aus:

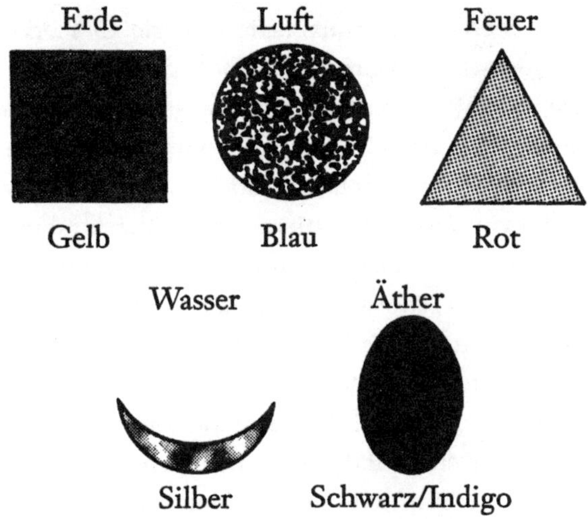

Jedes gestattet den Zutritt zu einem bestimmten Bereich der Astralsphäre, doch es können noch viele andere Astraltore durch die Anwendung *zusammengesetzter Symbole* geschaffen werden, zum Beispiel, indem man die silberne Mondsichel des Wassers mit dem gelben Quadrat der Erde verbindet oder das rote Dreieck des Feuers mit der blauen runden Scheibe der Luft. Experimente mit zusammengesetzten Toren können zu interessanten Resultaten fuhren. Vielleicht möchten Sie später einmal solche Versuche anstellen. Ich schlage vor, uns vorerst mit den fünf Hauptsymbolen zu begnügen, da Anfänger mit ihnen etwas leichter umgehen können. Die Techniken für den Gebrauch zusammengesetzer Symbole sind die gleichen wie für diese.

Im Golden Dawn wurden die Tattwas als Grundlage für die ersten Experimente des Ordens mit Hellsehen und Astralprojektion benützt. Die damit verbundene Theorie war ziemlich kompliziert.

Ich habe bereits die universale Energie *Ch'i* erwähnt, die in den indischen Yogaschulen *Prana* genannt wird. Diese Energie, die mit der Luft verbunden ist, sich aber von ihr unterscheidet, soll ihren Ursprung in einem ständig von der Sonne ausgehenden Strom haben, doch handelt es sich dabei um keine der von Wissenschaftlern gemessenen Strahlungen. Diese Strahlung setzt sich aus fünf Elementen zusammen, welche die Hindus *Akasha* (Äther), *Vayu* (Luft), *Tejas* (Feuer), *Apas* (Wasser) und *Prithivi* (Erde) nennen.

Die übersetzten Begriffe haben wenig mit dem zu tun, was wir unter Luft, Feuer, Wasser und so weiter verstehen, sondern beziehen sich auf die gleichnamigen alchimistischen Elemente. Die Alchimisten machten einen Unterschied zwischen ihren Elementen und deren irdischen Entsprechungen, indem sie Bezeichnungen wie *Luft der Weisen, Feuer der Weisen* und so weiter verwendeten, wodurch das Ganze jedoch niemandem klarer wurde. Das Problem lag darin, daß die Alchimisten zwar viel Zeit damit verbrachten, in Laboratorien chemische Reagenzien zu mischen, daß sie aber in Wirklichkeit – wohlverborgen hinter einem (manchmal chiffrierten) einschüchternden Vokabular, aus dem die alchimistische Literatur zum größten Teil besteht – mit der *Grundsubstanz der Astralsphäre* arbeiteten.

Um zu verstehen, was das bedeutet, müssen wir einen kurzen Ausflug in die Welt der Kabbala machen, jene uralte Lehre, die einem Großteil des heutigen Okkultismus zugrunde liegt. Das Zentrum dieser Lehre bildet ein Symbolsystem, der sogenannte *Lebensbaum,* mit dem wir uns in einem späteren Kapitel näher beschäftigen werden. Dieses System stellt eine Art Karte der Realität dar und zeigt ihre Grundstruktur, wie sie aus dem Großen Nichtmanifesten in Erscheinung trat. Es besteht aus zehn Sphären, deren unterste, *Malkuth* genannt, das physische Universum darstellt. Gleich oberhalb von Malkuth befindet sich eine Sphäre namens *Yesod,* die der *Astralregion* entspricht. Doch *Yesod* bedeutet nicht »Astralsphäre«, sondern *Fundament,* denn die Kabbalisten – und die meisten anderen Okkultisten – glauben, daß die Astralsphäre das Fundament der physischmateriellen Welt ist.

Bedenkt man, wie leicht das Astrallicht beeinflußt werden kann, so erscheint dies, oberflächlich betrachtet, unwahrscheinlich, doch die Idee, daß das Astrale dem Physischen *zugrunde liegt,* bildet die Wurzel der meisten westlichen magischen Praktiken. Alle Rituale und die meisten Beschwörungsformeln haben einen inneren – astralen – Aspekt, und die Wirkungen, die mit diesen Operationen im Astralen hervorgerufen werden, führen zu »magischen« Resultaten auf der irdischen Ebene.

Alchimistische Experimente waren (und sind) insofern ungewöhnlich, als sie zwei Ebenen zugleich zu manipulieren und zu verstehen suchen. Die Kategorisierung der physischen Materie in fünf »Elemente« zeigt die Begrenzung der Alchimie auf, die moderne Wissenschaftler veranlaßt haben, sie als »Proto-Chemie« zu verwerfen. Doch die Kunst der Alchimie ist nun einmal der Ursprung der wissenschaftlichen Chemie, und sie zu verwerfen deutet auf einen tiefgehenden Mangel an Verständnis. Die Alchimie ist ein funktionierendes eigenständiges System, und die Unterteilung in Elemente scheint für die »geistige Materie« des Astrallichts nach wie vor Gültigkeit zu besitzen.

Die Kraft der Elemente ist innerhalb des Astrallichts nicht konstant, sondern folgt einem von der Sonne ausgehenden Rhythmus. *Akasha* (Äther) ist am stärksten bei Sonnenaufgang und herrscht zwei Stunden lang, um dann in ein ansteigendes *Vayu* (Luft) überzugehen. Dieses dauert zwei Stunden und geht dann in *Tejas* (Feuer) über, und dieses wiederum in *Apas* (Wasser), bis der Zyklus mit *Prithivi* (Erde) endet.

Diesem Rhythmus des universalen *Prana* oder *Ch'i* entspricht das rhythmische Fließen des persönlichen *Ch'i* in den Akupunkturmeridianen des menschlichen Körpers, das ebenfalls einem Tagesrhythmus folgt und ein eigenes »Gesetz der Fünf Elemente« besitzt.

In diesem universalen Zyklus wird nie ein Element völlig durch ein anderes ersetzt, denn *Ch'i* ist stets eine Mischung aus allen fünf. In dem Zyklus herrscht immer nur ein bestimmtes Element zu einer bestimmten Zeit vor.

Wie sich dies alles in der Astralsphäre manifestiert, ist eine Sache der Erfahrung. Und um diese Erfahrung zu erlangen, fertigen Sie sich als erstes einen Satz Tattwa-Karten an. Nehmen Sie weiße Karten aus Pappkarton, die groß genug sind, daß Sie ein fünf bis sieben Zentimeter hohes Symbol darauf zeichnen können. Wenn Sie ein zusammengesetztes Symbol zeichnen wollen, dann bezieht sich diese Größe auf das Hauptsymbol. Das zweite Symbol, das Sie hinzufügen, kann – und soll – etwas kleiner sein.

Lassen Sie die Rückseite der Karten leer. Die Zeichnung auf Seite 143 zeigt die fünf Hauptsymbole und ihre Farben. (Das Symbol für Äther sollte entweder indigofarben oder schwarz sein, jedoch nicht beides. Ich habe übrigens festgestellt, daß Indigo etwas besser wirkt.) Auf jeden Fall sollte die Farbe möglichst stark und leuchtend sein. Aquarellfarben eignen sich für diese Karten nicht, und Ölfarben sind nur ein wenig besser. Acrylfarben haben die erforderliche Stärke und Leuchtkraft. Sie können aber auch den in den Instruktionen des Golden Dawn enthaltenen Rat befolgen, die Symbole aus farbigem Papier auszuschneiden und auf die Karten zu kleben. Mit bestimmten Folien können Sie eine bessere silberne Mondsichel herstellen als mit einer Farbe auf Metallbasis.

Bei zusammengesetzten Karten wird eine kleinere Version des zweiten Symbols auf das Hauptsymbol gezeichnet. Die Tattwa-Karte Feuer von Erde zum Beispiel zeigt das Hauptsymbol Erde, ein gelbes Quadrat mit sieben Zentimetern Seitenlänge, und das rote, gleichschenklige Dreieck von Feuer mit einer Seitenlänge von etwa anderthalb Zentimetern. Diese Proportionen sollte man bei den anderen zusammengesetzten Karten im Auge behalten, doch sollte das gute Aussehen immer wichtiger sein als eine genaue Einhaltung der Proportionen. Wesentlicher ist die Klarheit und Einheit der Farben, die den Grundfarben möglichst nahekommen sollten.

In den Instruktionen des Golden Dawn wird geraten, die entsprechenden Gottes- und Engelnamen auf die Rückseite zu schreiben; doch ist dies nur eine Gedächtnisstütze. Es gibt gute Gründe dafür, die Rückseite der Karte leer zu lassen.

Wenn sie zufriedenstellende Karten hergestellt haben, überziehen Sie sie mit durchsichtiger Folie oder noch besser mit farblosem Klarlack, um die Farben zu verstärken und die Symbole zu konservieren.

Es gibt zwei Arten, die Karten zu benützen, von denen Sie eine (die Karte an die Stirn zu halten) bereits kennen. Diese Methode ruft nach meinen Erfahrungen *subjektive Visionen* hervor – subjektiv in dem Sinn, daß Sie sie als Ergebnisse visueller Imaginationen wahrnehmen.

Subjektivität ist auch etwas Relatives, und diese Arbeit mit Symbolen ist eine ausgezeichnete Methode, Ihre Imagination zu trainieren und zu einem Periskop auszubilden, mit dem Sie in astrale Sphären *blicken*, ohne tatsächlich dorthin zu reisen.

Dies ist keineswegs eine unbedeutende Gabe. Ihre Entwicklung war einer der Hauptgründe, warum ich zu der Überzeugung gelangt bin, daß die Astralsphäre im Grunde etwas Objektives ist. Wenn Sie darin geübt sind, die Astralsphäre auf diese Weise zu erforschen, dann ist es durchaus möglich, die Handlungen wirklicher Reisender zu sehen. Und danach können Sie die Notizen vergleichen und feststellen, wie zutreffend Ihre Visionen waren.

Anfangs unterscheidet sich diese Form der *Hellsichtigkeit* nicht von *normaler Imagination*, und ich nahm lange Zeit an, daß man mit Imagination in astrale Bereiche blicken könne. Doch schließlich werden Sie den sehr subtilen Unterschied bemerken. Dies ist viel leichter zu erleben als zu beschreiben; doch *astrale Vision* scheint eine größere Stabilität zu haben. Bis Sie den Unterschied herausgefunden haben, ist es am besten, mit einem Partner zu üben, der die Methode mit den Astraltoren beherrscht, und die Notizen zu vergleichen.

Mit den Karten eine Projektion herbeizuführen, ist ein wenig schwieriger. In einer Instruktion des Golden Dawn wird geraten, vorher über das Symbol zu meditieren und sich so sehr innerlich damit zu erfüllen, daß einem bei Feuer heiß wird, daß man bei Wasser das Gefühl hat, naß zu sein und so weiter. Das ist keine schlechte Idee, wenn Sie lediglich anstreben, herauszufinden, auf welchem Weg Sie am besten durch das Tor kommen. Wenn Sie jedoch die Erfahrung experimentell herbeiführen wollen, ist es ratsam, vorher keine Meditation zu machen, weil sie stark suggestiv wirken und unklare Ergebnisse bringen kann.

Die Astraltor-Übung geht wie folgt vor sich:

Setzen Sie sich in einen bequemen Sessel in einem ruhigen Raum. Wählen Sie die Symbolkarte aus, lehnen Sie sich zurück und entspannen Sie sich so tief wie möglich. Starren Sie etwa eine halbe Minute aufmerksam auf das Symbol, drehen Sie dann die Karte um und starren Sie auf die leere Rückseite. Durch einen optischen Reflex erscheint jetzt das Symbol auf der Rückseite der Karte. Dies geht ganz automatisch vor sich, und deshalb brauchen Sie es nicht willentlich herbeizuführen. Warten Sie einfach ein oder zwei Sekunden, und es wird geschehen.

Sie werden das Symbol deutlich sehen, doch in der Farbe, die der des Originals komplementär ist, und seltsam leuchtend. Das gelbe Erde-Quadrat, zum Beispiel, erscheint lavendel- oder malvenfarbig, abhängig von dem genauen Farbton des verwendeten Gelb. (Übrigens ist es nicht notwendig, die Rückseite der Karte zu benützen, falls Sie das nicht wollen. Ein Blatt weißes Papier oder eine kahle Wand oder die Zimmerdecke eignen sich genauso. Es ist nur am bequemsten, die Rückseite der Karte zu benützen. Wenn Sie sich für etwas anderes entscheiden, muß die Oberfläche weiß sein. Sie darf nicht cremefarben sein oder eine andere Farbe haben, weil sonst der Farbton nicht stimmt.)

Wenn Sie das Symbol in der Komplementärfarbe deutlich sehen, schließen Sie die Augen und verinnerlichen Sie es. Das heißt, visualisieren Sie es, wozu Sie sich am besten vorstellen, das glühende Symbol zu malen, bis Sie es klar vor Ihrem inneren Auge sehen. Dann vergrößern Sie das Symbol in Ihrer Vorstellung, bis es groß genug ist, daß Sie hindurchkönnen.

Darauf stellen Sie sich vor, wie Sie durch das vergrößerte Symbol treten, als sei es ein wirkliches Tor.

Die Fähigkeit, diesen Schritt zu tun, ist individuell unterschiedlich, doch ich bin noch niemandem begegnet, dem es mit einiger Übung nicht schließlich gelungen ist.

Die Schüler des Golden Dawn wurden aufgefordert, das »Zeichen des Eintretenden« zu machen, ein »Greifen nach dem Licht«, über das ich in *Astral Doorways* irrtümlich schrieb, es gleiche mehr oder weniger dem Nazigruß. In Wirklichkeit wird dieses Zeichen mit *beiden* Händen gemacht, und es unterstützt die Projektion. Nach der Anweisung müssen Sie mit einem kleinen, langsamen Schritt vortreten und zugleich beide Arme über den Kopf heben. Während Sie den Schritt vollenden, strecken Sie die Arme nach vorn, bis sie horizontal in Augenhöhe sind, die Finger gerade, die Handflächen nach unten. Dann lassen Sie den Kopf sinken, bis die Augen genau zwischen den Daumen durchblicken.

Wenn Sie mit Ihrer Imagination soweit sind, stehen Sie auf, wobei Sie sich weiter das vergrößerte Tor vorstellen, machen das Zeichen körperlich und visualisieren gleichzeitig, wie Sie hindurchgehen. Dann setzen Sie sich wieder und fahren mit der Imagination fort.

Haben Sie dieses Stadium erreicht, stellen Sie sich vor, daß das Tor leuchtend *hinter* Ihnen in der Luft hängt. Dann blicken Sie um sich und betrachten Ihre Umgebung. Wenn Sie ein Mitglied des Golden Dawn wären, würde man Sie jetzt anweisen, die mit dem von Ihnen gewählten Element verbundenen heiligen Namen zu vibrieren.

Dies ist für jemanden, der nicht in der Kabbala geschult ist, ein schwieriges Gebiet. Kurz gesagt: Bestimmte Wesen, von Gottheiten bis zu Elementalen, sollen mit bestimmten

Bereichen der Astralsphäre verbunden sein. Einer Ansicht zufolge ist die Anrufung ihrer Namen etwas Ähnliches wie ein Gebet – eine Bitte um Unterstützung bei Ihren Vorhaben. Andere meinen, daß sie aus Höflichkeit erfolgt, daß es eine Begrüßung der wichtigsten Bewohner eines Landes ist, das Sie betreten.

Die Namen müssen jedoch vibriert werden (das heißt auf eine bestimmte Weise ausgesprochen), was vermuten läßt, daß es sich um eine Art *Losungsworte* handelt oder, genauer ausgedrückt, daß damit das Wesen der Sphäre in seinem speziellen elementaren Aspekt angesprochen wird und daß darauf eingewirkt wird. Die Wirkung besteht darin, daß die Erfahrung lebendiger und (der Theorie des Golden Dawn zufolge) sicherer wird. Ob Sie in diesem Stadium die Namen benützen, ist eine persönliche Entscheidung; jedenfalls ist es durchaus möglich, eine Elementarprojektion auch ohne sie durchzuführen. Wenn Sie jedoch die Absicht haben, sie zu benützen, sollten Sie das Vibrieren ein wenig üben.

Das magische Vibrieren eines Namens ist eine Technik, bei der dieser hinten in der Kehle leise so *gesummt* wird, daß eine Vibration entsteht, die Sie und andere, die sich in Ihrer Nähe befinden, ganz deutlich spüren können. Vibrieren ist eine eigene Kunst. Wenn Sie sie beherrschen, können Sie jeden Teil Ihres Körpers zum Vibrieren bringen oder Ihre Stimme auch nach außen verlegen, ähnlich wie ein Bauchredner. Für unsere Zwecke jedoch genügt es, so lange zu üben, bis Sie die Namen richtig summen können. Es handelt sich um hebräische Namen, deren einzelne Silben langgezogen und gut hörbar vibriert werden sollen.

Folgende Reihenfolge wird empfohlen:

1. Name der Gottheit, drei- bis viermal;
2. Name des Erzengels;
3. Name des Engels;
4. Name des Elements;
5. Name des Kardinalpunkts.

Hier die vollständige Tabelle:

Erde
Name der Gottheit: Adonay ha-Aretz
Name des Erzengels: Auriel
Name des Engels: Phorlakh
Name des Elements: Ophir
Name des Kardinalpunkts: Tzaphon

Luft
Name der Gottheit: Schaddei El Chai
Name des Erzengels: Raphael
Name des Engels: Chassan
Name des Elements: Ruach
Name des Kardinalpunkts: Mizrach

Wasser
Name der Gottheit: Elohim Tzabaoth
Name des Erzengels: Gabriel
Name des Engels: Taliahad
Name des Elements: Maim
Name des Kardinalpunkts: Maarab

Feuer
Name der Gottheit: Jehovah
(ausgesprochen: Jod-he-vau-he) Tzabaoth
Name des Erzengels: Michael
Name des Engels: Aral
Name des Elements: Asch
Name des Kardinalpunkts: Darom

Wenn Sie diese Namen vibriert haben, sollten Sie nach der Lehre des Golden Dawn wie folgt vorgehen:

> »Verschiedene Veränderungen werden jetzt in der Landschaft vor sich gehen; sie wird lebendiger und intensiver, und das Element ist klarer und deutlicher zu spüren.
> Auch kann es sein, daß ein Wesen erscheint, dessen Eigenschaften denen des Elements entsprechen und dessen Kleider und sonstiges Zubehör die dazugehörigen Farben haben. Auf keinen Fall sollte der Seher sich allein von seinem Tor entfernen: Er sollte stets warten, bis eins dieser Elementarwesen als ›Führer‹ erscheint, und er sollte weiter die Namen vibrieren, bis eins erscheint oder bis er das Gefühl hat, daß sich eins eingestellt hat.
> Manche Schüler können diese Geschehnisse oder Wesen nicht klar sehen, sondern nur ihre Intuition oder ein starker Instinkt sagt ihnen, daß dies und jenes geschieht oder daß ein solches Wesen erschienen ist. Dies ist oft zuverlässiger als das, was sie sehen oder mit anderen Sinnen wahrnehmen.«

So merkwürdig das klingen mag – nach meinen Erfahrungen sind das alles ausgezeichnete Ratschläge, obwohl ich auch ohne Führer verschiedene Reisen unternommen habe, bei denen nichts Unangenehmes passiert ist. Sollten Sie beschließen, allein zu gehen, so denken Sie daran, sich gut den Weg zu merken, den Sie benützen, denn um wieder in die physische Welt zu gelangen, müssen Sie natürlich den Weg zum Tor zurückgehen.

Die Magier des Golden Dawn, die äußerst vorsichtig waren, pflegten jeden Führer, der Ihnen erschien, zu prüfen, indem sie das dem besuchten Element entsprechende Zeichen machten. (Bei Erde ist dies das Zelator-Zeichen, das wirklich an den Nazigruß erinnert.) Ob sie ihm vertrauten, hing von dem Zeichen ab, mit dem er antwortete. Ich bin selbst ein äußerst vorsichtiger Mensch, doch der Austausch von Zeichen ist, wenn man keinem magischen Orden angehört, völlig sinnlos – und selbst innerhalb eines Ordens hängen die Zeichen von der Ausbildung ab. Ich kann Ihnen deshalb nur raten, astrale Führer auf die gleiche Weise zu beurteilen, wie Sie Menschen beurteilen, die Sie auf der physischen Ebene kennenlernen – nach ihrem Äußeren und ihrem Verhalten. Es gibt keinen Grund, paranoid zu werden: *Die Astralsphäre ist nicht gefährlicher als die physische*, obwohl natürlich die Tendenz besteht, Wesen anzuziehen, die mit Ihren persönlichen Eigenschaften in Einklang stehen.

Das astrale I Ging

Als ich vor einigen Jahren in einer langsam dahinrollenden Autokolonne zur Arbeit fuhr, sah ich, wie ein entgegenkommender Lastwagen plötzlich auf die falsche Straßenseite geriet. Irgendwo vor mir gab es einen lauten Krach, und die

Autokolonne hielt sofort an. Ich stieg aus, lief nach vorn und sah, daß der Lastwagen mit einem Kleinwagen zusammengestoßen war. Die Fahrerinnen, eine hochschwangere Frau und ihre Begleiterin, hatten beide einen Schock erlitten, waren aber unverletzt. Ich lief zu dem Lastwagenfahrer, der über das Lenkrad gebeugt dasaß, und fragte ihn, ob er in Ordnung sei. Er schien ebenfalls in einem Schockzustand zu sein und sagte benommen, er sei am Handgelenk verletzt. Es schien ein nicht sehr schwerer Verkehrsunfall ohne schlimme Verletzungen und mir nur geringen Schäden an beiden Fahrzeugen zu sein. Doch als ich an dem Lastwagen vorbeiging, entdeckte ich dahinter einen zweiten Kleinwagen. Zwei seiner Insassen waren tot. Der dritte starb im Rettungswagen während der Fahrt zum Krankenhaus.

Warum ich diese Geschichte erzähle? Nun, ich hatte an jenem Morgen kurz vor acht Uhr, bevor ich zur Arbeit fuhr, ein Orakel befragt und es gebeten, mir einen Hinweis auf die Einflüsse des bevorstehenden Tages zu geben. Das Orakel antwortete: *Er wird ein Fahrzeug voller Toter sehen*.

Wenn dies ein Zufall war, dann war es ein Zufall, der in der Vergangenheit schon allzu oft passiert war und auch danach noch oft passierte. Seit über zwei Jahren stellte ich dem Orakel jeden Morgen genau die gleiche Frage: *Welche sind die Einflüsse des bevorstehenden Tages?* Jeden Abend blickte ich auf den Tag zurück, um festzustellen, wie weit die Vorhersagen mit dem, was tatsächlich geschehen war, übereinstimmten. Immer und immer wieder entdeckte ich geradezu unheimliche Übereinstimmungen, vor allem, als ich nach regelmäßiger Befragung des Orakels die Fähigkeit entwickelte, zu entscheiden, was manche unklaren Vorhersagen bedeuteten.

Ich war nicht der einzige, den diese Treffsicherheit beein-

Das astrale I-Ging
Die I-Ging-Hexagramme

䷀ **Das Schöpferische**	䷁ **Das Empfangende**	䷂ **Die Anfangsschwierigkeit**	䷃ **Die Jugendtorheit**
䷄ **Das Warten (Die Ernährung)**	䷅ **Der Streit**	䷆ **Das Heer**	䷇ **Das Zusammenhalten**
䷈ **Des Kleinen Zähmungskraft**	䷉ **Das Auftreten**	䷊ **Der Friede**	䷋ **Die Stockung**
䷌ **Gemeinschaft mit Menschen**	䷍ **Der Besitz v. Großen**	䷎ **Die Bescheidenheit**	䷏ **Die Begeisterung**
䷐ **Die Nachfolge**	䷑ **Die Arbeit am Verdorbenen**	䷒ **Die Annäherung**	䷓ **Die Betrachtung**
䷔ **Das Durchbeißen**	䷕ **Die Anmut**	䷖ **Die Zersplitterung**	䷗ **Die Wiederkehr**
䷘ **Die Unschuld**	䷙ **Des Großen Zähmungskraft**	䷚ **Die Mundwinkel (Die Ernährung)**	䷛ **Des Großen Übergewicht**

䷜ Das Abgründige (Das Wasser)	䷝ Das Haftende (Das Feuer)	䷞ Die Einwirkung	䷟ Die Dauer
䷠ Der Rückzug	䷡ Des Großen Macht	䷢ Der Fortschritt	䷣ Die Verfinsterung des Lichts
䷤ Die Sippe	䷥ Der Gegensatz	䷦ Das Hemmnis	䷧ Die Befreiung
䷨ Die Minderung	䷩ Der Mehrung	䷪ Der Durchbruch	䷫ Das Entgegenkommen
䷬ Die Sammlung	䷭ Das Empordringen	䷮ Die Bedrängnis (Die Erschöpfung)	䷯ Der Brunnen
䷰ Die Umwälzung	䷱ Der Tiegel	䷲ Das Erregende	䷳ Das Stillehalten
䷴ Die Entwicklung	䷵ Das heiratende Mädchen	䷶ Die Fülle	䷷ Der Wanderer
䷸ Das Sanfte	䷹ Das Heitere	䷺ Die Auflösung	䷻ Die Beschränkung
䷼ Innere Wahrheit	䷽ Des Kleinen Übergewicht	䷾ Nach der Vollendung	䷿ Vor der Vollendung

druckte. Der Tiefenpsychologe C. G. Jung, der einmal mit dem gleichen Orakel experimentierte, meinte, wenn es sich um einen Menschen handelte, dann müßte er ihm aufgrund der erhaltenen Antworten einen gesunden Geist attestieren. Das Orakel, das wir benutzten, war das chinesische *I Ging*, angeblich das älteste Buch der Welt – und vielleicht das weiseste.

Das Prinzip des *I Ging*, das Zusammenspiel negativer und positiver Kräfte, *Yin* und *Yang* genannt, ist seit Urzeiten ein Aspekt chinesischen Denkens. Technisch gesehen konstatiert das Orakel den gegenwärtigen Stand von *Yin* und *Yang* anhand von Figuren, die aus sechs Linien bestehen, den sogenannten *Hexagrammen*. Die Hexagramme sollen aus einer sehr alten Form des Wahrsagens hervorgegangen sein, bei der Schildkrötenpanzer erhitzt wurden, bis sie zersprangen. Die dabei entstehenden Sprünge und Risse wurden dann gedeutet. Mit der Zeit wurden, wie die Historiker meinen, die Sprünge zu dreilinigen Figuren stilisiert, bei denen gebrochene Linien das *Yin* und ungebrochene Linien das *Yang* darstellen.

Etwa um 1150 v. Chr. wurde ein Provinz-Adliger namens Wen vom Kaiser wegen seines aufrechten, ehrenhaften und anständigen Verhaltens ins Gefängnis geworfen, denn seine Beliebtheit überstrahlte die des Kaisers.

Da Wen nicht wußte, wie er seine Tage ausfüllen sollte, begann er, sich mit dem I Ging zu beschäftigen und den zum Wahrsagen benützten Trigrammen klar umrissene Bedeutungen zuzuordnen. Er kombinierte sie zu sechslinigen Hexagrammen und fügte jedem seinen eigenen kurzen Kommentar, den er »Urteil« nannte, hinzu.

Der Kaiser ließ ihn schließlich frei; und Wen bewies ihm

seine Dankbarkeit, indem er eine Rebellion anzettelte, welche die Dynastie stürzte. Wen starb, bevor er den Thron besteigen konnte, doch Gelehrte verliehen ihm posthum den Titel König. Wens Sohn, der Herzog von Chou, befestigte den Sieg und vollendete das Werk seines Vaters, indem er die einzelnen Linien mit Kommentaren versah. Das komplette Werk wurde unter dem Titel *Wandlungen von Chou* (Chou I) oder *Buch der Wandlungen* (eine wörtliche Übersetzung von *I Ging)* bekannt. Es war indessen den niederen Regionen des Wahrsagens entwachsen und hatte sich, maskiert als Wahrsagesystem, zu einem tiefgründigen philosophischen Werk entwickelt. Später fügte ihm Konfuzius, der erst als alter Mann auf das *I Ging* stieß, weitere Kommentare und Erläuterungen hinzu.

Das *I Ging* besteht aus vierundsechzig Hexagrammen, die auf den Seiten 182/183 abgebildet sind. Nicht nur jedes Hexagramm als Ganzes kann gedeutet werden, sondern auch jede seiner einzelnen Linien. Linien werden jedoch nur dann gedeutet, wenn sie solche Spannung enthalten, daß sie im Begriff sind, in ihr Gegenteil umzuschlagen. Wenn das geschieht, so ergibt sich ein neues Hexagramm, das in Zusammenhang mit dem ersten gedeutet wird.

Wenn man mit dem System nicht vertraut ist, klingt das kompliziert, doch es bedeutet nur, daß das Orakel über viertausend Antworten erteilen kann, ohne sich zu wiederholen. Welcher Art diese Antworten sind, können Sie dem folgenden Beispiel entnehmen.

Ding/Der Tiegel
oben Li, das Haftende, das Feuer,
unten Sun, das Sanfte, der Wind, das Holz

Das Urteil
Der Tiegel. Erhabenes Heil.
Gelingen.

Das Bild
Über dem Holz ist Feuer: das Bild des Tiegels.
So festigt der Edle
durch Richtigmachung der Stellung das Schicksal.

Die einzelnen Linien
Anfangs eine Sechs bedeutet:
Ein Tiegel mit umgekippten Beinen.
Fördernd zur Entfernung des Stockenden.
Man nimmt eine Nebenfrau um ihres Sohns willen.
Kein Makel.

Neun auf zweitem Platz bedeutet:
Im Tiegel ist Nahrung.
Meine Genossen haben Neid,
aber sie können mir nichts anhaben.
Heil!

Neun auf drittem Platz bedeutet:
Der Henkel des Tiegels ist verändert.
Man ist behindert in seinem Wandel.
Das Fett des Fasans wird nicht gegessen.
Wenn erst der Regen fällt, dann erschöpft sich die Reue.

Endlich kommt Heil.

Neun auf viertem Platz bedeutet:
Der Tiegel bricht die Beine.
Das Mahl des Fürsten wird verschüttet,
und die Gestalt wird befleckt.
Unheil!

Sechs auf fünftem Platz bedeutet:
Der Tiegel hat gelbe Henkel, goldne Tragringe.
Fördernd ist Beharrlichkeit.

Oben eine Neun bedeutet:
Der Tiegel hat Nephritringe. Großes Heil!
Nichts, das nicht fördernd wäre.

(I Ging: Text und Materialien. Übersetzung von Richard Wilhelm, Eugen Diedrichs-Verlag, 1973)

Diese Antworten sind nicht gerade leichtverständlich, doch ich möchte Sie nicht auch noch mit den ausführlichen Kommentaren behelligen, die zur Erklärung jeweils angefügt sind.

Die merkwürdigen Sätze unter der Überschrift *Die einzelnen Linien* – »Anfangs eine Sechs ...«, »Neun auf zweitem Platz ...« – beziehen sich auf die Methode, mit der während einer Beratung ein Hexagramm hergestellt wird. Dies geschieht ganz einfach mit drei Münzen. Man kann Reproduktionen der alten chinesischen Münzen (mit einem Loch in der Mitte) kaufen, die traditionellerweise benützt wurden, um das *I Ging* zu befragen, doch kann man dazu auch heutige

Münzen jeder Währung nehmen. Bestimmen Sie, welche die Vorder- und Rückseite ist, werfen Sie alle drei gleichzeitig und notieren Sie, wie sie gefallen sind.

Die Vorderseite einer Münze ist *Yin* mit dem Wert 2. Die Rückseite ist *Yang* mit dem Wert 3. Das ergibt beim Wurf der Münzen die folgenden Werte:

Dreimal die Vorderseite (*Yin* + *Yin* + *Yin*) = 6
Dreimal die Rückseite (*Yang* + *Yang* + *Yang*) = 9
Zweimal die Vorderseite, einmal die Rückseite
(*Yin* + *Yin* + *Yang*) = 7
Zweimal die Rückseite, einmal die Vorderseite
(*Yang* + *Yang* + *Yin*) = 8

Der erste Wurf der Münzen ergibt die unterste Linie des Hexagramms. Wenn Sie eine 8 geworfen haben (zweimal die Rückseite und einmal die Vorderseite), dann wird die Linie ein *junges Yin* genannt und sieht so aus:

– –

Haben Sie eine 7 (zweimal die Vorderseite und einmal die Rückseite) geworfen, dann ist die Linie ein *altes Yang* und sieht so aus:

–––

Haben Sie eine 9 (dreimal die Rückseite) geworfen, dann ist die Linie ein *altes Yang* und sieht so aus:

– o –

Haben Sie eine 6 (dreimal die Vorderseite) geworfen, dann ist die Linie ein *altes Yin* und sieht so aus:

– x –

Werfen Sie die Münzen erneut, um die zweite Linie von unten zu finden – Hexagramme werden immer von unten nach oben aufgebaut – und so weiter. Nach insgesamt sechs Würfen ist Ihr Hexagramm fertiggestellt. *Alte Yins* und *alte Yangs* sind die früher erwähnten Linien, welche die Eigenschaft haben, sich zu wandeln (*Yin* in *Yang*, *Yang* in *Yin*). Wenn sie in Ihrem Hexagramm enthalten sind, wandeln Sie sie und zeichnen Sie neben das erste Hexagramm ein zweites. Wenn zum Beispiel Ihr erstes Hexagramm so aussieht ...

... dann würde es sich in dieses Hexagramm verändern ...

... und Sie würden das ganze so aufschreiben

Neun an oberster Stelle
Sechs an dritter Stelle
Neun an erster Stelle

Wandlung in:

Falls Sie noch keine Ausgabe des *I Ging* besitzen, so sieht das nach einer Menge sinnloser Arbeit aus, denn Sie können dem Orakel keine Frage stellen und keine richtige Antwort erhalten. Doch das trifft nicht ganz zu, denn richtige Antworten kann man auch erhalten, ohne irgendeine der traditionellen Interpretationen zu konsultieren. Das liegt daran, daß das *I Ging* – wovon die meisten Benutzer keine Ahnung haben – eine astrale Maschine ist. Das Orakel hat zwei astrale Aspekte, von denen der erste während einer rituellen Befragung in Erscheinung tritt.

Rituelle Befragungen des *I Ging* sind sehr kompliziert. Um eine vorzunehmen, benötigen Sie drei Münzen, eine Schachtel zu ihrer Aufbewahrung, ein Seidentuch, ein schwarzes Wahrsagetuch, Weihrauch und ein Verbrennungsgefäß, Papier und Schreibgerät, eine Schüssel Wasser und ein Handtuch. Normalerweise würden Sie auch eine Ausgabe des *I Ging* brauchen. Doch da Sie in diesem Fall eine Art astraler Operation vornehmen, können Sie eine Kopie der Hexagramme und ihrer Titel (Seite 182/183) anfertigen. Zeichnen Sie diese auf ein Blatt Papier oder Karton von guter Qualität.

Wickeln Sie Ihre *I Ging*-Ausgabe oder Ihre Kopie der Hexagramme in das Seidentuch und legen Sie sie auf ein Regal in Schulterhöhe, bis Sie mit der rituellen Befragung beginnen. Sie sind ein »Erdungspunkt« für bestimmte in der Astralsphäre stattfindende Aktivitäten.

Bevor Sie beginnen, polieren Sie die drei Münzen, bis sie glänzen; dann kochen Sie sie in Salzwasser, um sie von ihnen anhaftenden feinstofflichen Energien zu reinigen. Legen Sie sie in eine Schachtel, die Sie gekauft oder angefertigt haben. Diese Schachtel darf, wie alle anderen bei den Ritualen benützten Gegenstände, für keinen anderen Zweck verwendet werden; auch sollte diese – vor allem die Münzen – niemand außer Ihnen berühren.

Führen Sie das Ritual in einem ruhigen Raum durch, in dem Sie nicht gestört werden. Setzen oder knien Sie sich mit dem Gesicht nach Süden (wenn Sie sich in der nördlichen Hemisphäre befinden; andernfalls nach Norden) und breiten Sie das schwarze Wahrsagetuch vor sich auf dem Tisch oder auf dem Fußboden aus. Legen Sie das Buch (oder Ihre Kopie der Hexagramme) vor sich auf den Ihnen abgewandten Rand des Tuchs. Nehmen Sie sich genügend Zeit, um sich nach Ihrer Methode bewußt zu entspannen, bis Sie völlig ruhig sind. Waschen Sie Ihre Hände in der Wasserschüssel und trocknen Sie sie mit dem Handtuch ab. Jetzt visualisieren Sie eine Gestalt, die unmittelbar hinter dem Buch steht.

Stellen Sie sich einen mittelgroßen schlanken Chinesen in einer langen weißen Robe vor, sehr alt, mit einem dünnen weißen Bart. In der einen Hand hält er eine Schriftrolle.

Die Technik der Visualisierung ähnelt jener, die Sie bei der Lichtkörper-Methode praktiziert haben; nur, daß Sie natürlich kein Projektionsvehikel erschaffen. Die Figur, die Sie erschaffen, ist eine für den Geist von *I Ging* passende Astralhülse. Dieser Geist existiert tatsächlich auf einer Ebene *jenseits* der Astralsphäre, und ist auf eine Weise, die zu begreifen ich mir nicht anmaße, mit den Hexagrammen verbunden. Diese Verbindung bedeutet, daß der Geist, wenn Sie eine geeignete Astralhülse erschaffen – das heißt, wenn Sie das Hexagramm richtig visualisieren – diese beleben wird.

Nach einigem Üben bringt die Visualisierung etwas sehr Ähnliches hervor wie Alexandra David-Neels *Tulpa,* außer daß infolge des klar umrissenen Rituals kaum die Möglichkeit besteht, daß die Entität ihr Wesen verändert oder sich entfernt. Doch sie wird – wenn Sie gute Arbeit leisten, gleich von Beginn an – völlig unabhängig von Ihrem Geist sein.

Vielleicht werden Sie dies anfangs etwas merkwürdig finden, doch es ist ein ganz ähnlicher Prozeß, wie wenn erdachte Personen sich von ihrem Autor lösen.

Wenn Sie den chinesischen Weisen erschaffen haben, machen Sie drei *Kotaus* vor ihm, indem Sie mit der Stirn den Fußboden oder die Tischplatte berühren. Obgleich dies lediglich ein Zeichen der Ehrerbietung ist, kann es sein, daß Sie als Produkt der westlichen Kultur es als erniedrigend empfinden. In diesem Fall erweisen Sie ihm auf irgendeine andere Weise Ihre Ehrerbietung.

Wenn die astrale Figur erschaffen ist, stellen Sie laut Ihre Frage und schreiben Sie sie dann auf ein Blatt Papier, um sie zu »erden«. Nehmen Sie die drei Münzen aus der Schachtel, zünden Sie den Weihrauch an und lassen Sie die Hand mit den Münzen im Uhrzeigersinn um den Rauch kreisen. Dann legen Sie die andere Hand darüber, schütteln sie, konzentrieren sich dabei auf die Frage, werfen sie auf das Wahrsagetuch und bauen nach den gegebenen Anweisungen das Hexagramm auf.

Zeichnen Sie das Hexagramm auf ein Blatt Papier, eine Linie nach der andern. Wenn die fertige Figur *alte Yin-* oder *alte Yang*-Linien enthält, wandeln Sie sie und zeichnen Sie ein zweites Hexagramm neben das erste. Suchen Sie den oder die Titel des Hexagramms oder der Hexagramme aus der Liste auf Seite 182/183 heraus und schreiben Sie ihn/sie ebenfalls auf.

Wenn Sie mit einer *I Ging*-Ausgabe arbeiten, können Sie jetzt die Wen/Chou/Konfuzius-Auslegungen nachschlagen. Wenn nicht oder wenn Sie die Auslegungen nicht verstehen, können Sie sich direkt an den Geist des *I Ging* wenden. Bitten

Sie das Astralwesen einfach, Ihnen den Sinn der Antwort zu erklären und lauschen Sie (innerlich) der Antwort. Am besten ist es immer, die Erklärung aufzuschreiben.

Auf diese Weise das *I Ging* zu befragen, ist eine astralmagische Operation, die, wenn Sie dafür begabt sind, weit detailliertere und interessantere Resultate bringt als die konventionelle Methode. Doch es ist nicht die einzige astrale Operation, die Sie mit dem *I Ging* durchführen können. Die Hexagramme selbst können als Astraltore benützt werden.

Die Technik ähnelt der Öffnung der *Tattwa*-Tore, ohne daß dabei jedoch ein optischer Reflex oder Komplementärfarben eine Rolle spielen. Setzen Sie sich in einen Raum, in dem Sie nicht gestört werden, entspannen Sie sich völlig und visualisieren Sie das ausgewählte Hexagramm auf ein stabiles geschlossenes Holztor, bis Sie das Ganze deutlich vor Ihrem geistigen Auge sehen. Blicken Sie auf das Tor und warten Sie. Nach einer Weile wird sich das Tor von selbst öffnen, worauf Sie sich vorstellen, daß Sie von Ihrem Sessel aufstehen und hindurchgehen. Denken Sie daran, sich das Tor, wie das *Tattwa*-Tor, *hinter* sich vorzustellen und achten Sie auch in diesem Fall in der astralen Szenerie gut auf den Weg, den Sie gehen, damit Sie wieder zurückfinden.

Es spricht nichts dagegen, daß Sie aufs Geratewohl irgendein Hexagramm auswählen, um eine solche Projektion durchzuführen, doch werden Sie es viel befriedigender – und auch nützlicher – finden, wenn Sie als erstes eine vollständige rituelle Befragung des Orakels vornehmen und sich dabei genau an die Anweisungen halten.

In diesem Fall wählen Sie ein Hexagramm und visualisieren es, wie zuvor, auf das Tor. Sie werden feststellen, daß daraufhin der chinesische Weise das Tor öffnen und Sie häufig hindurchgeleiten wird. Die Antwort auf Ihre Frage ist in den Erfahrungen enthalten, die Sie haben werden, wenn Sie das Tor durchschritten haben. Wenn Ihr erstes Hexagramm Wandlungslinien aufweist, können Sie das erste und zweite Hexagramm nebeneinander auf das Tor visualisieren oder zwei aufeinanderfolgende Astralreisen unternehmen, bei denen Sie das erste und zweite Hexagramm getrennt benützen.

Arbeit mit dem Lebensbaum

Am Sonntag, dem 1. Juni 1930, zwanzig Minuten nach acht Uhr morgens, begann Violet Firth mit einem faszinierenden okkulten Experiment. Besser unter ihrem Pseudonym Dion Fortune bekannt, war sie ausgebildete Eingeweihte des Golden Dawn und Gründerin eines eigenen magischen Ordens, der *Society of the Inner Light*. Sie setzte sich in einer ägyptischen Gotteshaltung mit dem Gesicht nach Südosten und zog schnell einen magischen Kreis um sich. Als natürliches Medium war sie sich nicht nur ihrer feinstofflichen Körper bewußt, sondern auch eines kleinen Knicks in der Silberschnur, die den ätherischen mit dem physischen Körper verband. Sie wandte sich schnell nach Nordosten, um ihn zu beseitigen und projizierte dann ihren Astralkörper in die Mitte des Kreises.

Obwohl sie es in dem Bericht über ihr Experiment sorgsam vermeidet, irgendwelche technischen Informationen mitzuteilen (die 1932, als der Bericht zum ersten Mal veröffentlicht wurde, noch geheim waren), darf man annehmen, daß sie eine Variante der Lichtkörper-Technik benützte, um die Projektion herbeizuführen. Höchstwahrscheinlich besaß sie genügend Erfahrung im Umgang mit dem Lichtkörper, so daß sie imstande war, ihren Astralkörper schnellstens abzuspalten.

Sie ließ das Phantom nach Osten blicken, in Richtung der aufgehenden Sonne, und rief die Gottesnamen der Mittleren Säule an, eine Übung zur Energetisierung der fünf Hauptchakras entlang der Wirbelsäule. Diese Namen lauten: *Jechi dah Eheihe, Jehova Elohim, Jehova Eloah Ve-Daath, Shaddei El Chai, Adonai ha-Aretz.*

Werden diese Namen während einer außerkörperlichen Erfahrung vibriert, dann wird dadurch das astrale Vehikel ungemein gestärkt. Dion Fortune berichtet: »Klare Projektion. Bewußtsein ganz eindeutig im Astralkörper zentriert.«

Als nächstes schuf sie »einen Weg zu einem bestimmten Astraltempel«. Jede magische Organisation, die nicht nur leere Rituale durchführt, besitzt einen eigenen Tempel in der Astralsphäre und verfügt über sorgsam ausgearbeitete Methoden, ihn zu erreichen. Dion Fortune war sowohl mit dem Tempel des Golden Dawn wie mit dem ihrer eigenen esoterischen Organisation verbunden, doch der Tempel, den sie in diesem Fall meint, war der Kabbalistische Tempel von Malkuth, den Magier, die kabbalistisch arbeiten, häufig benützen.

Im Umkleideraum legte sie eine weiße Robe und eine gestreifte Kopfbedeckung an, ging über einen hellen Vorplatz und betrat den Tempel, in dem sie sich auf einen großen Steinblock setzte. Inzwischen hatte sie ihr physisches Körpergefühl völlig verloren. Um zu verstehen, was dann geschah, sind einige Kenntnisse über die Kabbala erforderlich.

Der Lebensbaum

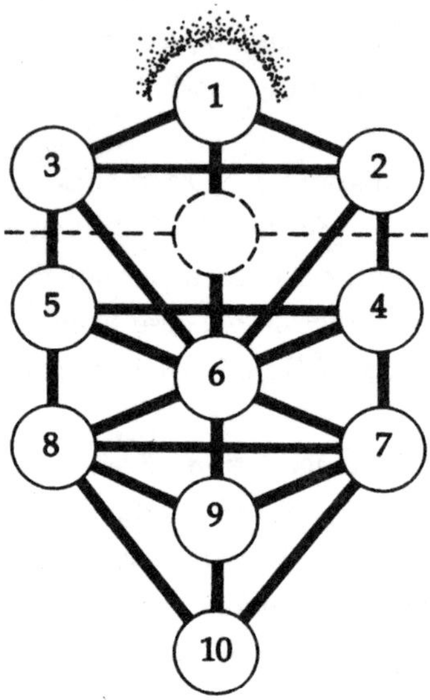

Schauen Sie sich die Zeichnung genau an. Sie zeigt das Hauptsymbol der modernen esoterischen Kabbalistik, den Lebensbaum. Für Kabbalisten ist dies eine Darstellung der Wirklichkeit, welche die Beziehungen zwischen einigen ihrer Hauptaspekte zeigt. Die zehn numerierten Kreise, die sogenannten *Sephiroth* (Singular: *Sephirah*) werden im allgemeinen als Energien oder Potenzen auf der physischen Ebene betrachtet, doch sie existieren als feste Orte in der Astralsphäre, ebenso, wie wir später sehen werden, die Verbindungspfade zwischen ihnen.

Während Dion Fortune auf dem Steinblock saß (der, wie sie vorher festgestellt hatte, voller Lebenskraft war), begann ihr Astralkörper aufwärts zu steigen. Sie ließ ihn aufsteigen durch das Dach des Gebäudes ins helle Sonnenlicht. Er stieg rasch weiter und durchstieß eine Wolkenschicht, und sie blickte herab auf die helle, von der Sonne beschienene watteartige Wolkendecke, die Flugreisende so gut kennen. Der Himmel wurde dunkel und indigofarben, und sie sah eine sehr große leuchtende Mondsichel. »Ich wußte«, notierte sie danach, »daß ich die Sphäre von *Yesod* betrat.«

Malkuth, wo sich der Tempel befand, ist auf der Zeichnung die zehnte Sphäre. Yesod, die neunte Sphäre, befindet sich gleich darüber. Es ist die mit dem Astralen am engsten verbundene Sphäre, und eins ihrer Hauptsymbole ist der Mond. Indem Dion Fortune den Tempel von Malkuth betrat und dann direkt nach oben stieg, machte sie guten Gebrauch von ihrer okkulten Ausbildung. Sie benützte den Lebensbaum nicht als Tor, sondern als eine Art Landkarte des Astralreichs. Wenn sie einen ihr bekannten Teil der Karte erreicht hatte – wie beim Betreten von Malkuth –, konnte sie anhand des Symbolsystems den Weg zu anderen finden.

Sie fand, daß sie gut vorankam. Über sich sah sie die Sonne von *Tiphareth* (Nr. 6 auf der Zeichnung), umgeben von einem goldenen Himmel; doch sie glich eher einer Theaterkulisse als einer echten Sonne. »Ich stieg weiter die mittlere Säule empor«, schrieb sie, »ohne jede Anstrengung, doch mit einem Gefühl atemloser Schnelligkeit, wobei ich mich fragte, wohin ich wohl jetzt gelangen würde.«

Es dauerte nicht lange, bis ihr klar wurde, daß sie sich *Kether* näherte, der obersten Sphäre des Baumes (Nr. 1), der Sphäre der Einheit und Göttlichkeit. Unterwegs kam sie »durch eine Sphäre, in der ich schattenhafte Engelsgestalten mit den traditionellen Harfen um mich herum auf Wolken sitzen sah«. Diese Sphäre war sicherlich *Daath*, das in unserer Zeichnung nicht numeriert ist, weil die Kabbalisten glauben, daß es zwar eng mit dem Baum verbunden ist, jedoch in einer anderen Dimension existiert. Es liegt in der Zeichnung auf einer gestrichelten Linie, die den Abyss markiert, die Grenzzone, welche die himmlischen Sphären – die obersten drei Sephiroth – und den übrigen Baum voneinander trennt.

All diese Symbolik könnte zu dem Schluß verleiten, daß Dion Fortunes Erfahrung etwas Innerliches und Persönliches war; doch während ihre Wahrnehmungen zweifellos persönlich gefärbt waren, war die Reise als Ganzes etwas völlig Objektives – ein »Aufsteigen durch die Sphären«, deren Details mir ein Reisender, der über kein kabbalistisches Wissen verfügte, vor einigen Jahren bestätigt hat. Ihm fiel es übrigens auch schwer, die Engel der Daath-Sphäre deutlich zu sehen, doch er hielt sich lange genug in diesem Bereich auf, um sie als mächtig, nach einer Richtung ausgerichtet und (emotional) kalt beschreiben zu können.

Als Dion Fortune weiter aufstieg, kam sie in eine Sphäre blendend weißen Lichts, die sie für *Kether* hielt (Nr. 1 auf der Zeichnung). Ebenso wie sie früher den Kontakt mit ihrem physischen Körper verloren hatte, stellte sie nun fest, daß sie auch ihr astrales Vehikel nicht mehr spüren konnte. Sie war zu einem Punkt von Bewußtsein ohne Eigenschaften geworden, und ihre Individualität bestand nur noch aus einem Funken essentieller Lebenskraft. Jenseits von Kether nahm sie die Schleier der negativen Existenz wahr – als »das Dunkel einer Sternenlosen Nacht, die sich ins Unendliche erstreckte«. (Dies bezieht sich auf einen Bereich der kabbalistischen Lehre, welcher der hinduistischen Theorie vom »Atem Brahmas« ähnelt. Nach dieser Theorie hat das Universum in nichtmanifester Form existiert, bevor es ins Sein trat, und wird einmal im Lauf eines ewigen Zyklus in die nichtmanifeste Form zurückkehren. Das kabbalistische Symbol für den nichtmanifesten »Hintergrund« des Universums sind drei Schleier – *Ain*, die Negativität, *Ain Soph*, das Grenzenlose, und *Ain Soph Aur*, das grenzenlose Licht.)

Plötzlich wurde Dion Fortune in dieser Lichtsphäre herumgedreht, so daß sie dem Lebensbaum sozusagen den Rükken zukehrte. Sie spürte, wie sie in ihn hineinversetzt und verwandelt wurde. Sie war zu einem hochaufragenden kosmischen Wesen geworden – zu einem Hermaphroditen –, nackt und mächtig. Das Wesen hatte die Größe des Baumes; seine Füße standen in der bläulichen Erdsphäre, sein Kopf befand sich in der himmlischen Sephirah. Sie fühlte sich, wie sie später sagte, wie ein riesiges Engelwesen, das durch den ganzen Kosmos, nicht nur durch das Sonnensystem, emporstieg, begleitet von anschwellender Musik.

Das Erlebnis endete, und sie kehrte in die Malkuthsphäre zurück, indem sie durch das Dach des Tempels fiel und sich in normaler Größe auf dem Steinblock sitzend wiederfand. Doch die Gestalt ragte weiter über dem Tempel auf, und sie besaß jetzt ein seltsames doppeltes Bewußtsein, indem sie sich zugleich in der großen Gestalt und in der kleineren Gestalt im Tempel wahrnahm.

In diesem Moment gab es eine irdische Störung. Hunde begannen zu bellen, und auf der Straße vor ihrem Fenster schrien Kinder. Die Dion Fortune in der kleineren Gestalt ersuchte die große Gestalt, auf der Straße für Ruhe zu sorgen. Und die Dion Fortune in der großen Gestalt streckte ihre Hand über die lärmenden Kinder aus, was jedoch nichts bewirkte.

Wieder kam ihr ihre okkulte Ausbildung zugute. Sie machte ein mystisches Zeichen. In ihrem Bericht sagt sie nichts Näheres darüber, doch vermutlich war es das Zeichen des Harpokrat, das Zeichen der Stille, das sie beim Golden Dawn gelernt hatte. Jedenfalls hörte der Lärm auf. »Mein Bewußtsein war jetzt wieder in der großen Gestalt zentriert«, schreibt Dion Fortune. »Ich wußte nicht recht, was ich tun sollte, denn eine solche Manifestation hatte ich nicht erwartet und wußte nicht, welche Möglichkeiten sich mir boten.«

Schließlich beschloß sie zu versuchen, Energie von der hochaufragenden Gestalt zu projizieren; und dies gelang ihr in Form einer Ausschüttung goldenen Lichts. Es ergoß sich wie Wasser aus einem Hydranten, funkelnd wie Diamanten; zuerst aus ihren Handflächen, dann aus dem Solarplexus, und schließlich auch aus der Stirn. Der Altar des Malkuth-Tempels verwandelte sich in ein steinernes Becken, in das die Energie floß, und als das Becken voll war, versiegte der Energiestrom.

Dion Fortune hatte das Gefühl, daß das Experiment zu Ende war, und sie beeilte sich, in ihren physischen Körper zurückzukehren. Sie merkte, daß sie sehr langsam und flach atmete und wartete, bis sich der Atem normalisiert hatte, bevor sie in den physischen Körper eintrat. Nachdem sie dies getan hatte, erdete sie sich mit einem mystischen Zeichen und einem kräftigen Aufstampfen des Fußes. Es war 8 Uhr 45.

Auch wenn man in Betracht zieht, daß Dion Fortune ein natürliches Medium und eine sehr erfahrene Okkultistin war, war dieses Erlebnis eine bemerkenswerte Erfahrung, die zeigt, was für Ergebnisse man durch *Arbeit mit dem Lebensbaum* erzielen kann. Normalerweise greifen Kabbalisten, die an Astralprojektion interessiert sind, jedoch nicht zu dieser Methode. Weitaus häufiger werden von Reisenden die *Pfade* benützt.

Lebensbaum mit Pfaden

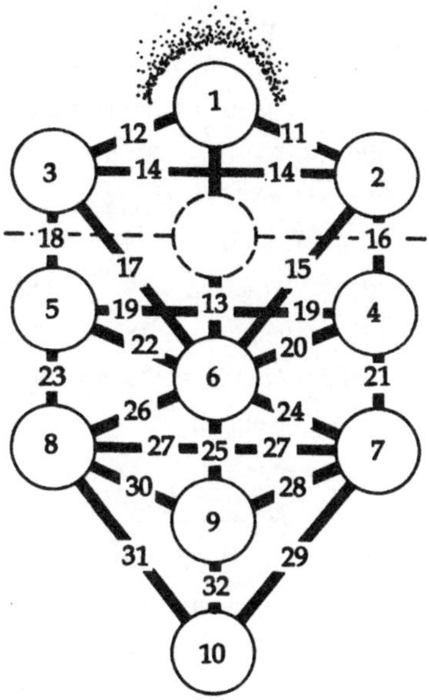

Der Lebensbaum besitzt zweiundzwanzig Pfade. Wenn Sie die Zeichnung betrachten, können Sie sie nachzählen – es sind die die Sephiroth verbindenden Linien. Jeder Pfad ist ein bestimmter durchs Astrale führender Weg, auf dem man ebenso sicher zu einer Sephirah gelangt wie durch die Methode, mit der Dion Fortune durch die Sphären aufstieg. Die Tore zu den Pfaden sind die *Hohen Arkana des Tarot*.

Wahrscheinlich brauche ich Ihnen den Tarot nicht zu erklären. Er ist ein aus achtundsiebzig Karten bestehendes Kartenspiel, das häufig zum Wahrsagen benützt wird. Außer den sechsundfünfzig Farbkarten – in diesem Fall *Kleine Arkana* genannt – gibt es zweiundzwanzig *Große Arkana*, sehr merkwürdige Bildkarten, in denen sich eine geheime Symbolik verbirgt. In der modernen Kabbala wird jedes Große

Arkanum mit einem Pfad des Baumes in Zusammenhang gebracht.

Die verschiedenen Pfade des Baumes sind in der obigen Zeichnung numeriert. Die damit verbundenen Großen Arkana zeigt diese Tabelle:

Pfad	von	Nr.	nach	Nr.	Großes Arkanum
32	Malkuth	10	Yesod	9	Die Welt
31	Malkuth	10	Hod	8	Ewiges Leben
30	Yesod	9	Hod	8	Die Sonne
29	Malkuth	10	Netzach	7	Der Mond
28	Yesod	9	Netzach	7	Der Herrscher
27	Hod	8	Netzach	7	Der Blitz
26	Hod	8	Tiphareth	6	Der Schwarzmagier
25	Yesod	9	Tiphareth	6	Wiederverkörperung
24	Netzach	7	Tiphareth	6	Der Tod
23	Hod	8	Geburah	5	Der Gehenkte
22	Tiphareth	6	Geburah	5	Gerechtigkeit
21	Netzach	7	Chesed	4	Das Schicksalsrad
20	Tiphareth	6	Chesed	4	Der Eremit
19	Geburah	5	Chesed	4	Die Kraft
18	Geburah	5	Binah	3	Der Wagen
17	Tiphareth	6	Binah	3	Die Liebenden
16	Chesed	4	Chokmah	2	Der Hohepriester
15	Tiphareth	6	Chokmah	2	Der Stern
14	Binah	3	Chokmah	2	Die Herrscherin
13	Tiphareth	6	Kether	1	Die Hohepriesterin
12	Binah	3	Kether	1	Der Magier
11	Chokmah	2	Kether	1	Der Narr

Um die Pfade zu beschreiten, brauchen Sie natürlich ein Tarot-Spiel oder zumindest die Großen Arkana. Es sind heute sehr viele Tarot-Spiele auf dem Markt, und täglich scheinen neue dazuzukommen. Zum Wahrsagen können Sie jedes Spiel benützen, das Ihnen gefällt, denn die Verschiedenheit der Symbolik hat die positive Wirkung, bei verschiedenen Menschen mediale Fähigkeiten auszulösen. Doch für die Astralarbeit möchte ich nachdrücklich den Marseille-Tarot empfehlen. Die Karten dieses Spiels sind grob gezeichnet und weisen nicht die detaillierte Symbolik vieler anderer auf. Deshalb eignet es sich so gut für diese Arbeit: Ihr Geist muß die Lücken ausfüllen.

Ich würde Ihnen nicht raten, den ganzen Baum durchzuarbeiten – das heißt, jeden Pfad zu beschreiten –, es sei denn, Sie sind in der Kabbala geschult. Am besten ist es, erst einmal mit einem der unteren Pfade zu experimentieren. In *Astral Doorways* habe ich eine kurze Anleitung zur Begehung des zweiunddreißigsten Pfades gegeben, der *Malkuth* mit *Yesod* verbindet. Ich habe ihn gewählt, weil er als Haupterfahrung Selbsterkenntnis vermittelt – ein ausgezeichneter Ausgangspunkt für jeden, der sich für astrale Kabbala interessiert. Auch der einunddreißigste Pfad von *Malkuth* nach *Hod* eignet sich gut für Anfänger. Er vermittelt Einblick in ihre Beziehungen zu anderen und zeigt Ihnen, was sie Sie lehren können.

Die nachstehend dargestellte Methode ist eine Bildmeditation und beinhaltet keinen Versuch, den Astralkörper zu projizieren (was zum Beispiel Dion Fortune bei dem geschilderten Experiment tat). Trotzdem kann es sein, daß automatisch eine volle Projektion stattfindet – vor allem, wenn Sie irgendwelche der früher in diesem Buch dargestellten Techniken benützt haben.

Wie alle kabbalistischen Pfade hat der einunddreißigste eine klar umrissene Symbolik, in deren Mittelpunkt das Element Feuer steht. Sollten Sie feststellen, daß sich andere Elementesymbole während der Übung einschleichen, dann sind Sie möglicherweise von dem Pfad abgekommen und müssen zurückgehen.

Sie werden bei dieser Übung zwei wichtige Archetypen kennenlernen: den *Erzengel Sandalphon*, der Ihnen helfen wird, die Sphäre von *Malkuth* zu verlassen, und den *Erzengel Michael*, der Sie empfangen wird, wenn Sie die Sphäre von *Hod* erreichen. Etwa in der Mitte werden Sie wahrscheinlich auf irgendeine Weise auf den hebräischen Buchstaben stoßen, der mit dem Pfad verbunden ist. Er lautet *Schin*, was »Zahn« bedeutet, und sieht so aus:

ש

Die Feuersymbolik ist deutlich in ihm zu erkennen.

Wenn Sie sich die zwei Erzengel und das hebräische Symbol als Anfang, Mitte und Ende des Pfades fest einprägen, ist es unwahrscheinlich, daß Sie allzuweit von ihm abkommen. Suchen Sie sich wieder einen ruhigen Raum. Außerdem brauchen Sie einen kleinen Tisch und eine Kerze. Der erste Schritt besteht darin, Kontakt mit dem *Tempel von Malkuth* aufzunehmen, von dem aus Dion Fortune zu ihrer Reise aufbrach. Obwohl es sich um eine interne Technik handelt, hat sie ein objektives Resultat. Der Tempel ist durch die Arbeit Tausender ausgebildeter Okkultisten in Hunderten von Jahren ins Astrallicht eingebrannt und besitzt Stabilität und Beständigkeit. Ihre Visualisierung stellt eine Verbindung zu ihm her, die sicherstellt, daß Sie zumindest die Astralsphäre wahrnehmen und im besten Fall völlig in sie hineingezogen werden. Gehen Sie wie folgt vor:

Stellen Sie die Kerze in östlicher Richtung vor sich auf den Tisch, zünden Sie sie an, setzen Sie sich bequem hin und machen Sie Ihre Entspannungsübung. Wenn Sie völlig entspannt sind, blicken Sie in die Kerzenflamme und richten Ihre ganze Aufmerksamkeit darauf. Entspannen Sie sich noch tiefer und stellen Sie sich vor, daß sich der Raum um Sie langsam verändert. An Stelle der Wände tritt eine Reihe kräftiger schwarzer, glänzender Marmorsäulen voller goldener Flecken. Wenn Sie diese Säulen deutlich vor Ihrem geistigen Auge sehen, richten Sie Ihre Aufmerksamkeit auf den Fußboden, der sich in ein Marmormosaik mit einem schwarzweißen Schachbrettmuster verwandelt, ähnlich dem Boden eines Freimaurertempels.

Jetzt schließen Sie die Augen und lassen Sie das Nachbild der Kerze in sich entstehen. Stellen Sie sich vor, daß sie auf einem schwarzverhüllten Steinaltar steht, in den sich der Tisch verwandelt hat. Lassen Sie die Flamme anwachsen (ähnlich wie die *Tattwa*-Symbole, als Sie sie in Tore verwandelten) und gehen Sie auf sie zu, bis Sie in der Flamme eine riesige Gestalt stehen sehen, die immer größer wird, bis sie, hoch über Ihnen aufragend, fast bis ans Dach reicht.

Die Gestalt trägt ein Gewand, in dem sich die Farben Oliv, Zitronengelb, Rostbraun und Schwarz mischen – die Herbstfarben der Natur. Lassen Sie der Gestalt Zeit, sich zu verfestigen – es ist *Sandalphon*, der Erzengel der Erdsphäre und Hüter des Tempels von *Malkuth*. Im Osten, hinter dem Erzengel und dem Altar, können Sie jetzt deutlich drei Türen sehen, jede mit einem Wandteppich verhängt, der die riesige Vergrößerung einer Tarotkarte zeigt.

An der mittleren Tür sehen Sie einen großen ovalen Lorbeerkranz, in den Lilien und Rosen eingeflochten sind, umgeben (von links unten entgegen dem Uhrzeigersinn) von den Elementesymbolen eines Stiers, eines Löwen, eines Adlers und eines Mannes, in jeder Ecke eins. In dem Oval, blaß abgehoben von dem indigofarbenen Dunkel, steht ein nackter Hermaphrodit, gehüllt in einen dünnen Schleier, in der einen Hand eine goldene, in der anderen eine silberne Spirale. Dies ist die Große Arkana-Karte Nr. 21, die Welt oder das Universum.

Der Teppich an der rechten Tür zeigt ein ganz anderes Bild. Zwei Hunde stehen bellend an einem Flußufer, und aus dem Wasser kriecht ein riesiger Krebs, dessen Zangen fast ein Stück Pergament berühren, auf das die Silbe MA geschrieben ist. Hinter den Hunden erheben sich zwei steinerne Türme. Darüber, tief über dem Horizont, steht ein Vollmond am Himmel, der die ganze Szene beherrscht. Dies ist die Große Arkana-Karte Nr. 18, der Mond.

Auf der dritten Tür, links vor Ihnen, ist folgende Darstellung zu sehen:

Dies ist die Karte Nr. 20, *Das Gericht*. Während Sie die Symbolik in sich aufnehmen, geht *Sandalphon* vom Altar aus nach Osten darauf zu und bedeutet Ihnen, durch sie hindurchzugehen.

Stellen Sie sich deutlich vor, daß Sie von Ihrem Sessel (der sich inzwischen in den Steinblock, auf dem Dion Fortune saß, verwandelt hat) aufstehen und auf das Tor zugehen. Öffnen Sie den Vorhang und treten Sie durch das Tor. Ihre Reise hat begonnen.

Geführte Reisen

Alle bisher beschriebenen Tore waren visuell, und natürlich gibt es noch viele andere visuelle Tore. Doch die magischen Logen haben schon vor langer Zeit eine andere Technik entwickelt, die nicht so sehr zur Erforschung des Astralen bestimmt ist, sondern eher zur astralen Unterweisung. Es ist die Technik der *geführten Pfadarbeit*, bei der die Teilnehmer von einem erfahrenen Magier in einen ganz bestimmten Bereich des Astralen geführt werden, wo sie *im voraus geplante Erfahrungen* machen.

Diese Übungen dienten verschiedenen Zwecken, von der Einweihung bis zur Kanalisierung von Energie. Bei einigen bediente man sich der visuellen Symbole, die Sie auch benützt haben, bei anderen nicht. Statt dessen wurden sehr detaillierte *verbale* Anweisungen gegeben, um geistige Bilder hervorzurufen. Man war, nicht zu Unrecht, der Meinung, daß solche Techniken die Realität der Astralsphäre besser vermitteln als ein noch so gutes gezeichnetes Symbol.

Diese verbalen Methoden waren ausschließlich eingeweihten Okkultisten vorbehalten, bis Anfang der achtziger Jahre die englische Ritualistin Dolores Ashcroft-Nowicki beschloß, sie der Allgemeinheit zugänglich zu machen. Dolores Ashcroft-Nowicki war Eingeweihte von Dion Fortunes *Society of the Inner Light* und Schülerin des bekannten Magiers W. E. Butler, der mit Gareth Knight die hochangesehene *Servants of the Light School of Occult Science* gegründet hatte. Nach Butlers Tod wurde Dolores Ashcroft-Nowicki auf seine ausdrückliche Anweisung hin Vorsitzende der SOL-Organisation und ist dies bis heute.

Trotz dieser beeindruckenden Referenzen rief ihr Entschluß, Einzelheiten der geführten Pfadarbeit bekanntzumachen, bei den Logenangehörigen einen Sturm der Entrüstung hervor. Doch sie war der Ansicht, daß die Zeit gekommen war, ein größeres Publikum in die Methoden einzuweihen, und nach einigen Ausstellungen veröffentlichte sie mehrere Bücher, um einen noch größeren Interessentenkreis zu erreichen.

Ihr erstes Buch über dieses Thema war *The Shining Paths* (1983), eine Sammlung verbaler Anweisungen zur Pfadarbeit mit dem kabbalistischen Lebensbaum. Vier Jahre später kam *Highways of the Mind* heraus, eine noch detailliertere Darstellung dieser Kunst, die auch eine hochinteressante Darstellung ihrer geschichtlichen Entwicklung enthält.

Dolores Ashcroft-Nowicki erweiterte ihren Wirkungskreis, indem sie uralte Techniken mit moderner Technologie verband. 1988 begann sie mit der Herausgabe eines Videoprogramms mit dem Titel *Invitation to Magic*. Die erste Kassette – *An Introduction to the Western Mystery Tradition* – enthält neben vielem anderem Material eine von ihr selbst geleitete Pfadarbeit.

Die persönliche Anwesenheit eines erfahrenen Lehrers ist natürlich das Ideale, doch ein Video stellt einen sehr guten Ersatz dar. Wenn Sie keins besitzen, können Sie sich jedoch auch selbst ein »verbales Tor« herstellen. Alles, was Sie dazu brauchen, ist ein Kassettenrecorder und ein wenig Zeit.

Sprechen Sie wörtlich den folgenden Text auf eine Kassette. Er ist Dolores Ashcroft-Nowickis *Introduction to the Western Mystery Tradition* entnommen und stellt einen Teil der in ihrem Video enthaltenen Pfadarbeit dar. Auch wenn Sie die Erfahrung sehr interessant finden sollten, empfehle ich, die Aufnahme nicht öfter als ein- oder zweimal zu benützen, weil dies zu unausgewogenen Ergebnissen führen könnte.

Machen Sie sich die Mühe, den Text korrekt aufzunehmen. Wenn Sie sich versprechen oder aus irgendeinem anderen Grund Unterbrechungen entstehen, spulen Sie das Band zurück und nehmen Sie die Stelle noch einmal auf. Versuchen Sie, durch Betonung und Tonfall einen möglichst bildhaften Eindruck herzustellen.

Dies ist der Text:

Machen Sie es sich bequem und entspannen Sie einen Körperteil nach dem andern.

Atmen Sie eine Weile im 4-2-4-2-Rhythmus.

Wenn Sie damit fertig sind, bauen Sie das Tor in die Inneren Welten auf. Gehen Sie hin und öffnen Sie es.

Vor Ihnen steht eine große Gestalt in einem schwarzen

und gelben Gewand, mit einem ernsten, sorgenvollen Gesicht. Die Augen sehen uns mit einem Blick an, der uns bewegungsunfähig macht.

Es ist *Erzengel Uriel* auf dem Planeten Erde. Er ist gekommen, um uns auf eine Reise mitzunehmen, die in der Zukunft weitreichende Folgen für uns haben wird.

Die strahlenden Augen löschen unser Bewußtsein aus; und wir scheinen lange durch leeren Raum zu fallen, bis wir plötzlich Boden unter uns spüren.

Wir öffnen die Augen und sehen, daß wir uns auf einer Hochebene befinden. Der Wind ist so stark, daß er uns in das tief unten liegende Tal zu schleudern droht.

Uriel, der bei uns steht, deutet nach Osten. Von dort kommt eine große, wogende Wolke auf uns zu, die aus schlanken, ätherischen Geschöpfen besteht. In ihrer Mitte sehen wir eine andere, größere Gestalt.

Sie umflattern den Erzengel und versuchen, ihm möglichst nahezukommen, als erfülle sie seine Gegenwart mit großer Freude.

Die größere Gestalt scheint einem Märchen entstiegen; sie ist groß und schlank und hat ein schmales, elfenhaftes Gesicht mit silbernen Schlitzaugen und spitzen Ohren. Es ist *Paralda,* der Elementekönig der Luft.

Sein Haar ist lang und blond und bewegt sich ständig, als

wehe es in einem unspürbaren Wind. Er ist in einen graublauen Mantel gehüllt.
Er neigt sich *Uriel* zu und spricht, doch wir können ihn nicht verstehen, denn seine Worte sind wie starke Winde und sanfte Brisen. *Uriel* berührt mit dem Finger unsere Stirn; und plötzlich verstehen wir, was Paralda sagt; wir können ihm antworten.

Er breitet seinen blauen Mantel über uns, verläßt, gefolgt von den Sylphen, den Berg und steigt in die Luft auf.

Das plötzliche Aufsteigen erfüllt uns mit Furcht; doch sie geht schnell vorbei, und wir merken an *Paraldas* Lachen, daß es ihm Spaß macht, uns zu necken. Wie alle Elementegeschöpfe kann er boshaft sein, doch als König seines Elements besitzt er allein eine unsterbliche Seele und ist deshalb fähig zu lieben, zu lachen und andere zu verstehen.

Wir werden über hohe Berge hinweggetragen, in tiefe Täler hinein.

Wir jagen durch Wälder, und die Äste schwanken hin und her wie Schiffe auf See.

Wir fühlen uns jetzt ruhiger, denn unsere menschliche Gestalt hat sich verwandelt; wir gleichen den Sylphen. Deshalb brauchen wir *Paraldas* Mantel nicht mehr.

Wir folgen unseren Begleitern, hinabstoßend und uns emporschwingend wie sie, und eine Weile läßt uns *Paralda* diese Freiheit.

Wir spielen wie Kinder, zerren an aufgehängter, frischgewaschener Wäsche, lassen kleine Glocken in Kirchtürmen erklingen. Wir huschen über den Boden und wirbeln welke Blätter hoch in die Luft, reißen Menschen Tücher vom Hals und Schirme und Zeitungen aus den Händen.

Dann ruft uns *Paralda* zu sich, und wir ruhen auf einer Sturmwolke aus, die übers Meer schwebt.

Paralda sagt uns, daß nicht all seine Arbeit so aussieht. Ein Teil seines Reichs ist das Wetter, denn von der Bewegung der Luft hängt das Wetter auf Erden ab. Die Sylphen arbeiten eng mit dem Element Wasser zusammen, um es richtig fließen zu lassen.

Er erzählt uns von den Passatwinden, die nach einem bestimmten Schema um die Erde wehen und wie wassergefüllte Wolken herumgeschoben werden, um Regen zu bringen.

Durch die Neigung der Erde ist er gezwungen, zu einigen ihrer Teile mehr Wasser zu bringen als zu anderen. Er erzählt uns, daß manche Menschen in gewissem Maß das Wetter beeinflussen und Regen und Sturm verhindern oder herbeirufen können, was manchmal harmlos ist, aber auch große Schäden hervorrufen kann.

Er selbst kann von solchen Menschen beeinflußt werden, denn er ist mit seiner Macht den Menschen unterworfen. Manchmal weiß er, daß etwas Falsches von ihm verlangt wird, doch er kann sich nicht immer widersetzen.

Wenn Regen an einer Stelle, wo er fallen soll, abgewendet wird, dann muß er woanders fallen, vielleicht auf ein Feld mit reifem Korn. Wer sich auf diese Weise einen sonnigen Tag verschafft, kann einen Bauern in den Ruin stürzen.

Wir fragen nach Stürmen und Orkanen, die Tod und Zerstörung bringen.

Paralda erklärt uns, daß er an die natürlichen Gesetze von Ursache und Wirkung und an die Kraftfelder, welche die Erde umgeben, gebunden ist. Wenn eine Kombination von Ereignissen eintritt, kann er das Ergebnis nicht abwenden. Wenn die Erde sich von der Sonne wegneigt, muß sein Element Gebiete überqueren, welche die Luft abkühlen. Er kann den Winter nicht ungeschehen machen; und wenn warme und kalte Luft sich mischen, entsteht nach einem Naturgesetz Nebel.

Er sagt uns, daß die Sylphen auch in uns existieren, daß sie unsere Helfer sind. Ohne sie könnten wir weder atmen noch sprechen oder singen. Doch wir danken ihnen das nur wenig oder gar nicht. Nur wenn wir manchmal frische Luft einatmen und uns dann wohlfühlen, wissen sie, daß wir uns ihrer bewußt sind.

Doch Sylphen werden durch Luftverschmutzung verändert, und das ist ein großes Unglück für sie. Durch sie verwandeln sie sich in andere Existenzformen, die weder schön noch nützlich sind, so daß ihre ursprüngliche Gestalt entstellt und verkrüppelt wird.

Paralda erhebt sich, legt seinen Mantel um uns und bringt uns zurück zu *Uriel,* damit wir uns auf den nächsten Teil unserer Reise vorbereiten. Er verabschiedet sich von uns, verbeugt sich vor Uriel und kehrt mit seinem Gefolge zu seiner Arbeit zurück.

Uriel fragt, ob wir aus unserem Gespräch mit *Paralda* etwas gelernt haben; und wir haben ehrlich und wahrheitsgemäß zu antworten.

Uriel umhüllt uns mit seinen weichen goldenen Flügeln, und wir weinen am Herzen eines Erzengels, während er uns zurückbringt.

Uriel setzt uns vor dem Tor ab, und bevor er uns verläßt, segnet er uns und mahnt uns – die Hände auf unserem Kopf – nichts zu vergessen.

Wir gehen durch das Tor, kehren in den physischen Körper zurück und erwachen langsam und sanft. Wir blicken uns um und sehen die vertrauten Dinge; und allmählich erfüllt uns wieder volles Bewußtsein.

Wenn Sie den Text aufgenommen haben (und mit der Qualität zufrieden sind), können Sie wie bei jedem anderen Tor vorgehen. Suchen Sie sich einen ruhigen Raum und sorgen Sie dafür, daß Sie während des Experiments nicht gestört werden. Setzen Sie sich in einen bequemen Sessel und beginnen Sie mit Ihrer Entspannungsübung.

In diesem Fall handelt es sich um eine Pfadarbeit, die mit dem Element Luft in Zusammenhang steht. Sie können zum

Eintritt in dieses Element das Luft-*Tattwa* (den blauen Kreis) benützen, oder Sie können versuchen, sich mit *Uriel* im *Tempel von Malkuth* zu treffen, zu dem er Zutrittsrecht besitzt. In der Praxis jedoch führt keine dieser Methoden zu besonders befriedigenden Ergebnissen.

Das Problem ist natürlich, daß der Text nur ein Auszug aus einer viel umfassenderen, ausgewogenen Elementearbeit ist. Jeder Versuch, das Luft-Tor zu benützen, führt zu Unausgewogenheit, während sich der kabbalistische Tempel – ich weiß nicht, warum – für reine Elementearbeit nicht sehr gut eignet.

Dolores Ashcroft-Nowicki hat auf ihrem Video eine Art Astraltor geschaffen, das für alle möglichen Zwecke benützt werden kann – eine Methode, auf die ich sonst noch nie gestoßen bin. Es ist dabei nichts weiter erforderlich als ein Tor in einer Wand zu visualisieren, es zu öffnen und sich vorzustellen, daß man hindurchgeht.

Wenn Sie völlig entspannt sind, schalten Sie die Kassette ein, schließen Sie die Augen und lassen Sie die Bilder gemäß den Anweisungen in sich aufsteigen. Da es sich um eine geführte Arbeit handelt, die etwas sicherer ist, als die vorher dargestellten Tor-Übungen, können Sie versuchen, vor Beginn der auf der Kassette aufgezeichneten Reise eine Vollprojektion durchzuführen, zum Beispiel mit der Lichtkörpertechnik. In diesem Fall müssen Sie am Anfang der Kassette einen Teil leer lassen, damit Sie Zeit haben, sie einzuschalten, den Lichtkörper zu erschaffen und in ihn zu projizieren, *bevor* der Text beginnt.

Dritter Teil

Die Praxis der außerkörperlichen Reisen

Übungsprogramm

Ich habe am Anfang dieses Buches erwähnt, daß der Begriff *Astralprojektion* häufig für zwei verschiedenartige Erfahrungen benützt wird: die *Ätherprojektion* und die *Projektion in die Astralsphäre*. Da Sie beides wohl kaum noch miteinander verwechseln werden, kann jetzt darauf hingewiesen werden, daß es tatsächlich wichtige Zusammenhänge zwischen ihnen gibt.

Wie Sie bereits wissen, neigen manche Menschen, die ihren physischen Körper verlassen, dazu, von einer Art der Projektion in die andere überzuwechseln. Robert Monroe, der mit ziemlicher Sicherheit Ätherprojektionen durchführte, geriet dabei häufig in eine andere (astrale) Welt. Und bei der Lichtkörper-Technik, einer eindeutig astralen Operation, wird eine Ätherprojektion so gut imitiert, daß die beiden oft nicht zu unterscheiden sind.

Um mit Ihrem Astralkörper (nicht mit Ihrem Ätherkörper) die physische Welt zu erforschen, müssen Sie sich vom Astralbereich lösen. Dies gelingt, wie die tibetischen Lamas immer wieder betonen, wenn Sie sich klarmachen, daß die astrale Szenerie im Grunde der Psyche entspringt – wenn nicht der Ihren, dann einer anderen. Selbst jene stabilen astralen Bereiche, welche Strukturen der physischen Ebene widerspiegeln, sind psychischen Einflüssen unterworfen. In der Astralsphäre ist die Psyche *stets* der vorrangige Faktor.

Auf dieser Basis ist ein Überwechseln aus einem astralen Bereich zurück auf die physische Ebene eigentlich nur eine Sache des Willens. Doch dies ist so ähnlich, als würde man sagen, das Besteigen des Mount Everest sei nur eine Sache des Willens. Die Behauptung mag stimmen, doch den meisten von uns nützt sie nicht viel.

Unter diesen Umständen kann ich Ihnen nur raten, mit Fleiß und Beharrlichkeit ein Maß an Erkenntnis und praktischer Erfahrung anzustreben, das es Ihnen erlaubt, *jede* astrale Szenerie nach Belieben zu manipulieren, so daß Sie zu jeder gewünschten Zeit das Astrallicht durchdringen und die physische Ebene erreichen können. Bis Sie soweit sind, können Sie die gleichen Resultate jedoch immer erreichen, indem Sie a) vom *Malkuth-Tempel* aus zurückgehen oder b) von der *Yesod-Sphäre* herabsinken. Obwohl diese beiden Methoden auf der Kabbala basieren, brauchen Sie kein Kabbalist zu sein, um sie zu benützen.

Der *Malkuth-Tempel* wird nicht von Ihnen errichtet, sondern er *existiert ständig* in der Astralsphäre – dank der Bemühungen vieler Generationen von Kabbalisten, die ihn dort erbaut haben. Vergessen Sie nicht, daß außerkörperliche Erfahrungen zum großen Teil darauf beruhen, daß Sie sich *in*

Gedanken an einen bestimmten Ort versetzen und daß deshalb der wesentliche Faktor darin besteht, daß Sie wissen, wohin Sie gehen.

Sobald Sie mit dem Malkuth-Tempel genügend vertraut sind, können Sie stets aus *jedem* Bereich der Astralsphäre schnell zu ihm zurückkehren. Und da der Tempel mit der physischen Ebene (die er im Astralen repräsentiert) eng verbunden ist, ist eine Rückkehr vom Tempel auf die physische Ebene sehr leicht. Sie können entweder Ihren eigenen (imaginierten) Pfad zwischen Ihrem Körper und dem Tempel erschaffen, oder, was noch einfacher ist, die Säulen des Tempels in die Wände Ihres Zimmers verwandeln.

Selbst die wenigen Informationen, die Sie in diesem Buch über den Lebensbaum erhalten haben, reichen aus, um Ihnen seine Benützung zu erlauben. Das Symbolsystem ist eine Darstellung der Realität, und Sie werden auf rein empirischer Basis bald entdecken, daß es, was die Beziehungen zwischen dem astralen und dem physischen Bereich betrifft, eine sehr genaue Darstellung ist. Die (astrale) Sphäre von *Yesod* befindet sich danach *über* der (physischen) Sphäre von *Malkuth,* und dies ist völlig richtig, wenn Sie es nicht wörtlich nehmen.

Dies bringt mich auf etwas, das Sie erst wirklich verstehen werden, wenn Sie es erlebt haben. Wenn Sie eine volle, bewußte *Äther*projektion erreichen, werden Sie (sobald Sie es herauszufinden versuchen) feststellen, daß Sie eine neue *Richtung* wahrnehmen können. Subjektiv empfinden Sie sie als *Aufwärts*-richtung, doch es ist nicht die gleiche, die Sie im physischen Körper wahrnehmen. (Noch verwirrender wird das Ganze dadurch, daß diese physische Aufwärtsempfindung Ihnen erhalten bleibt, so daß Sie außerkörperliche Reisen durch das Sonnensystem und in den Weltraum unternehmen können.)

Dieser neue aufwärtsführende Weg führt Sie direkt – und erkennbar – in die Astralsphäre: Es ist der Weg zwischen *Malkuth* und *Yesod,* der kabbalistische zweiunddreißigste Pfad, den Dion Fortune bei ihrem dramatischen Experiment zurücklegte. Umgekehrt wird Ihnen eine besondere Art von »Abwärts«, das Sie im Astralen wahrnehmen, die Rückkehr in die physische Welt erlauben, wo Sie immer die Silberschnur einholen können, um zu Ihrem Körper zu finden.

Obgleich ich zu meiner früheren Behauptung stehe, daß es nicht erforderlich ist, eine Art der Projektion zu erlernen, um die andere zu erleben, bin ich doch der Meinung, daß die Zusammenhänge zwischen den beiden Methoden auf sehr fruchtbare Weise genützt werden können. Aus diesem Grund werden Sie vielleicht das *folgende kombinierte Übungsprogramm* begrüßen, das aus der Fülle der vorher geschilderten Techniken zusammengestellt wurde und in kürzestmöglicher Zeit einen erfahrenen Wanderer durch die Äther- und Astralsphäre aus Ihnen machen wird.

Kombiniertes Übungsprogramm für Astralprojektion

Erster Schritt: Bewußte Entspannung

Bevor Sie irgend etwas anderes unternehmen, versetzen Sie sich in einen Zustand tiefer Entspannung. Dies ist die absolute Voraussetzung für jeden Versuch, den physischen Körper zu verlassen. Entspannung wird ausführlich in dem Teil dieses Buches behandelt, der sich mit der *Ätherprojektion* beschäftigt. Lesen Sie ihn jetzt, falls Sie das noch nicht getan haben. Die dort dargestellte Technik, die auch *Atemkontrolle* umfaßt, wird hier noch einmal wiederholt.

Beginnen Sie damit, Ihren Atem zu regulieren. Entspannung ist ein körperlicher Vorgang. Ihre Muskeln brauchen Sauerstoff, der dem Blutkreislauf entzogen wird. Ihr Blutkreislauf wiederum entzieht den Sauerstoff der Luft, die Sie einatmen.
Durch Regulierung des Atems erhöhen Sie den Sauerstoffgehalt des Blutes, und Ihre Muskeln können ihm die optimale Menge entziehen und sich viel leichter entspannen.
Wenn Sie Yoga gelernt haben, wissen Sie, daß es alle möglichen Methoden zur Regulierung des Atems gibt. Die von mir vorgeschlagene ist jedoch sehr einfach. Sie heißt Zwei/Vier-Atmung und geht so vor sich:

1. Atmen Sie ein und zählen Sie dabei innerlich bis vier.
2. Halten Sie den Atem an und zählen Sie dabei innerlich bis zwei.
3. Atmen Sie aus und zählen Sie dabei innerlich bis vier.
4. Halten Sie den Atem an und zählen Sie dabei innerlich bis zwei.

Das klingt einfach und ist es auch, doch möchte ich Sie darauf aufmerksam machen, daß es eine Weile dauert, bis man es beherrscht. (Wenn Sie es richtig machen, merken Sie das daran, daß Sie es tun, ohne dabei zu denken.)
Die Schnelligkeit, mit der gezählt wird, ist von Person zu Person unterschiedlich. Beginnen Sie damit, daß Sie das Zählen auf den Herzschlag abstimmen. Wenn das nicht

klappt, probieren Sie weiter, bis Sie den Rhythmus finden, der am angenehmsten für Sie ist.
Gehen Sie zum zweiten Teil der Übung erst über, wenn Sie diesen Rhythmus gefunden haben.
Wenn Sie sich auf einen angenehmen Zwei/Vier-Atemrhythmus eingestellt haben, atmen Sie etwa drei Minuten auf diese Weise und beginnen Sie dann mit der folgenden Entspannungsübung. (Wenn Sie währenddessen den Zwei/Vier-Rhythmus beibehalten können, ist das ausgezeichnet, doch wahrscheinlich wird Ihnen das anfangs nicht gelingen. In diesem Fall beginnen Sie die Sitzung mit drei Minuten Zwei/Vier-Atmung, gehen während der Hauptentspannungsübung zu normalem Atmen über und nehmen, wenn Sie gut entspannt sind, die Zwei/Vier-Atmung wieder auf.)

Konzentrieren Sie sich auf die Füße und bewegen Sie sie. Krümmen Sie fest die Zehen, um die Muskeln anzuspannen, und entspannen Sie sie wieder.
Konzentrieren Sie sich auf die Oberschenkelmuskeln. Spannen und entspannen Sie sie.
Konzentrieren Sie sich auf die Gesäßmuskeln. Spannen und entspannen Sie die Gesäß- und Anusmuskeln und entspannen Sie sie.
Konzentrieren Sie sich auf die Bauchmuskeln, einen meist sehr angespannten Körperteil. Spannen und entspannen Sie sie.
Konzentrieren Sie sich auf die Hände. Ballen Sie sie zu Fäusten und entspannen Sie sie.
Konzentrieren Sie sich auf die Arme. Spannen Sie sie, bis sie steif sind, und entspannen Sie sie wieder.

Konzentrieren Sie sich auf den Rücken.
Spannen Sie die Muskeln und entspannen Sie sie.
Konzentrieren Sie sich auf die Brust. Spannen Sie die Muskeln und entspannen Sie sie.
Konzentrieren Sie sich auf die Schultern, ebenfalls häufig eine Spannungszone. Ziehen Sie die Schultern hoch, um die Muskeln zu spannen und entspannen Sie sie.
Konzentrieren Sie sich auf den Hals. Spannen Sie die Muskeln und entspannen Sie sie.
Konzentrieren Sie sich aufs Gesicht. Beißen Sie die Zähne zusammen und verzerren Sie sie, um die Gesichtsmuskeln zu spannen und entspannen Sie sie wieder.
Konzentrieren Sie sich auf die Kopfhaut. Runzeln Sie die Stirn, um die Muskeln anzuspannen und entspannen Sie sie. Spannen Sie jetzt sämtliche Muskeln Ihres Körpers an, so daß der ganze Körper einen Moment lang steif ist, und entspannen Sie sich. Lassen Sie dabei so gut wie möglich los. Wiederholen Sie diesen letzten Teil zweimal, so daß Sie den ganzen Körper insgesamt dreimal anspannen. Atmen Sie, wenn Sie zum dritten Mal die Muskeln anspannen, ganz tief ein und, wenn Sie sich entspannen, mit einem lauten Seufzen tief aus.

Jetzt sollten Sie sich gut entspannt fühlen. Wenn Sie die Zwei/Vier-Atmung zu Beginn der Entspannungsübung aufgegeben haben, gehen Sie jetzt wieder dazu über. Schließen Sie die Augen und stellen Sie sich vor, daß Ihr ganzer Körper immer schwerer und schwerer wird, schwer wie Blei. Die Entspannung wird sich durch diese Vorstellung noch mehr vertiefen.

Genießen Sie das Gefühl der Entspannung bis zum Ende der Sitzung. Aber bleiben Sie wach. Sollten sich an irgendeiner Stelle des Körpers Spannungen einstellen (und das wird in den ersten Tagen wahrscheinlich der Fall sein), so lassen Sie sich dadurch nicht beunruhigen. Spannen Sie die betreffenden Muskeln noch etwas stärker an und entspannen Sie sie wieder.

Führen Sie die Übung regelmäßig durch, bis Sie gelernt haben, sich jederzeit völlig zu entspannen.

Es kann ziemlich lange dauern, bis Sie das im letzten Satz genannte Ziel erreichen, doch seien Sie beharrlich! Führen Sie *mindestens* zwei Wochen lang täglich die Entspannungsübung durch, bevor Sie zum nächsten Teil übergehen; und machen Sie auch dann weiterhin jeden Tag die Entspannungsübung. Sie können den Fortschritt beschleunigen, indem Sie, wenn Sie zu irgendeiner Zeit des Tages merken, daß Sie angespannt sind, einen Moment lang loslassen, so daß Entspannung schließlich zu einem Reflex wird.

Zweiter Schritt: Visualisierung

Machen Sie so oft wie möglich *Visualisierungsübungen*. Ich hatte nie die geringste Schwierigkeit, geistige Bilder zu erschaffen, und vielleicht neige ich deshalb dazu, die Probleme, die dies anderen bereitet, zu unterschätzen. Einmal lernte ich tatsächlich eine Graphikerin kennen, die nicht visualisieren konnte. Ich hielt das für unmöglich, doch sie versicherte mir, daß es stimme. Sie konnte ausgezeichnet gegenständlich zeichnen und malen, jedoch keine geistigen Bilder herstellen. Zum Glück kann diese Fähigkeit durch Üben entwickelt werden.

Wenn Sie beim Visualisieren nur unscharfe Bilder zustande bringen, dann fügen Sie Ihren Entspannungssitzungen einfach zehnminütige Visualisierungsübungen hinzu. Wählen Sie eine Szene oder einen Gegenstand und bemühen Sie sich, ihn deutlicher zu »sehen«. Sehr hilfreich ist es, wenn Sie dabei Ihre Aufmerksamkeit auf Details richten. Zählen Sie zum Beispiel die Knöpfe an einem Mantel oder die Halme eines Grasbüschels.

Verfügen Sie über gar keine natürliche Visualisierungsfähigkeit – wie die erwähnte Graphikerin –, dann beginnen Sie am besten damit, daß Sie so lange auf ein einfaches Bild starren, bis ein Nachbild entsteht, wenn Sie wegschauen. Dann schließen Sie die Augen und betrachten das Nachbild auf Ihrem verdunkelten Gesichtsfeld. Dieses Bild ist einem visualisierten Bild sehr ähnlich, und es kann meist ohne große Schwierigkeiten verinnerlicht werden. Bei verschiedenen der früher erwähnten astralen Tore werden ja Variationen dieser Technik benützt.

Ganz gleich, wie groß Ihre natürliche Fähigkeit anfangs ist – Sie werden merken, daß Sie sich durch Üben verbessert. Begnügen Sie sich aber nicht damit, Ihre *visuelle* Imagination zu verbessern. Stellen Sie sich auch vor, wie sich ein Gegenstand anfühlt. Versuchen Sie, mental Gerüche, Geräusche und Töne wahrzunehmen. Ideal ist es, wenn Sie Ihre *innere Wahrnehmungsfähigkeit* so weit ausbilden, daß Sie leicht *alles* imaginieren können. Manchmal führt das zu merkwürdigen Ergebnissen. Ich habe zum Beispiel so gut wie keinen körperlichen Geruchssinn – eine Art Äquivalent von Farbenblindheit. Doch es fällt mir nicht schwer, mir Gerüche vorzustellen – auch solche, die ich körperlich nicht wahrnehmen kann.

Es ist schwer zu sagen, wie lange Sie brauchen werden, um Ihre Visualisierungsfähigkeit so weit zu entwickeln, daß Sie damit arbeiten können, doch das Wichtigste ist, wie bei der Entspannung, *regelmäßiges* Üben. Sie sollten mindestens zwei Wochen dafür aufwenden, Ihre natürliche Visualisierungsfähigkeit zu verbessern oder so lange wie nötig üben, wenn Sie von Natur aus über diese Gabe überhaupt nicht verfügen. Doch Sie können, wie ich schon sagte, diese Vorübungen mit Ihren Entspannungspraktiken verbinden.

Dritter Schritt: Lockern der feinstofflichen Körper

Sylvan Muldoons chronische Krankheit scheint auf natürliche Weise seinen Ätherkörper gelockert zu haben. Die Leichtigkeit, mit der ich von Anfang an Operationen auf der inneren Ebene durchführen konnte, läßt mich vermuten, daß bei meinem Astralkörper etwas Ähnliches der Fall war. Doch ganz gleich, in welchem Zustand sich Ihre feinstofflichen Körper befinden – sie können gelockert werden, *bevor* Sie irgendwelche Projektionsexperimente unternehmen. Die Methode, mit der dies geschieht, ist Teil einer umfassenderen esoterischen Technik, der sogenannten *Christos-Erfahrung*. Zu ihrer Durchführung sind drei Personen erforderlich – der Klient, also möglicherweise Sie, und zwei Helfer. Die wesentlichen Schritte sind folgende:

1. Der Klient legt sich flach auf dem Rücken auf den Fußboden. Legen Sie ein kleines Kissen unter seinen Kopf, damit sein Hals gerade ist und er bequem liegt. Lassen Sie ihn die Schuhe ausziehen. Socken oder Strümpfe kann er anbehalten. In dieser Lage schließt der Klient die Augen.
2. Ihr Helfer beginnt mit leichten, kreisförmigen Bewegungen die Knöchel des Klienten zu massieren. Man kann sich nur schwer vorstellen, wie ungemein entspannend dies ist, bevor man es selbst erlebt hat.

3. Nach etwa einer Minute legen Sie, während die Knöchelmassage fortgesetzt wird, Ihren Handballen auf die Stirn des Klienten, so daß er die kleine Vertiefung zwischen den Augenbrauen bedeckt, wo sich nach alten Überlieferungen das Dritte Auge befindet. Es ist die Stelle, an der die Hindus ihr Kastenzeichen tragen.
   Dann beginnen Sie, während Ihr Helfer weiter die Knöchel massiert, die Stelle mit einer kreisenden Bewegung kräftig zu reiben, bis der Klient meldet, daß sein Kopf brummt. Sorgen Sie dafür, daß er voll entspannt bleibt. Sollten sich Spannungen einstellen, lassen Sie ihn ein paarmal tief ein- und ausatmen, damit er sich entspannt.
   Damit ist der physische Teil der Methode beendet, doch die Knöchelmassage sollte bis zum Ende der Sitzung ganz sanft fortgesetzt werden, damit der Klient entspannt bleibt.
4. Jetzt beginnt der psychische Teil der Methode. Der Klient soll die Augen geschlossen halten und *seine Füße visualisieren*. Er sollte (auch bei allen weiteren Visualisierungen) versuchen, ein möglichst deutliches Bild herzustellen, doch darf dadurch nicht seine Entspannung beeinträchtigt werden.
5. Bitten Sie ihn, Ihnen Bescheid zu sagen, wenn es ihm gelungen ist, die Füße zu visualisieren und weisen Sie ihn dann an, sich vorzustellen, daß sein Körper durch die Fußsohlen hindurch etwa fünf Zentimeter wächst. Er soll sich bemühen, das Wachsen zu spüren und das Ergebnis vor seinem geistigen Auge zu sehen.
6. Warten Sie, bis der Klient Ihnen meldet, daß ihm dies gelungen ist und sagen Sie ihm dann, daß er seine normale Länge wiederherstellen soll. Er sollte sich bemühen, zu sehen und zu spüren, wie seine Füße wieder die normale Länge annehmen.

7. Wiederholen Sie dies mindestens dreimal – wenn nötig noch öfter –, bis der Klient sich völlig daran gewöhnt hat und das »Wachsen« leicht visualisieren kann. Gehen Sie dabei nicht zu schnell vor; es ist ein sehr wichtiger Teil des Gesamtprozesses, auf den vieles von dem Folgenden aufbaut. Warten Sie jedes Mal, bis der Klient Ihnen sagt, daß es ihm gelungen ist. Die Geduld, die Sie jetzt aufbringen, wird später reich belohnt werden.
8. Wiederholen Sie jetzt den ganzen Prozeß, doch diesmal weisen Sie den Klienten an, durch *die höchste Stelle seines Kopfes* zu wachsen und dann wieder seine normale Länge anzunehmen. Wenn Sie sich bei den Füßen genug Zeit gelassen haben, wird ihm das nicht schwerfallen. Wiederholen Sie das Ganze wieder mindestens dreimal.
9. Lassen Sie den Klienten seine Aufmerksamkeit wieder auf die Füße richten und fordern Sie ihn auf, diesmal dreißig Zentimeter zu wachsen und wieder seine normale Länge anzunehmen. Vergewissern Sie sich, daß ihm dies gelungen ist, bevor Sie fortfahren.
10. Weisen Sie ihn an, jetzt dreißig Zentimeter durch die höchste Stelle des Kopfes zu wachsen und wieder zusammenzuschrumpfen.
11. Lenken Sie seine Aufmerksamkeit wieder auf die Füße und bitten Sie ihn, um sechzig Zentimeter zu wachsen. Daß es jemandem gelingt, ein Wachsen von fünf Zentimetern zu visualisieren, ist übrigens keine Garantie dafür, daß er imstande ist, beliebig zu wachsen. Lassen Sie ihn so lange versuchen, bis ihm das Wachsen um sechzig Zentimeter gelingt (was weniger als eine Minute dauern sollte), doch weisen Sie ihn dann *nicht* an, wieder seine normale Größe anzunehmen.

12. Wenn Ihr Klient das Gefühl hat, durch die Fußsohlen sechzig Zentimeter gewachsen zu sein, erteilen Sie ihm die Anweisung, *zugleich* sechzig Zentimeter durch die höchste Stelle des Kopfes zu wachsen. Merkwürdigerweise haben manche Klienten bei der Vorstellung, durch den Kopf zu wachsen, an diesem Punkt das Gefühl, daß ihre verlängerten Füße sich zusammenziehen. Üben Sie so lange, bis es dem Klienten gelungen ist, in beide Richtungen zu wachsen, und lassen Sie ihn dann wiederum *nicht* seine normale Größe annehmen.
13. Während der Klient durch den Kopf und durch die Füße auf diese Weise gestreckt ist, bitten Sie ihn, seinen ganzen Körper auszudehnen, als ob er ihn wie einen Ballon aufbläst. Lassen Sie ihn dies versuchen, bis er das Gefühl hat, über die Grenzen seines physischen Körpers hinaus ausgedehnt zu sein. Wir neigen zu der Vorstellung, daß ein solches Anschwellen mit unangenehmen Gefühlen verbunden sei, doch die Empfindungen in diesem ausgedehnten Zustand sind sehr angenehm.
14. Damit ist der Lockerungsprozeß beendet. Der Klient kann jetzt direkt zu dem Versuch einer Äther- oder Astralprojektion übergehen. Sollte nicht sofort eine Projektion versucht werden, *dann weisen Sie den Klienten unbedingt an zu visualisieren, daß er wieder seine normale Größe annimmt*. Geschieht dies nicht, können ernste Probleme entstehen.

Vierter Schritt: Traumbewußtsein

Es stehen Ihnen viele Möglichkeiten offen, doch Sie sollten den Zustand, in dem der Geist wach ist und der Körper schläft, als Ausgangsbasis für Äther- wie Astralprojektionen wählen. Der direkteste Weg zu diesem Zustand ist *Traumkon-*

trolle. Und das erste Stadium ist erhöhtes Bewußtsein für Ihre Träume. Kaufen Sie sich, wie schon früher vorgeschlagen, ein Notizbuch oder einen Kassettenrecorder und machen Sie es sich zur Gewohnheit, gleich nach dem Aufwachen zu notieren, was Sie nachts geträumt haben.

Traumanalyse ist eine nützliche und wichtige Kunst für sich, doch darauf einzugehen, würde den Rahmen dieses Buches sprengen. Zum Zweck der Projektion genügt es, wenn Sie das Bewußtsein für Ihre Traumwelt erhöhen und darauf achten, ob irgendwelche Flugträume auftauchen. Tun Sie das, bis es Ihnen zur festen Gewohnheit geworden ist, was etwa nach einem Monat der Fall sein wird.

Fünfter Schritt: Traumkontrolle

Es ist jetzt an der Zeit, Kontrolle über Ihr Nachtleben zu erlangen. Am besten gelingt Ihnen dies, wenn Sie in jenen angenehmen, schwebenden hypnogogischen Zustand zwischen Wachsein und Schlafen eintreten. Die Methode ist Selbstsuggestion.

An diesem Punkt müssen Sie natürlich entscheiden, was Sie zuerst erreichen wollen: Ätherprojektion, Astralprojektion oder beides mehr oder weniger zugleich. Wofür Sie sich auch entscheiden – Ihr erster Schritt zur Traumkontrolle sollte darauf abzielen, daß Sie sich *bewußt* werden, daß Sie träumen. Dieser Schritt führt Sie in eine subjektive Astralszenerie, doch er macht es Ihnen auch wesentlich leichter, die Art von Flugträumen herzustellen, die Muldoon als Auslöser für Ätherprojektionen empfiehlt.

Wenn Sie sich in einem Traum Ihrer selbst bewußt geworden sind, haben Sie die Wahl, Ihre Fähigkeit, in der Astralsphäre zu agieren, weiterzuentwickeln, oder, wenn Sie einen

Flugtraum hergestellt haben, sich in der physischen Welt aufzuwecken – wie ich hoffe, in Ihrem projizierten Ätherkörper.

Da die Traumkontrolle so viele Möglichkeiten eröffnet, können Sie es sich leisten, viel Zeit und Energie in ihre Entwicklung zu investieren. Sie ist nicht leicht zu erreichen, und vielen Menschen gelingt es nie. Ich empfehle Ihnen, sich drei bis sechs Monate lang darum zu bemühen, bevor Sie auch nur daran denken, den Versuch aufzugeben. Damit ziehe ich natürlich nur den schlimmsten Fall in Erwägung. Vielleicht haben Sie Glück und erreichen die Traumkontrolle in einer Woche.

Sollte es Ihnen trotz aller Bemühungen nicht gelingen, die Fähigkeit zur Traumkontrolle zu erlangen, so gehen Sie zu den anderen in diesem Buch dargestellten Techniken über.

Sechster Schritt: Der Lichtkörper

Auch wenn Sie mit der Traumkontrolle gut vorankommen, möchte ich Ihnen empfehlen, die Lichtkörper-Technik zu vervollkommnen. Sie ist Ihr Verbindungsglied zwischen Äther- und Astralprojektionen, denn der Lichtkörper kann für beide benützt werden.

Bereiten Sie sich zwei oder drei Wochen lang mit Visualisierungsübungen auf das Experiment vor. Weitere ein oder zwei Wochen dürften dann genügen, um den Lichtkörper zu erschaffen, und wenn Sie dann noch eine Woche lang täglich üben, müßten Sie imstande sein, das Bewußtsein auf ihn zu übertragen.

Die letzte Astralreise

Wozu ist dies alles gut? Sind außerkörperliche Erfahrungen nur eine schreckliche Selbstüberhebung oder können sie zu etwas so Wichtigem entwickelt werden, daß die Regierung sich eines Tages genötigt sehen wird, es mit einer Steuer zu belegen?

Die in diesem Buch dargestellten Techniken eröffnen verschiedenste Möglichkeiten. Das Kapitel über *I Ging* zum Beispiel versorgt Sie mit allen Informationen, die erforderlich sind, um die uralte Kunst der magischen Evokation zu praktizieren. Wenn Sie diese Techniken mit einer Erweiterung der Tulpa-Erschaffung und der Lichtkörpermethode kombinieren, könnte Ihnen sogar eine mit einer *sichtbaren Erscheinung* verbundene Evokation gelingen – eine magische Operation höchsten Grades.

Vielleicht interessieren Sie sich für Alchimie, die geheimnisvollste aller okkulten Künste. Wenn ja, dann möchten Sie vielleicht herausfinden, was geschieht, wenn die physikalischen Aspekte alchimistischer Experimente mit den in alten Lehrbüchern enthaltenen Anleitungen zu Operationen in der Astralsphäre kombiniert werden.

Vielleicht erscheint Ihnen dies zu abwegig, und Sie interessieren sich mehr für die größeren Möglichkeiten zur Heilung von Krankheiten, die ein außerhalb des Körpers befindlicher Arzt im Vergleich zu einem mit allzu festem Fleisch behafteten Kollegen hat. Oder Sie könnten dem Beispiel einer früher in diesem Buch erwähnten Projektorin folgen, die ihren Körper verläßt, wenn sie sich einer schmerzhaften ärztlichen Behandlung unterziehen muß. Sie bleibt ihm so nahe, daß sie alles überwachen und ihren Körper veranlassen kann, auf Fragen zu antworten, doch sie empfindet keinen Schmerz.

Manipulationen der Astralsphäre (mit oder ohne Projektion) können, wie jeder praktizierende Magier weiß, eine Vielzahl von Vorteilen bringen, von spiritueller Weiterentwicklung bis zur Beschaffung von Geld.

Aus irgendeinem Grund scheint es vielen Okkultisten unangenehm zu sein, über die letzteren Techniken zu sprechen, und deshalb müssen Sie sie sich aus diesen obskuren Büchern heraussuchen, die Ihnen versprechen, daß Sie sich während Ihres Mittagsschläfchens auf schnellstem Weg Reichtümer verschaffen können. Ihren Verfassern scheint selten klar zu sein, daß es sich dabei um astrale Operationen handelt.

Wenn Sie es vorziehen, sich Ihren Lebensunterhalt im Schweiße Ihres Angesichts zu verdienen, dann kann es nicht schaden, wenn Sie sich einmal mit dem Leben von Nikola Tesla beschäftigen, dem jugoslawisch-amerikanischen Erfinder, der unter anderem den Wechselstrom entdeckt hat. Tesla verfügte über eine derartige natürliche Begabung für astrale Manipulationen, daß er imstande war, im Geist eine ganze Maschine zu bauen, sie in seiner Vorstellung in Gang zu setzen, drei Wochen lang seinen Geschäften nachzugehen und dann die astrale Maschine zu zerlegen und die einzelnen Teile auf Abnützungserscheinungen zu untersuchen. Dies befähigte ihn, genau vorherzusagen, wie eine solche Maschine funktionieren würde, wenn man sie wirklich baute.

Ich könnte noch viele solche Dinge erzählen, doch es gibt ein Gebiet, wo sich außerhalb des Körpers gewonnene Erfahrungen als überaus wertvoll erweisen werden. Verzeihen Sie, wenn ich das erwähne, aber auch Sie werden eines Tages sterben.

Dann wird folgendes geschehen: Sie werden langsam sterben, außer wenn Sie durch einen Unfall oder Mord ums Leben kommen. Der Prozeß beginnt bei den Zellen und greift dann auf die Organe über. In den ersten zwanzig Jahren Ihres Lebens wachsen Ihre Zellen. Dann beginnt eine ganz langsame Rückentwicklung. Für die Zellen, die im täglichen Leben abgenützt und verschlissen werden, schafft Ihr Körper mit immer weniger Effizienz Ersatz. Schließlich werden sie überhaupt nicht mehr ersetzt. Es dauert lange – maximal hundert Jahre – bis das Endergebnis eintritt, doch es ist völlig unausweichlich. In unserer Kultur nennt man den Prozeß *Altern*. Doch in Wirklichkeit sterben Sie nach und nach.

Die meiste Zeit ist der Prozeß kaum wahrnehmbar. Mit einem optischen Mikroskop ist nichts festzustellen, bis Ihre Probleme überhandnehmen. Mit einem Elektronenmikroskop kann man den Vorgang leichter beobachten. Die feinen Zellstrukturen zerreißen immer mehr. Oft schwellen die Zellen an, zerplatzen, und der Inhalt ergießt sich in das umliegende Gewebe. Der Zellkern hingegen kann anschwellen und platzen oder auch zusammenschrumpfen. Das Endergebnis ist immer der Tod der Zelle. Sie merken natürlich nichts von diesen Vorgängen in Ihren Zellen. Doch der Spiegel sagt Ihnen, daß Sie alt werden.

Für Versicherungsgesellschaften ist Alter keine Todesursache, sie suchen nach unmittelbareren Ursachen wie Herzversagen, als sei der Tod kein natürlicher Prozeß, sondern eine Krankheit. Doch eine tödliche Krankheit ist oft nur eine Begleiterscheinung des Sterbens, keine unbedingte Voraussetzung. Und der Tod ist nichts Schlimmes oder gar Entsetzliches. Es ist eine merkwürdige Tatsache, daß man, je näher der Tod infolge sehr hohen Alters rückt, desto weniger Angst davor hat.

Viele alte Menschen leiden an Senilitätserscheinungen und versinken in einen halb bewußtlosen Zustand, in dem die Todesangst dadurch umgangen wird, daß man nur noch in der Vergangenheit lebt. Doch auch wenn in sehr hohem Alter noch geistige Klarheit besteht, dann scheint eine ruhige Akzeptanz die psychologische Norm zu sein. Inzwischen hat man viele oder vielleicht gar die meisten Freunde und Verwandten verloren, so daß der Verlust des eigenen Lebens nicht allzu schlimm erscheint.

Es gibt deutliche Anzeichen dafür, daß man in diesem Stadium ein gewisses Maß an Kontrolle behält. Man ist, innerhalb gewisser Grenzen, in der Lage, den Zeitpunkt des Todes zu bestimmen. Sie können ihn um ein paar Stunden oder Tage hinausschieben, um unerledigte Dinge zu ordnen, oder Sie können ihn bereitwillig akzeptieren, wenn Sie meinen, daß ihre Zeit gekommen sei. Der Tod kommt jedoch nicht plötzlich. Es ist Ihnen bestimmt, nicht nur langsam, sondern Stück für Stück zu sterben. So können Sie zum Beispiel das Absterben Ihrer Leber oder Ihrer Nieren um Stunden, ja Tage überleben. Sogar der Herzstillstand – das alte medizinische Merkmal für den Eintritt des Todes – ist nicht das Ende: Ihr Gehirn funktioniert danach noch vier Minuten weiter, bis die durch Sauerstoffmangel verursachten Schäden irreversibel sind.

Zu einem Zeitpunkt, da Ihr Herz nicht mehr schlägt, Ihre Augen nichts mehr sehen, Ihr Atem stillsteht und irdische Probleme Sie nicht mehr beschäftigen, kann es den Menschen an Ihrem Bett schwerfallen zu entscheiden, ob Sie sie wirklich schon verlassen haben. Ihr Problem ist, daß verschiedene Zustände – zum Beispiel Koma – dem Tod stark ähneln. Zuviele Menschen, deren Herz und Atem stillstanden, sind wieder zu sich gekommen, so daß Ärzte vorsichtig sind.

Schließlich löst sich das Problem jedoch von selbst. Es gibt bestimmte Anzeichen, die nur bei Eintritt des Todes auftreten. Deshalb beginnt der Arzt die abschließende Untersuchung mit der Suche nach einem peripheren Puls am Handgelenk oder Hals. Findet er keinen, so wird er das Herz abhorchen. Wenn es nicht mehr schlägt, wird er vielleicht bemerken, daß Sie nicht mehr atmen und daß Ihre Lippen und Ihre Extremitäten sich blau verfärbt haben.

Sind Sie an einen Elektroenzephalographen angeschlossen, wird die Kurve, die bisher Berge und Täler angezeigt hat, in den nächsten fünf Minuten immer mehr abflachen, bis eine gerade Linie den Gehirntod anzeigt. Der Arzt wird bestimmte Augenreflexe überprüfen – und keine mehr feststellen.

Sogar jetzt besteht noch eine geringe Chance, daß Sie noch nicht tot sind. Doch dann treten Anzeichen auf, die keinen anderen Schluß mehr zulassen.

Das erste ist *Algor mortis*: Ihre Körpertemperatur sinkt auf die Ihrer nächsten Umgebung. Als nächstes tritt *Rigor mortis* ein: eine vorübergehende Starre der Skelettmuskeln. Und schließlich zeigt *Livor mortis* durch purpurrote Verfärbungen das Stocken des Blutes an. Wenn jetzt noch jemand einen Zweifel hat, wird sich dieser bald legen, denn die Anzeichen dafür, daß Mikroben sich ans Werk gemacht haben, sind unübersehbar. Es gibt keine Möglichkeit, es dezent auszudrükken. Ihr Körper beginnt zu verfaulen. Sie können sicher sein, daß Sie jetzt völlig, absolut, unwiderruflich tot sind. Vielleicht haben Sie das Ganze nicht sehr angenehm gefunden, doch was als nächstes geschieht, ist zumindest interessant.

Nach meinen Informationen erfüllt einen Menschen, der bei völliger Gesundheit an Altersschwäche stirbt, ein Gefühl tiefer Erleichterung. Es ist wie ein Entspannen und Loslassen.

Wenn man hingegen todkrank ist, dann steigert sich kurz vor dem Tod das körperliche Unbehagen. Im allgemeinen hängt dieses Unbehagen nicht mit Schmerzen zusammen, denn der Körper besitzt verschiedene Mechanismen, die Schmerzen im Endstadium sehr wirkungsvoll zu unterdrücken. Das Unbehagen erreicht jedoch im Augenblick des Todes seinen Höhepunkt.

Die Art Ihrer Erfahrungen im Augenblick des Todes hängt von verschiedenen Faktoren ab; unter anderem von dem Grad Ihres Körperbewußtseins, von Ihrer Krankheit (falls Sie an einer leiden) und davon, ob Sie bewußtseinsdämpfende Medikamente erhalten haben.

Durch viele medizinische Präparate und bestimmte Krankheiten (vor allem solche, die mit Fieber oder komatösen Zuständen verbunden sind) wird Ihr Gewahrsein für den Prozeß des Übergangs blockiert, was natürlich auch der Fall ist, wenn Sie im Schlaf sterben. Es kann auch sein, daß Sie über ein geringes Körperbewußtsein verfügen und die feineren Details dessen, was mit Ihnen geschieht, einfach nicht bemerken. Doch wenn Ihr Wahrnehmungsvermögen klar und scharf ist, dann werden Sie ein merkwürdiges Summen oder Klingen bemerken, manchmal gefolgt von einem metallischen Klirren. Einen kurzen Moment lang werden Sie das verwirrende Gefühl haben, durch einen finsteren Tunnel zu rasen.

Wenn man stirbt, bewegt sich das Bewußtseinszentrum von seinem Sitz hinter den Augen aufwärts und rückwärts, um den Körper an einer von zwei bestimmten Stellen in der Schädeldecke zu verlassen. Da dies sehr schnell vor sich geht, entsteht das Gefühl, durch einen Tunnel zu rasen.

Infolge der Schnelligkeit kann es sein, daß Sie den Tunneleffekt gar nicht bemerken. Etwa zur gleichen Zeit trennen sich Ihre feinstofflichen Körper – der ätherische, der astrale, der mentale und der spirituelle – gemeinsam vom physischen Körper, und Ihr Bewußtsein steuert sie an wie eine Brieftaube.

Menschen, die nichts von feinstofflichen Körpern und solchen Dingen wissen, können jetzt in ziemliche Verwirrung geraten, denn wie Ihnen ja inzwischen bekannt ist, fühlt man sich im Ätherkörper nicht viel anders als im physischen Körper. Aus diesem Grund merken viele Menschen – zumindest anfangs – nicht, daß sie tot sind. Im allgemeinen fühlen sie sich sogar sehr wohl, denn die Krankheitssymptome werden nicht mitgenommen. In diesem Zustand versuchen sie vergeblich, die Aufmerksamkeit der Trauernden auf sich zu lenken und quälen sich oft sehr, bis Ihnen die Wahrheit dämmert.

Da Sie jedoch mit Ätherprojektionen vertraut sind, wird alles wesentlich leichter sein. Ihnen ist die Erfahrung des Sterbens etwas sehr Vertrautes. Der einzige Unterschied besteht zunächst darin, daß Sie nicht mehr durch die Silberschnur mit dem physischen Körper verbunden sind. Doch dies ist ein sehr bedeutsamer Unterschied, denn ohne diese Verbindung löst sich Ihr Ätherkörper schließlich auch auf und gibt den Astralkörper frei, so daß dieser sich in seinen Operationsbereich, die Astralsphäre, begeben kann.

Auch hier wird Ihnen Ihre Fähigkeit zu projizieren von großem Vorteil sein. Wie Sie wissen, spiegelt die Astralsphäre Ihre unbewußten Erwartungen – und nie tut sie dies so stark, wie wenn Sie sie nach dem Tod aufsuchen. Aus diesem Grund kann Sie Ihre kulturelle Prägung (und Ihr negatives Selbstbild) sehr wohl in eine der astralen Höllen gebracht haben. Es wäre dies jedoch eine von Ihnen selbst erschaffene Hölle, ebenso wie die vielen astralen Himmel nicht mehr sind als äußere Reflexionen des psychischen Zustands eines Menschen.

Als Projektor, der die Astralsphäre gut kennt, können Sie beide Fallen vermeiden. Und was dann? Die Antwort auf diese Frage hängt davon ab, wie weit Sie die Inneren Sphären erforscht haben, während Sie noch inkarniert waren. Vielleicht haben Sie Ihre Astralreisen dazu benützt, die Möglichkeit der Reinkarnation zu erkunden. Oder vielleicht sind Sie Dion Fortune in die hohen Bereiche des Kosmischen Lichts gefolgt.

Ich vermute, daß die Informationen, die Sie als Projektor gesammelt haben, nach dem Tod von größter Bedeutung für Sie sind. Und das ist etwas, was man nicht von sehr vielen anderen Beschäftigungen sagen kann.

Anhang

Fragen und Antworten

Die Idee außerkörperlicher Erfahrungen beunruhigt viele Menschen, denn das Verlassen des Körpers – ganz gleich, auf welche Weise und zu welchem Zweck – wird mit dem Tod in Zusammenhang gebracht. Doch was kann dabei schiefgehen? Im Lauf der Jahre wurden mir von Menschen, die an Äther- und Astralprojektionen interessiert waren, ziemlich viele Fragen gestellt. Einige der häufigsten – und die Antworten darauf – sind nachstehend angeführt.

Was geschieht, wenn ich nicht in meinen Körper zurück kann? Nicht in den physischen Körper zurück zu können, wäre natürlich ein ernstes Problem, doch den meisten bereitet es eher Schwierigkeiten, draußen zu bleiben. Während meiner jahrelangen Arbeit auf diesem Gebiet bin ich bis jetzt auf niemanden gestoßen, der Astral- oder Ätherprojektionen durchführte und über die geringste Schwierigkeit berichtete, in den physischen Körper zurück zu gelangen.

Interessant ist vielleicht in diesem Zusammenhang, daß ich mit einigen Astralreisenden zusammenarbeitete, die infolge einer Verletzung oder Krankheit starke körperliche Schmerzen hatten. Da sie die Schmerzen im projizierten Zustand nicht spürten, waren sie natürlich stark motiviert, so lange wie möglich außerhalb des physischen Körpers zu bleiben. Auch unter diesen Umständen ging der Wiedereintritt in den physischen Körper leicht vonstatten.

Ist es möglich, das Bewußtsein für den physischen Körper zu verlieren? Ja, leicht. Bei beiden Arten der Projektion geht das Bewußtsein für den physischen Körper meist ziemlich schnell verloren. Deshalb braucht man aber nicht besorgt zu sein. Bei erfolgreichen Versuchen *muß* man offenbar sogar das Bewußtsein für den physischen Körper verlieren.

Was ist, wenn ich nicht zu meinem physischen Körper zurückfinde? Dies ist eine sehr wichtige Frage, die jedoch zwei verschiedene Antworten erfordert, je nachdem, ob es sich um eine Äther- oder Astralprojektion handelt.

Wenn sich bei einer Ätherprojektion der (projizierte) Ätherkörper sehr nahe beim physischen Körper befindet, wird eine Zugkraft wirksam, die ihn in den physischen Körper zurückzuholen versucht. Bewegt man sich jedoch zwei bis drei Meter vom physischen Körper weg, so läßt diese Zugkraft nach, und in noch weiterer Entfernung ist sie nicht mehr spürbar. Wenn man sich während einer Projektion sehr weit von der Stelle entfernt, wo der physische Körper liegt, können sich einige Probleme ergeben. In diesem Fall ist es möglich, daß man unsicher ist, welche Richtung man einschlagen muß, um zum physischen Körper zurückzukehren.

Es gibt jedoch zwei grundlegende Faktoren, die man sich in einer solchen Situation immer bewußt machen sollte. Erstens bleiben Sie, ganz gleich, wie weit Sie sich fortbewegen, immer durch die in diesem Buch häufig erwähnte »Silberschnur« verbunden. Und zweitens genügt es, im projizierten Zustand an ein Ziel zu denken, um dorthin zu gelangen – mit anderen Worten: Wohin Sie gelangen, hängt von Ihren Gedanken ab.

Infolge dieser zwei Faktoren ist es bei einer Ätherprojektion ziemlich einfach, zum physischen Körper zurückzufinden. Wenn Sie die Silberschnur wahrnehmen, können Sie sich gewissermaßen damit einholen, wie einen Fisch beim Angeln. Wenn Sie die Silberschnur nicht wahrnehmen (was manchmal auch der Fall ist), dann besteht die einfachste Methode darin, zu denken, daß Sie zu Ihrem physischen Körper zurückkehren möchten, was dann automatisch geschehen wird. Wenn Sie sehr schnell zurückkehren wollen, können Sie Robert Monroes Rat befolgen und einen Teil Ihres physischen Körpers bewegen, zum Beispiel einen Finger oder eine Zehe. Dies bewirkt, daß der Ätherkörper sofort in den physischen Körper zurückgezogen wird.

Falls Sie das Problem, den Rückweg zu finden, sehr beschäftigt, dann sollten Sie diese Techniken üben, wenn Sie Ihrem physischen Körper noch relativ nahe sind und genau wissen, wie Sie in ihn zurückkehren können. Sobald Sie den Trick beherrschen, mittels eines gedanklichen Vorsatzes zurückzukehren oder Ihren physischen Körper aus der Ferne dazu zu bringen, sich zu bewegen, wird Ihnen das den Mut für Projektionen in weitere Entfernungen verleihen. Ebenso wie ich nie auf jemanden gestoßen bin, der Schwierigkeiten hatte, in seinen Körper zurückzukehren, bin ich auch nie jemandem begegnet, der ernstliche Probleme hatte, während einer Ätherprojektion seinen Körper wiederzufinden.

Einige Experten meinen, daß das gleiche auch für die Astralprojektion gilt. Ein mir bekannter Okkultist, der auf diesem Gebiet über große Erfahrungen verfügt, behauptet, daß es völlig unmöglich sei, sich in der Astralsphäre zu verirren, weil die Anziehungskraft des physischen Körpers zu stark ist.

Dies mag letzten Endes richtig sein – wenn man so lange in der Astralsphäre bleibt, daß zum Beispiel der physische Körper hungrig wird. Dann wird sein Bestreben, Sie zurückzuziehen, sicher immer stärker. Nach meiner Erfahrung ist es jedoch durchaus möglich, sich für kürzere Zeit in der Astralsphäre zu verirren, und das kann ein sehr erschreckendes Erlebnis sein.

Vorbeugen ist immer leichter als Heilen, und es ist sehr einfach, dem vorzubeugen. Registrieren Sie sorgsam Ihre astrale Umgebung und begeben Sie sich nicht in neue Bereiche, bevor Sie nicht mit Ihrer unmittelbaren Umgebung vertraut sind. Wenn Sie zu Ihrer Astralprojektion ein Tor benützt haben, sorgen Sie dafür, daß es in der Astralsphäre einen festen Platz hat, bevor Sie sich von ihm entfernen, und achten Sie auf Orientierungspunkte.

Sollten Sie eine ausgedehnte Astralreise vorhaben, können Sie das Orientierungsproblem lösen, indem Sie *eine Spur hinterlassen*. Da die astrale Materie leicht durch Gedanken und

Visualisierungen geformt werden kann, können Sie wie eine Spinne hinter sich einen Faden spinnen oder Sie können eine Reihe leuchtender Pfeile zurücklassen, die Ihnen den Weg zu Ihrem Tor zeigen.

Bei den ersten Projektionen ist es auch empfehlenswert, dafür zu sorgen, daß ein Helfer Ihren physischen Körper überwacht. Dieser kann Sie, wenn Sie zu lange fortbleiben oder Zeichen des Unbehagens zeigen, zurückholen, indem er mit Ihnen spricht.

Sollten jedoch bei einer Projektion, die Sie allein durchführen, alle Versuche, zurückzukehren, fehlschlagen, so machen Sie es sich in der Astralsphäre bequem und warten Sie. Früher oder später werden Sie Hunger oder andere noch dringlichere körperliche Bedürfnisse zurückholen.

Ist es möglich, im projizierten Zustand gefährlichen oder bedrohlichen Wesen zu begegnen?

Die wahrheitsgemäße Antwort scheint Ja zu sein, doch mit Vorbehalten. Als erstes möchte ich sagen, daß dies keiner Person passiert ist, mit der ich bei *Äther*projektionen zusammengearbeitet habe. Ätherprojektoren nehmen nach meinen Erfahrungen stets Leute sowie Tiere und Orte auf der physischen Ebene wahr und *manchmal* Leute, die sich wie sie außerhalb ihres physischen Körpers befinden. Keiner hat von Begegnungen mit nichtmenschlichen Wesen in diesem Zustand oder von Bedrohungen oder Gefährdungen durch körperlose Personen, die gelegentlich auftauchten, berichtet.

Wenn man sich die einschlägige Literatur ansieht, stellt man jedoch bald fest, daß es auch Berichte über weniger friedliche Erfahrungen bei Ätherprojektionen gibt. Monroe zum Beispiel schildert verschiedene bedrohliche Erlebnisse bei Projektionen. Die Feststellung, daß es in solchen Fällen möglicherweise zu einer Verwechslung zwischen Äther- und Astralsphäre kam, hilft einem natürlich wenig, wenn man in eine angsterregende Situation gerät. Doch Monroe selbst hat darauf hingewiesen, daß er, nachdem er jahrzehntelang regelmäßig Projektionen durchgeführt hat, immer noch in der Lage ist, darüber zu berichten – woraus man den Schluß ziehen kann, daß solche Erlebnisse eher angsterregend als wirklich gefährlich sind.

Bei Projektionen in die Astralsphäre können nach meiner Erfahrung wesentlich häufiger nichtmenschliche Wesen auftauchen, und manche dieser Begegnungen können bedrohlich oder auch gefährlich erscheinen. Wie gefährlich sie tatsächlich sind, weiß ich nicht – ich kann nur sagen, daß ich bisher noch keinen Astralprojektor verloren habe. Zweifellos können sie aber angsterregend sein.

Am leichtesten wird man mit ihnen fertig, wenn man ruhig bleibt, sich bewußt macht, wo man sich befindet und sich auf die besonderen Gesetze der Astralsphäre besinnt. Einer Projektorin, mit der ich zusammenarbeitete, näherte sich in der Astralsphäre ein sehr bedrohlich wirkendes Wesen, das einem menschenfressenden Riesen aus dem Märchenbuch glich und eine mächtige Keule schwenkte. Ich weiß nicht, was geschehen wäre, wenn sie in Panik geraten wäre, doch sie blieb ruhig, wartete, bis er dicht vor ihr stand, sprang dann über seinen Kopf und ging ihres Weges. Da Sie sich in der Astralsphäre wie in einem Comic-Heft verhalten und sogar Ihre Form verändern können, scheint es unwahrscheinlich, daß Sie irgendeinem Wesen begegnen können, das Ihnen Schaden zufügen kann, wenn Sie den Kopf behalten.

Zwei Hinweise erscheinen mir jedoch noch nötig. Erstens haben Sie, wenn Sie in eine gefährliche Situation geraten, immer die Möglichkeit, sofort in Ihren physischen Körper zu flüchten. Zweitens möchte ich Sie daran erinnern, daß das, was Ihnen in der Astralsphäre begegnet, Ihr Inneres widerspiegelt. In *Astral Doorways* habe ich darauf hingewiesen, daß Ihnen in der Astralsphäre dann etwas Böses widerfährt, wenn etwas Böses in Ihnen ist. Wer die Verhältnisse in einer Großstadt kennt, weiß, daß er, wenn er in bestimmten Vierteln nachts allein spazierengeht, Unannehmlichkeiten herausfordert. Das trifft auch auf die Astralsphäre zu; nur daß *die Umgebung,* in der Sie sich bewegen, *eine Schöpfung Ihres eigenen Geistes* sein kann.

Können über einen längeren Zeitraum durchgeführte Projektionen gesundheitliche Störungen hervorrufen? Grundsätzlich nein, wenn Sie *körperliche* Gesundheitsstörungen meinen. Doch auch in diesem Fall ist eine Antwort nicht ganz einfach. Eine körperliche Krankheit oder ein Unfall kann in Hinblick auf eine Projektion sogar förderlich sein. Sylvan Muldoon war überzeugt, daß seine jahrelange Krankheit ihm half, seinen Körper nach Belieben zu verlassen. Bei Unfällen, zum Beispiel mit dem Auto, kann es vorkommen, daß der Ätherkörper aus dem physischen Körper herausgeschleudert wird. Auch akute Erkrankungen können eine Projektion bewirken, was bei C. G. Jung der Fall war, als er während eines Herzanfalls um die Erde kreiste. Sterbeerlebnisse sind fast immer von Projektionen in die Astral- oder Äthersphäre (oder manchmal auch in beide) begleitet.

Aus alldem geht deutlich hervor, daß ein enger Zusammenhang zwischen Krankheiten oder Verletzungen und außerkörperlichen Erfahrungen besteht. Doch es scheint ein einseitiger Zusammenhang zu sein. Das heißt, eine physische Krankheit oder ein Unfall können zu einer Projektion führen, doch Projektion scheint keine körperliche Krankheit hervorzurufen.

Es gibt Hinweise darauf, daß wiederholte Projektionen

die feinstofflichen Körper »lockern« können. Je öfter Sie projizieren, um so leichter gelingt es Ihnen natürlich. Doch es gibt keinen Beweis dafür, daß die Lockerung (wenn sie tatsächlich stattfindet) schädliche Auswirkungen auf Ihre Gesundheit hat.

All dies soll nicht besagen, daß es keine mit Projektion verbundenen gesundheitlichen Probleme gibt. Eine zu abrupte Rückkehr in den physischen Körper kann Kopfschmerzen, Mißgefühle, Muskelkrämpfe und, in seltenen Fällen, Knochenbrüche verursachen. Auch kann sich, wenn bereits eine gesundheitliche Störung vorliegt (zum Beispiel eine Herzschwäche), der durch die Projektion hervorgerufene Streß schädlich auswirken, wie jede Art von Streß. Doch dies sind seltene Erscheinungen, und es deutet alles daraufhin, daß Projektionen, wenn Sie vernünftig damit umgehen und riskante Bereiche meiden, keine negativen Auswirkungen auf Ihre körperliche Gesundheit haben.

Ein Wort der Warnung mag jedoch hinsichtlich Ihrer *psychischen Gesundheit* angebracht sein. Projektionen in die Astralsphäre werden zuweilen von bestimmten Persönlichkeitstypen als Flucht aus der »Realität«, also aus der physischen Welt, benutzt. Es handelt sich vor allem um gesellschaftliche Außenseiter oder um Menschen, die in ihrem Beruf und/oder in ihren menschlichen Beziehungen keinen Erfolg haben, wenngleich der Reiz und der falsche Glanz astraler Erfahrung für fast jeden eine Gefahr darstellen. Die okkulte Literatur ist voller Warnungen vor diesem falschen Glanz der Astralwelt, ein deutlicher Hinweis, daß viele Okkultisten ihm zum Opfer gefallen sind.

Wer dieser Faszination erliegt, wird in geringerem oder größerem Maß ein Astralsüchtiger, der so oft wie möglich in den glitzernden Phantasien dieser Sphäre schwelgt. Da das

Wiedererwachen des Interesses am Okkultismus eine Begleiterscheinung der Hippie-Bewegung in den sechziger Jahren war, waren Astralsüchtige oft auch Rauschgiftsüchtige, die sich mit Psychedelika Zutritt zu der Astralsphäre verschafften. Die Vermeidung psychischer Schädigungen ist zum großen Teil eine Sache vernünftiger Vorbeugung. *Jemand, der es strikt ablehnt, (auch nur ein einziges Mal) Drogen auszuprobieren, kann nicht süchtig werden*. Und da Drogen für Astral- oder Ätherprojektionen völlig unnötig sind, gibt es keinerlei Entschuldigung für ihre Benützung.

Sich nicht faszinieren zu lassen, ist zugegebenermaßen etwas schwieriger, denn die Astralsphäre ist ein faszinierender Bereich, der auch mich im Lauf der Jahre immer und immer wieder angezogen hat. Es kommt jedoch darauf an, sich von dieser Faszination nicht überwältigen zu lassen und sich einen *Sinn für die Proportionen* zu bewahren. Ihre Erkundungen der Astralsphäre sind nichts Wichtigeres als die Arbeit, die Sie tun, um sich Ihren Lebensunterhalt zu verdienen. Sie können in dieser Dimension nicht mehr lernen als in der irdischen Dimension, in der Sie leben. Astralreisende sind keine Übermenschen. Sie sind höchstens Forscher, die ein vernachlässigtes Gebiet erkunden.

Ist Projektion eine Sünde? Sicherlich nicht. Nur wenige Kirchen beziehen zu diesem Thema einen offiziellen Standpunkt, doch esoterische Praktiken werden im allgemeinen stirnrunzelnd betrachtet, und zwar deshalb, weil sie zu einer Beschäftigung mit den »schwarzen Künsten« führen oder zu einem Religionsersatz werden können. Diese pauschale Mißbilligung umfaßt natürlich auch die Projektionsmethoden, doch die Projektion an sich ist zu eng mit der religiösen Praxis verbunden, als daß man sie als sündhaft brandmarken könnte.

Besonders augenscheinlich ist dies bei den mit *Nahtoder-*

lebnissen verbundenen Projektionen. Wie wir im Hauptteil dieses Buches gesehen haben, haben solche Projektionen oft einen religiösen Unterton: Immer wieder wird von Begegnungen mit strahlenden, christusähnlichen Gestalten berichtet. Doch selbst wenn man dies beiseite läßt, ist wohl kaum zu bestreiten, daß außerkörperliche Erfahrungen die (religiöse) Doktrin von einem Leben nach dem Tod stark unterstützen. Dies dürfte der Grund sein, warum sich so viele Kleriker für das Phänomen interessieren.

Ein anderer Faktor ergibt sich aus der Beschäftigung mit dem Leben von Heiligen. Ein Hinweis auf Heiligkeit ist die Fähigkeit der *Bilokation,* welche als die Gabe definiert wird, zur gleichen Zeit an zwei verschiedenen Orten zu sein. Verschiedene historische Heilige verfügten über dieses merkwürdige Talent. Fast alle diese Heiligen waren Mönche, und ihre Fähigkeit kam ans Licht, wenn Sie an fernen Orten (zum Beispiel am Bett eines sterbenden Papstes) gesehen wurden, während sie in ihrer Zelle meditierten.

Oft konnten die Heiligen selbst dieses seltsame Phänomen nicht erklären, doch jedem, der sich mit Projektion beschäftigt hat, ist der Vorgang völlig klar. Meditation in Stille und Zurückgezogenheit ist ein guter Ausgangspunkt für Projektion; und wenn zur Zeit der Projektion die Gedanken des Menschen auf ein fernes Ereignis gerichtet sind – etwa eine Schlacht oder den Tod eines religiösen Oberen –, dann bewegt sich der zweite Körper automatisch zum Schauplatz des Ereignisses. Der physische Körper bleibt in Meditationshaltung in der Zelle. Der Astral- oder Ätherkörper fliegt zu dem fernen Ort. Aus diesem Grund kann man mit Sicherheit sagen: Noch so viele Projektionen werden Sie zu keinem Heiligen machen, doch hat auch niemand das Recht, zu behaupten, daß sie Sie zu einem Sünder machen.

Kann man mich im projizierten Zustand sehen? Im allgemeinen nein, doch es gibt Ausnahmen.

Die Frage bezieht sich fast ausschließlich auf die Ätherprojektion, denn bei Projektionen in die Astralsphäre kommen Sie normalerweise mit niemandem außerhalb dieser Sphäre in Kontakt.

Während einer Ätherprojektion sind Sie fast für alle, die sich innerhalb ihres physischen Körpers befinden, unsichtbar und unberührbar. Dies ist ein Faktor, der Sie bei der Ätherprojektion im Moment des Todes in große Schwierigkeiten bringen kann. Die spiritualistische Literatur ist voller Berichte über Fälle, in denen Menschen, die nicht wissen, daß sie gestorben sind, verzweifelt versuchen, mit trauernden Hinterbliebenen Kontakt aufzunehmen und feststellen müssen, daß alle ihre Versuche ignoriert werden.

Während die meisten Menschen Sie nicht sehen können, ist eine erstaunliche Zahl jedoch fähig, Ihre Anwesenheit in gewissem Maß *zu spüren*. Dies äußert sich bei den Betreffenden in einem Gefühl des Unbehagens, einem Empfinden, »beobachtet« oder bedroht zu werden oder, weniger häufig, in einem Frösteln. Die gleichen Empfindungen treten, was nicht überrascht, bei Geistererscheinungen auf.

Medial begabte Menschen spüren Ihre Anwesenheit sofort, und es gibt zahlreiche Beweise dafür, daß bei Personen, denen Sie emotional eng verbunden sind, wie Blutsverwandte, Ehegatten oder Geliebte, die Wahrscheinlichkeit groß ist, daß sie Sie auch sehen können. Es hat den Anschein, als ob Ihre *Absicht* dabei einen Einfluß ausübt. Wenn Sie den Wunsch haben, Verbindung aufzunehmen und gesehen zu werden, dann erhöht sich die Wahrscheinlichkeit, daß man Sie sieht. Die meisten Tiere haben in dieser Hinsicht ein wesentlich feineres Empfinden als Menschen. Vor allem Katzen sind offenbar imstande, projizierte Körper zu sehen, doch werden sie Sie in projiziertem Zustand wahrscheinlich ebenso ignorieren wie in Ihrem physischen Körper. Auch Hunde können Projizierte oft wahrnehmen, und im allgemeinen reagieren sie verstörter als Katzen.

Kann ich mich bei Projektionsversuchen an jeden beliebigen Ort begeben?

Es wird Ihnen die Möglichkeit eröffnet, viel weiter (und billiger) zu reisen, als Sie dies in Ihrem physischen Körper könnten. Arthur Gibson war imstande, in einem Moment von Irland nach Indien zu reisen, und erstaunlich viele Projektoren behaupten, nicht nur die Erde, sondern unser Sonnensystem verlassen und ferne Galaxien aufgesucht zu haben. Dies läßt darauf schließen, daß man sich bei einer Projektion schneller als mit Lichtgeschwindigkeit fortbewegen kann.

Trotz alledem wird die Erfahrung Sie lehren, daß Sie sich *nicht an jeden Ort* begeben können. Meine Frau besuchte in projiziertem Zustand Freunde und versuchte vergeblich, deren Schlafzimmer zu betreten. Wie sie später erfuhr, hatten diese zur Zeit ihres Besuchs sexuellen Verkehr, und ihr Bedürfnis, sich zurückzuziehen, errichtete offenbar eine Barriere, die meine Frau nicht durchdringen konnte.

Solche *Barrieren* gibt es vielleicht häufiger als man denkt. So bin ich zum Beispiel noch auf keinen einzigen Fall gestoßen, in dem jemand imstande war, sich bei einer Projektion eine Information zu verschaffen, die zu einer Erpressung benützt werden konnte. Offenbar treffen wir bei Aktivitäten, deren wir uns schämen oder die wir geheimhalten wollen, instinktive Sicherheitsvorkehrungen, die feinstoffliche Besucher nicht überwinden können. Hier handelt es sich vermutlich um natürliche

Mechanismen, die von der rituellen Magie gebändigt und als Werkzeug benützt werden.

Dieses Buch ist schon exzentrisch genug; ich möchte mich deshalb nicht noch eingehender mit dem Bereich des Rituellen beschäftigen. Es genügt wohl, wenn ich sage, daß jede ritualmagische Operation mit einer »Vorbereitung des Ortes« beginnt, ähnlich der Sterilisierung eines Operationssaals vor einem chirurgischen Eingriff.

Eine der Methoden, die zur Vorbereitung für eine größere zeremonielle Handlung benützt werden, ist das *Kleinere Bannritual des Pentagramms*. Es wird wie folgt ausgeführt:

Vorbereitung

Räumen Sie ein Zimmer leer. Wenn das nicht möglich ist, so räumen Sie die Möbel beiseite, so daß Sie in der Mitte einen großen leeren Raum schaffen. Beginnen Sie mit dem Ritual des *Kabbalistischen Kreuzes*.

Äußere Handlung

1. Blicken Sie nach Osten und heben Sie die rechte Hand etwa zehn Zentimeter über den Kopf.
2. Bewegen Sie die Hand zur Stirn herab.
3. Berühren Sie die Stirn und vibrieren Sie das Wort *Ateh*.
4. Bewegen Sie die Hand herab und berühren Sie das Brustbein.
5. Vibrieren Sie *Malkuth*.
6. Berühren Sie die rechte Schulter.
7. Vibrieren Sie *Ve Geburah*.
8. Berühren Sie die linke Schulter.
9. Vibrieren Sie *Ve Gedulah*.
10. Falten Sie die Hände über der Brust.

11. Vibrieren Sie *Le Olahm*.
12. Vibrieren Sie *Amen*.

Innere Handlung

Stehen Sie so entspannt wie möglich, die Arme an den Seiten, und visualisieren Sie eine strahlend weiße Lichtkugel (etwa in der Größe eines Fußballs) ein paar Zentimeter über Ihrem Kopf.

Bei 1. berühren Sie mit der erhobenen Hand diese Kugel. Wenn Sie die Hand herabbewegen, um die Stirn zu berühren, visualisieren Sie einen von der Kugel ausgehenden weißen Lichtstrahl, der in Ihren Körper eindringt.

Wenn Sie bei 4. die Brust berühren, stellen Sie sich vor, daß der Lichtstrahl Ihren ganzen Körper bis zu den Füßen durchdringt wie eine Säule aus strahlend weißem Licht.

Bei 6. visualisieren Sie eine etwas kleinere Kugel in Höhe Ihrer rechten Schulter, die Ihre Schulter teilweise durchdringt. Stellen Sie sich vor, daß diese Kugel von Energie erfüllt ist.

Wenn Sie Ihre Hand bei 8. zur linken Schulter bewegen, stellen Sie sich einen zweiten strahlend weißen Lichtstrahl vor, der von der Kugel an Ihrer rechten Schulter (Geburah) durch Ihren Körper zu einer gleichen Kugel an Ihrer linken Schulter verläuft.

Wenn Sie richtig visualisiert haben, durchdringt Sie jetzt ein Kreuz aus strahlendem Licht.

Bei 10. visualisieren Sie eine kleine, ruhige, blaue Flamme zwischen Ihren gefalteten Händen.

Damit ist das Ritual des *Kabbalistischen Kreuzes* beendet. Ein *magisches Pentagramm* zeichnen Sie auf folgende Weise:

Ballen Sie die rechte Hand zur Faust. Strecken Sie Zeigefinger und Ringfinger aus.

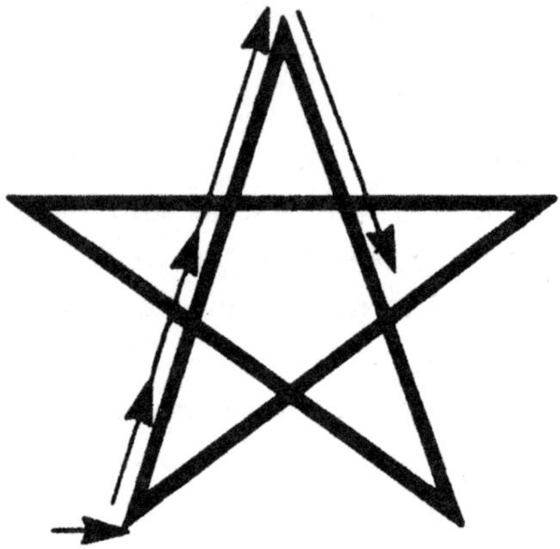

Zeichnen Sie mit den ausgestreckten Fingern der rechten Hand das Pentagramm, wie in der Zeichnung angegeben. Beginnen Sie an der linken Hüfte. Führen Sie die Hand nach oben über den Kopf, dann abwärts zur rechten Hüfte und fahren Sie fort, bis die Zeichnung fertig ist. Halten Sie sich genau an die Reihenfolge.

Das vollständige *Bannungsritual* vollführen Sie wie folgt:

Äußere Handlung

1. Gehen Sie zur östlichen Seite des Raumes und blicken Sie nach Osten.
2. Führen Sie das gesamte *Kabbalistische Kreuz-Ritual* mit den inneren und äußeren Handlungen durch.
3. Zeichnen Sie ein Pentagramm vor sich in die Luft.
4. Durchstoßen Sie mit den ausgestreckten Fingern die Mitte des Pentagramms.
5. Vibrieren Sie dabei *Jod-He-Vau-He*.

6. Drehen Sie sich mit ausgestrecktem Arm im Uhrzeigersinn nach Süden.
7. Zeichnen Sie ein zweites Pentagramm; durchstoßen Sie es und vibrieren Sie *Adonai*.
8. Drehen Sie sich mit ausgestrecktem Arm im Uhrzeigersinn nach Westen.
9. Zeichnen Sie ein drittes Pentagramm; durchstoßen Sie es und vibrieren Sie *Eheieh*.
10. Drehen Sie sich mit ausgestrecktem Arm im Uhrzeigersinn nach Norden.
11. Zeichnen Sie ein viertes Pentagramm; durchstoßen Sie es und vibrieren Sie *Agla*.
12. Drehen Sie sich nach Osten und vollenden Sie den Kreis, indem Sie Ihre ausgestreckten Finger durch die Mitte des ersten Pentagramms stoßen.
13. Strecken Sie die Arme seitwärts aus, so daß sie ein Kreuz bilden.
14. Vibrieren Sie: Vor mir *Raphael*.
15. Vibrieren Sie: Hinter mir *Gabriel*.
16. Vibrieren Sie: Zu meiner Rechten *Michael*.
17. Vibrieren Sie: Zu meiner Linken *Uriel*.
18. Vibrieren Sie: Um mich flammen die Pentagramme. *Hinter mir leuchtet der sechsstrahlige Stern*.
19. Wiederholen Sie das *Kabbalistische Kreuz-Ritual*.

Innere Handlung

Stellen Sie sich bei 3. vor, daß Sie die Linien des Pentagramms mit einer blauen Flamme zeichnen, die Ihren Fingerspitzen entströmt (in der Farbe brennenden Methylalkohols).

Wenn Sie bei 5. den Namen vibrieren, stellen Sie sich vor,

daß er von Ihnen aus in östlicher Richtung davonbraust. (Dies gilt auch für die anderen Richtungen.)

Wenn Sie sich bei 6. nach Süden drehen, stellen Sie sich vor, daß eine blaue Flamme aus Ihren Fingerspitzen austritt. Das gleiche visualisieren Sie bei jeder weiteren Drehung, so daß Sie schließlich von einem geschlossenen Flammenkreis und den glühenden Pentagrammen in allen vier Himmelsrichtungen umgeben sind.

Bei 14. visualisieren Sie vor sich den *Erzengel Raphael* als eine riesige Gestalt in einem schimmernden gelben Seidengewand. Stellen Sie sich eine kühle Brise aus seiner Richtung vor.

Bei 15. visualisieren Sie hinter sich den *Erzengel Gabriel* als eine riesige Gestalt in einem blauen Gewand mit einem orangefarbenen Saum. Er hält einen blauen Kelch in der Hand und steht in einem rasch fließenden Wasser, das sich in Ihr Zimmer ergießt.

Bei 16. visualisieren Sie den *Erzengel Michael* als eine riesige Gestalt in einem flammendroten Gewand mit smaragdgrünen Flecken. Er steht auf verdorrter Erde, zuckende Flammen um die Füße, und hält ein stählernes Schwert. Versuchen Sie, die starke Hitze zu spüren, die aus seiner Richtung kommt.

Bei 17. visualisieren Sie den *Erzengel Uriel* als eine riesige Gestalt in einem olivgrünen, zitronengelben, rostbraunen und schwarzen Gewand. Er steht in einer sehr fruchtbaren Landschaft und hält Getreidegarben in den Händen.

Bei 18. visualisieren Sie (zusammen mit dem Feuerring und den Pentagrammen) ein *Hexagramm* aus zwei verflochtenen Dreiecken (wie den *Davidstern*) hinter Ihrem Kopf. Das aufwärts weisende Dreieck ist rot, das abwärtsweisende blau.

Damit sind die inneren und äußeren Handlungen des Pentagramm-Rituals abgeschlossen. Ich bin so detailliert darauf eingegangen, weil sie mir in Zusammenhang mit der Frage, wohin man sich während einer Projektion begeben kann und warum einem der Zugang zu bestimmten Orten versperrt ist, von Bedeutung erscheinen.

Das Pentagramm ist eine Operation in der astralen wie in der physischen Sphäre. Durch die Visualisierungen werden Einprägungen im Astrallicht geschaffen – feurige Schranken und »Schutzengel«, die das Eindringen astraler Wesen verhindern. Da jedoch das Ritual auf der physischen Ebene durchgeführt wird, schützt es auch den Raum, in dem Sie arbeiten, natürlich nicht vor irdischen Eindringlingen, doch vor Wesen aus der Äthersphäre.

Jeder erfahrene Astralprojektor wird rasch bestätigen, daß das Pentagramm-Ritual funktioniert; zumindest insofern, als es bestimmte astrale Strukturen erschafft und den Raum innerhalb des Kreises reinigt. Die Annahme, daß es auf ätherischen Ebenen funktioniert, ist eher spekulativ, doch es spricht einiges dafür. Die praktische Erfahrung zeigt, daß es bestimmte Bereiche gibt, die man im projizierten Zustand nicht besuchen kann, und es besteht Anlaß zu der Vermutung, daß solche Orte auf irgendeine Weise *geschützt* sind, vielleicht durch Strukturen, die den durch das Pentagramm-Ritual errichteten ähneln. Dies ist ein Gebiet, das der experimentellen Erforschung bedarf; und die Einzelheiten des Pentagramm-Rituals wurden in Hinblick darauf mitgeteilt.

Beeinflussen Klima oder Wetter die Projektion? Es gibt Hinweise darauf, daß es unklug wäre, eine Projektion während eines Gewitters zu versuchen, wenn die Atmosphäre in hohem Grad positiv ionisiert ist. Ansonsten scheinen Witterungsbedingungen keinerlei Einfluß zu haben.

Können bestimmte Menschentypen leichter projizieren als andere? Obwohl ich in dieser Hinsicht keine Experimente angestellt habe, können meiner Erfahrung nach *medial veranlagte Menschen* leicht projizieren und tiefe hypnotische Trance erreichen. Abgesehen davon habe ich häufig bemerkt, daß es für Personen mit einer rationalistischen Einstellung schwierig, wenn nicht unmöglich ist, zu projizieren. Das gleiche gilt für Menschen mit einer rigiden Persönlichkeitsstruktur, welche einen Mangel an Selbstvertrauen verdeckt. Die besten Projektoren scheinen Menschen mit einem *hohen Maß an Selbstvertrauen* zu sein, die bereit sind, Risiken einzugehen, keine Angst vor neuen Erfahrungen haben, intelligent sind und über die Fähigkeit verfügen, sich stark zu konzentrieren und klar zu visualisieren.

Könnte Projektion anstelle von Raketentechnik zur Erforschung des Weltraums eingesetzt werden? So gern ich das glauben würde – praktische Erfahrungen sprechen dagegen. Fast alle Projektoren, die andere Welten innerhalb und außerhalb unseres Sonnensystems besuchten, haben Gegebenheiten geschildert, die zu der uns bekannten Struktur des Universums in Widerspruch stehen.

Einige Projektoren früherer Zeiten schilderten zum Beispiel hochentwickelte Zivilisationen auf dem Mond, dem Mars und der Venus. Wissenschaftler haben dies schon damals für Unsinn gehalten, und inzwischen haben Raumsonden bewiesen, daß sie recht hatten.

Als C. G. Jung während seiner Nahtod-Projektion »den Planeten verließ«, gelangte er auf einen im Weltraum schwebenden Felsen. Im Weltraum schwebende Felsen (sogenannte Asteroiden) gibt es tatsächlich, doch Jung schildert, daß er menschlichen oder zumindest humanoiden Wesen begegnete, die darauf lebten, ohne daß es offenbar Wasser, Nahrungsmittel oder Luft gab.

Solche Visionen sind natürlich astraler Art und haben wenig oder gar nichts mit der physischen Wirklichkeit zu tun. Ätherprojektionen in den außerplanetarischen Raum sind vielleicht möglich, obwohl ich bisher auf keine überzeugenden Beweise gestoßen bin, daß sie wirklich stattgefunden haben. Der einzige Bericht, der Beachtung verdient, stammt von dem vielfach als unglaubwürdig bezeichneten George Adamski, der in den fünfziger Jahren behauptete, nach der Landung eines Ufo einem Venusier begegnet zu sein.

Später erklärte Adamski, die Venusier hätten ihn zu einem Flug mit einem Ufo mitgenommen, das den Mond umkreiste, so daß er als erster Mensch die der Erde abgewandte Seite gesehen habe. Seine Beschreibung der abgewandten Seite war so naiv und bizarr – er sprach von Straßen und Flüssen und einer überaus phantastischen Landschaft – daß es selbst seinen Anhängern schwerfiel, sie ernstzunehmen.

Aufnahmen, die von den Mond umkreisenden Raumsonden gemacht wurden, zeigten später, daß die abgewandte Seite der von der Erde aus sichtbaren stark ähnelt: eine Kraterlandschaft. Aus einer bestimmten Höhe gemachte Aufnahmen zeigten jedoch auch, daß die Lichtbedingungen auf der anderen Seite des Mondes eine merkwürdige optische Täuschung hervorrufen, so daß die Oberfläche so ähnlich auszusehen scheint, wie Adamski sie schilderte. Adamski war auch der erste, der über den merkwürdigen »Leuchtkäfer«-Effekt berichtete, den später verschiedene Mondastronauten bemerkten.

Wenn dies nicht alles ungewöhnliche Zufälle sind, so erhebt sich die Frage, woher Adamski seine Informationen hatte. Viele seiner Anhänger sehen da kein Problem: Er traf einen

Venusier und wurde zu einem Flug mit einem Ufo mitgenommen. Für jene von uns, denen es schwerfällt, an Venusier zu glauben, deren Körperstruktur von Evolutionskräften geformt wurde, die genau jenen gleichen, welche die unsere geformt haben (oder nach allem, was wir inzwischen über die Bedingungen auf der Oberfläche dieses schrecklichen Planeten wissen, überhaupt an die Existenz von Venusiern zu glauben), ist das Ganze wesentlich schwieriger. Adamski scheint tatsächlich Dinge über den Mond und den Raumflug entdeckt zu haben, die sich erst über ein Jahrzehnt später bestätigten. Wenn er sie nicht als Passagier eines venusischen Raumschiffs herausfand, dann war er vielleicht ungewöhnlich begabt.

Können Tiere projizieren? Die bisher vorliegenden Beweise scheinen darauf hinzudeuten, daß der Mensch als einziges Lebewesen die Fähigkeit besitzt, einen Ätherkörper zu projizieren. Etwas anderes ist es mit der Astralsphäre. Viele Astralprojektoren berichten, daß sie dort ihre Katzen getroffen haben, und einige behaupten, daß ihnen ihre Lieblingshunde dorthin folgen.

Obwohl es schwerfällt, das zu glauben, gibt es sogar Berichte, nach denen in der Astralsphäre Katzen gesehen wurden, die vorher gestorben waren (zumindest auf der physischen Ebene). Als mit ihnen Kontakt aufgenommen wurde, fiel es diesen Tieren leichter, mit ihren menschlichen Gefährten zu kommunizieren als zu der Zeit, als sie noch am Leben waren.

Ist die Astralsphäre das gleiche wie der Bardo-Zustand des tibetischen Buddhismus? Ja. Die im Westen bekannteste Schrift des tibetischen Buddhismus ist das *Tibetische Totenbuch*, das den Eindruck erweckt, der *Bardo* sei ein Zustand nach dem Tod. Aus anderen tibetischen Schriften geht jedoch klar hervor, daß Yoga-Übungen den Adepten befähigen, während er noch am Leben ist, den Bardo aufzusuchen. Dieser Umstand, die offensichtliche Übereinstimmung des Bardo mit dem Traumzustand sowie Berichte von Tibetern, die den Bardo besucht haben, deuten daraufhin, daß der *Bardo und die Astralsphäre identisch sind.*

Gibt es technische Hilfsmittel für die Projektion? Abgesehen von den bereits erwähnten gibt es interessante Hinweise darauf, daß eins der größten Bauwerke des Altertums, die *Cheopspyramide,* eine Vorrichtung zur Herbeiführung der Trennung der feinstofflichen Körper vom physischen Körper war. Die Cheopspyramide ist in vielerlei Hinsicht ein faszinierendes Bauwerk. Sie befindet sich auf einem künstlich eingeebneten Plateau bei Gizeh, etwa sechzehn Kilometer westlich von Kairo und besteht aus schätzungsweise zweieinhalb Millionen Kalkstein- und Granitblöcken, die zum Teil nicht weniger als siebzig Tonnen wiegen. Mit diesen Steinen hätte man sämtliche in der Zeit des Christentums in England errichteten Kathedralen, Kirchen und Kapellen bauen können – und es wären noch einige übriggeblieben!

Die mit der Cheopspyramide verbundenen Rätsel und Geheimnisse werden Archäologen und anderen Wissenschaftlern noch weit ins nächste Jahrtausend hinein genügend Arbeit verschaffen. In ihrer Struktur ist zum Beispiel der Wert *Pi* enthalten, und die Pyramide steht, vielleicht nicht zufällig, auf einer durch die größte Landmasse verlaufenden Linie, welche die beiden Pole verbindet. Die Präzision ihrer Konstruktion und Ausrichtung ist überaus erstaunlich. Ihre Spitze erzeugt in der trockenen Luft Ägyptens beträchtliche statische Elektrizität, die bei entsprechenden Witterungsverhältnissen merkwürdige Lichteffekte hervorruft.

Nach herkömmlicher Meinung wurde die Pyramide als

Grabstätte für den Pharao Cheops errichtet, doch wurden nie eine Mumie oder andere Hinweise auf eine Beisetzung gefunden. In einer Kammer im Zentrum der Pyramide steht jedoch ein Sarkophag aus schokoladenfarbigem Granit. Dieser Raum wird »Königskammer« genannt, weil man annimmt, daß in dem Sarkophag die Mumie des Pharaos Cheops ruhte, bis sie und der traditionell mit einem Pharao vergrabene Schatz irgendwann in ferner Vergangenheit von Grabräubern gestohlen wurden.

Diese Theorie erscheint jedoch problematisch, vor allem, weil ägyptische Pharaonen sich wegen Grabräubern große Sorgen zu machen pflegten, denn eine Entweihung der Mumie und bestimmter mit ihr zusammen begrabener Skulpturen zerstörte die Hoffnung auf ein Weiterleben im Jenseits, weshalb die meisten ägyptischen Herrscher es vorzogen, sich in geheimen Mausoleen begraben zu lassen.

Wenn die Pyramide jedoch nicht als Grabstätte gedacht war, ist ihr wirklicher Zweck rätselhaft. Aus welchem Grund wandte man so viel Zeit und Mühe für ein einzelnes Bauwerk auf? Verschiedene Autoren, darunter Manly P. Hall, meinen, daß die Antwort in den ägyptischen Mysterien liegt.

Mysterienkulte gab es in vielen Ländern der antiken Welt. Bezeichnend für sie ist, daß ihre Anhänger behaupteten, über ein geheimes Wissen zu verfügen, das Kandidaten jedoch erst nach einer mit verschiedenen Prüfungen verbundenen Initiation enthüllt wurde. Bei manchen Mysterienkulten war der Initiationsprozeß zum großen Teil symbolisch, wie bei den heutigen Freimaurern. Bei anderen umfaßte er die Einnahme von Drogen und gefährliche, manchmal lebensbedrohliche Mutproben. Man kann nur darüber spekulieren, was für Geheimnisse schließlich enthüllt wurden, doch Hinweise darauf kann man gewöhnlich in der Kultur finden, in der der Kult entstand. Die ägyptische Kultur war von einer fixen Idee besessen – *dem Überleben des physischen Todes*.

Diese fixe Idee führte zur Entwicklung von *Mumifizierungsmethoden*, die sonst nirgends auf der Welt ihresgleichen haben. Die Aristokraten wandten viel Zeit und einen großen Teil ihres Vermögens für den Bau kunstvoller – und geheimer – Grabstätten auf, die mit Vorräten ausgestattet waren wie ein U-Boot zu Beginn einer weiten Fahrt. Zusammen mit den Mumien wurden Lebensmittel, Geldmünzen, Waffen, Kleider, Schmuckstücke und sogar Wächter und Diener in Form eigens hergestellter Skulpturen bestattet. Priester wurden hoch dafür bezahlt, daß sie die Gräber mit Zaubermitteln und Flüchen schützten; und wenn man bedenkt, was mit mehreren Mitgliedern der Expedition geschah, die das Grab des Pharao *Tutanchamun* öffneten, scheinen einige ihr Geld ehrlich verdient zu haben.

Die ägyptische Lehre vom Leben nach dem Tod erscheint uns heute sonderbar, denn die Ägypter glaubten, daß der Mensch mehrere Seelen besitzt. *Ka*, das Doppel, war eng mit dem physischen Körper verbunden. *Ba*, die Vogelseele, entflatterte dem Körper im Augenblick des Todes, hielt sich aber weiter in seiner Nähe auf, so daß man das Grab mit einer Sitzstange ausstattete. *Ib*, das Herz, begab sich in die Gerichtshalle des *Osiris*, wo sie gegen eine Feder aufgewogen und verdammt wurde, wenn sie mit Sünde beladen war.

Projektionsschüler werden in der ägyptischen Lehre auf viel Interessantes stoßen. *Ka*, zum Beispiel, ähnelt stark dem Ätherkörper, während *Ib* der aus noch feinerem Stoff bestehende Körper sein könnte, dessen Wirkungsbereich die Astralsphäre ist.

Doch wenn die Ägypter von feinstofflichen Körpern wußten, dann scheint es möglich, ja sogar wahrscheinlich, daß ihnen auch bekannt war, daß diese Körper vor dem Tod auf ungefährliche Weise vom physischen Körper getrennt werden können. Hall und einige andere Autoren vertreten diese Meinung.

Ein paar Worte noch zu dem Phänomen, das heute *Pyramidenenergie* genannt wird. Seit einem tschechischen Erfinder ein Patent auf einen Rasierklingenschärfer in Form einer kleinen Pyramide erteilt wurde, haben Exzentriker und Neugierige eine Menge Experimente angestellt, um herauszufinden, ob die geometrische Form einer Pyramide auf irgendeine Weise eine bisher unbekannte Art von Energie anzieht, erzeugt oder konzentriert. Fest steht, daß von Pyramiden eine Wirkung ausgeht. Eine Pyramidenstruktur schärft nicht nur Rasierklingen, sondern entzieht auch organischen Stoffen, wenn man sie richtig in ihrem Innern plaziert, das Wasser und konserviert sie. Merkwürdigerweise stimmt die Stelle, an der die Plazierung vorgenommen werden muß, mit der Stelle überein, an der sich in der Cheopspyramide die Königskammer befindet.

Nachdem vor einigen Jahren das Interesse für *Pyramidenenergie* erwacht war, stellten Amateure eine Fülle von Experimenten an. Man baute Pyramidenzelte zur Heilung und Meditation, wobei man von der seltsamen – und vielleicht etwas naiven – Annahme ausging, daß eine Energie, die Rasierklingen schärft, Bakterien vernichtet und Fleisch entwässert, auch für den Menschen gut sein muß.

Ein Experimentator, der vielleicht davor gewarnt hätte, wäre er noch am Leben gewesen, war der englische Mystiker und Forscher Paul Brunton. Vor dem Zweiten Weltkrieg, als die Engländer in Ägypten noch großen Einfluß hatten, erhielt Brunton die Erlaubnis, eine Nacht in der Cheopspyramide zu verbringen. Mit bewundernswertem Mut machte er seine Lampen aus und stieg in den steinernen Sarkophag in der Königskammer. Ein seltsames unwirkliches Licht erfüllte die Kammer, und Brunton verfiel in einen angsterregenden visionären Zustand. Er beschreibt dieses Erlebnis in *A Search in Secret Egypt* (Geheimnisvolles Ägypten, deutsch im Verlag Hermann Bauer, Freiburg).

Natürlich ist es sehr gut möglich, daß Brunton sich seinen Zustand selbst suggerierte. Er erwartete, daß etwas Ungewöhnliches passieren würde, und so produzierte sein Unbewußtes ein paar eindrucksvolle *Halluzinationen*, damit er nicht enttäuscht war. Interessant ist jedoch die Erwähnung des *unwirklichen Lichts*, denn darüber berichtete auch der berühmte Magier Aleister Crowley. Er besuchte die Pyramide während der Flitterwochen seiner verhängnisvollen Ehe mit Rose Kelly, und beide nahmen das Lichtphänomen wahr. Für Crowley war es jedoch infolge seiner Experimente mit Ritualen und Projektionen etwas Vertrautes. Er erkannte sofort, daß es das Astrallicht war.

Wenn man dies alles in Betracht zieht, klingen die Theorien, die hinsichtlich des Zwecks der Pyramide aufgestellt wurden, nicht ganz so abwegig. Ihnen zufolge war die Pyramide keine Grabstätte, sondern ein Initiationstempel. Kandidaten, die in die Mysterien eingeweiht werden wollten, wurden in ihr dunkles Inneres geführt und nach verschiedenen Prüfungen wie Brunton in den Granitsarkophag gelegt. Dort bewirkten die Pyramidenenergien die Abspaltung der feinstofflichen Körper, und der Initiant projizierte in die Astralsphäre. Nach seiner Rückkehr in den Körper war er überzeugt, daß es ein Leben nach dem Tod gibt.

Können Frauen leichter projizieren als Männer?
Nein. Es scheint keine geschlechtsbedingten Unterschiede zu geben.

Wirkt sich die Ernährung auf die Projektionsfähigkeit aus?
Ich habe bereits an anderer Stelle darauf hingewiesen, daß dies behauptet wird, doch meine eigenen Erfahrungen haben das nicht bestätigt. Projektionsversuche, die unmittelbar nach einer schweren Mahlzeit unternommen werden, haben jedoch weniger Aussicht auf Erfolg. Ratsam ist es, gleich nach der Rückkehr von der Projektion etwas zu essen – und wenn es nur ein Keks mit einer Tasse Tee ist –, weil dies dazu beiträgt, Sie wieder zu »erden«.

Ist Projektion eine relativ neue Fähigkeit? Keineswegs. Es gibt Hinweise darauf, daß schon die alten Ägypter alles darüber wußten. Doch sie waren nicht die ersten, die diese Kunst beherrschten.

Die älteste Religion der Welt ist der Schamanismus, ein Glaubenssystem, das buchstäblich in die Nebel der Vorgeschichte zurückreicht. Der Schamanismus ist in primitiven Gemeinwesen auf der ganzen Welt heute noch lebendig, und in England erfährt er zur Zeit eine überraschende Erneuerung, was zum Erscheinen einer Zeitschrift geführt hat, die sich eigens mit ihm beschäftigt.

Wesentlicher Teil dieser Religion ist die Figur des Schamanen – eine Art Priester-Magier, dessen Ausbildung fast ausschließlich darauf abzielt, die Projektion in die Astralsphäre durchzuführen. Diese Fähigkeit wird durch ein rigoroses Training erreicht, manchmal auch durch die Anwendung von Drogen sowie durch die Herbeiführung von Trancezuständen durch Tanz und Trommeln.

Besteht ein Zusammenhang zwischen Projektion und Sex?

Ja. Spontane zeitweise Projektion im Moment des Orgasmus ist nicht gerade eine alltägliche (oder allnächtliche) Erscheinung, doch auch nichts Ungewöhnliches, obgleich die Betroffenen häufig zu abgelenkt sind, um zu erkennen, worum es sich handelt. Es sind sexuelle Projektionsmethoden entwickelt worden, doch Sex als Hilfsmittel zur Projektion ist eher im Orient als im Westen gebräuchlich.

Kann ich durch Aktivitäten in der Astralsphäre Geschehnisse auf der physischen Ebene beeinflussen? Nicht weniger als neunzig Prozent der in westlichen esoterischen Schulen gelehrten magischen Praktiken beruhen auf der Annahme, daß dies möglich sei. Ein großer Teil basiert auf kabbalistischen Lehren. Ein wesentlicher Teil der modernen Kabbala ist die Lebensbaum genannte Glyphe. Sie besteht aus zehn Kreisen, welche die Wirkungsbereiche in der Realität symbolisieren, und den sie verbindenden Pfaden, die, unter anderem, die komplizierten Zwischenbeziehungen darstellen.

Etwas vereinfacht gesagt stellt die unterste Sephira (Sphäre) des Baumes – von den Kabbalisten *Malkuth* genannt – den physischen Aspekt der Realität dar, die Welt, in der wir leben.

Unmittelbar über Malkuth befindet sich der Bereich von *Yesod*, der mit der Mondsphäre zusammenhängt und eben jene Astralsphäre symbolisiert, von der in diesem Buch so viel die Rede war. Ein Synonym für *Yesod* ist *Fundament*, und für Kabbalisten ist *Yesod*, die Sphäre des Astrallichts und der Imagination, buchstäblich das Fundament, das der physischen Realität zugrunde liegt.

Dies scheint den in diesem Buch vertretenen Standpunkt auf den Kopf zu stellen – die Ansicht, daß die Astralsphäre so formbar ist, daß das bloße Vorhandensein bestimmter physischer Strukturen (wie etwa Gebirgen) Einfluß auf ihre Landschaft ausüben kann. Doch obwohl die für uns augenscheinlichsten und deutlichsten Wirkungen vom Physischen auf das Astrale ausgehen, sind die Einflüsse in umgekehrter Richtung wesentlich stärker.

Man braucht nur einen Moment nachzudenken, um das zu verstehen. Nehmen wir einmal als gegeben an, daß die Astralsphäre eng mit der menschlichen Imagination zusammenhängt. Es ist unbestreitbar, daß große Symphonien, Romane und Werke der bildenden Kunst, lange bevor sie in der physischen Realität Gestalt annehmen, sich im Astralen entwickeln. Deshalb stellt, in sehr realem Sinn, das Astrale ein *Fundament* des Physischen dar.

Doch dies gilt nicht nur für Kunstwerke. Gebäude entstehen im Astralen, wenn Architekten ihre Pläne entwerfen. Erfindungen werden im Astralen gemacht, bevor der erste physische Prototyp gebaut wird. Und etwas abstrakter: Emotionale Beziehungen nehmen auf der inneren Ebene ihren Anfang, ebenso politische Ideen und soziale Bewegungen. Dies alles bedeutet, daß der Gedanke der Vater der Tat ist. Doch durch magische Praktiken wird das Ganze wesentlich weiter geführt.

Ein Blick auf das *Pentagramm-Ritual*, das in einer früheren Antwort dargestellt wurde, zeigt, daß es zwei Aspekte hat – die innere und die äußere Handlung. Die gesamte zeremonielle Magie ist so aufgebaut, und wegen der Verborgenheit der inneren Handlung kann so manche magische Technik geheim bleiben, obwohl ihr physischer Aspekt schon öffentlich bekannt ist.

Selbst die einfachste magische Operation zeigt, wenn man sie analysiert, in fast jedem Fall diesen zweifachen Aspekt. Bei einer der primitivsten magischen Techniken wird eine *Puppe* benützt, welche den Menschen darstellt, gegen den sich der

Zauber richtet. Über dieses Thema sind zahllose Horrorgeschichten geschrieben worden, meistens illustriert mit einem Bild einer Voodoo-Puppe, die mit Nadeln gespickt ist. Die Sympathie-Magie soll bewirken, daß, wenn eine Nadel in einen Körperteil der Puppe gesteckt wird, das Opfer im gleichen Körperteil Schmerzen verspürt. Doch der gesunde Menschenverstand sagt einem, daß nichts dergleichen geschieht, denn sonst würde es ja verheerende Folgen haben, wenn die Puppe eines kleinen Mädchens, die den Namen einer Freundin trägt, zufällig zerbricht.

Puppenmagie funktioniert jedoch, wenn sie ein erfahrener Magier anwendet, und man kann damit heilen sowie Schaden zufügen. Die magische Wirkung geht jedoch nicht von der Puppe aus, sondern von der *Imaginationskraft* der Person, die sie benützt. Die Puppe ist nicht mehr als ein Hilfsmittel zur Visualisierung im Rahmen einer astralen Operation. Das Abbild des Patienten oder des Opfers wird in Wirklichkeit in der Astralsphäre erschaffen, und die Puppe dient dabei als physisches Bindeglied. Was dann mit dem astralen Abbild geschieht, manifestiert sich schließlich auf dem Weg über die (oft unbewußte) Verbindung der Person mit der Astralsphäre in deren physischem Körper.

Dies ist ein spektakuläres, wenngleich beschränktes Beispiel, doch die Erfahrung zeigt, daß jede in der Astralsphäre erschaffene Struktur bei ausreichender Stabilisierung die Tendenz hat, sich auf der physischen Ebene zu manifestieren.

Gibt es noch andere Sphären jenseits der astralen?

Ja. Ebenso wie man die Astralsphäre erreichen kann, wenn man sich von der ätherischen aus in eine neue Richtung bewegt, kann man andere, noch subtilere Sphären erreichen, wenn man sich aus der Astralsphäre *aufwärts* bewegt ...

Der indische Yoga (und in Anlehnung daran auch zum Beispiel die Theosophie) teilt diese Sphären wie folgt ein: Höhere Astralsphäre – Niedere Mentalsphäre – Mentalsphäre – Höhere Mentalsphäre – Niedere Spiritualsphäre – Spiritualsphäre – Höhere Spiritualsphäre.

Das sind sieben Sphären, eine mystische Zahl; doch die Zahl hat vermutlich in der Vorstellung jener, die gern klassifizieren, mehr Bedeutung als in Wirklichkeit.

Die Bezeichnungen für diese Sphären sind nicht sehr hilfreich, obwohl sie angeblich etwas über das Wesen der betreffenden Sphäre aussagen. Ebenso wie die *Astralsphäre mit der Imagination zusammenhängt, sollen die mentalen Sphären auf irgendeine Weise mit den abstrakteren Formen des Denkens* verbunden sein und die spirituellen Sphären mit unserem höchsten und subtilsten Bewußtsein.

Obwohl dies wenig Aufschluß darüber gibt, wie diese Sphären wirklich sind, haben manche Projektoren möglicherweise die Fähigkeit, sich in einige davon oder in alle zu versetzen. Nicht jedem wird dies gelingen, und je »höher« diese Sphären sind, um so schwerer wird es für einen Projektor sein, zu ihnen Zugang zu finden.

Der Versuch, seine eigenen Grenzen festzustellen, ist aber sicher lohnenswert, und diese Sphären haben Eigenschaften, die ebenso interessant sind wie die der Astralsphäre, doch sie sind weit weniger erforscht und versprechen faszinierende Erfahrungen. Eine Frau, mit der ich zusammengearbeitet habe, gelangte in eine Sphäre, in der sie nichts sehen, jedoch *Wesenheiten spüren* konnte, die sie als *Engel* erkannte. Eine große Macht ging von ihnen aus und überraschend wenig Wärme.

Register